荒神谷遺跡発見の青銅器

昭和59・60年の島根県荒神谷遺跡における二度の発掘調査で銅剣358本，銅矛16本，銅鐸6個が出土した。銅剣の本数はそれまでの全国の出土総数を上回り，山陰地方で初例の銅矛は銅鐸との一括埋納であった。これらの発見から出雲地方と近畿・北部九州との深い文化的交流が明らかになるとともに，青銅器祭祀の発展過程や埋納の意味，さらには青銅器の製作地や流通などが改めて問題になった。

構　成／足立克己

写真提供／島根県教育委員会

銅剣の出土状況　手前からD列93本，C列120本，B列111本，A列34本。いずれも中細c類。

銅　鐸　横たわっているのが菱環鈕式の1号鐸。その他は外縁付鈕Ⅰ式。

銅　矛　右から中細b類（1号矛），中細b類（2号矛），中広a類（3号矛），中広b類（4号矛）。

銅鐸・銅矛の出土状況　銅剣の埋められた穴から谷奥側へ約7m離れた地点で発見。

首長墓と銅戈群

福岡県隈・西小田地区遺跡群

筑紫野市の隈・西小田地区遺跡群では弥生時代中期前半と中期後半に属する首長のものと考えられる甕棺墓と，一括埋納された23本の中細形銅戈が発見された。中期前半の甕棺は細形銅剣１本と貝輪８個を着装し，中期後半の甕棺は重圏昭明鏡と鉄戈・鉄剣を副葬し，右腕に21個，左腕に20個の貝輪を着装していた。

構　成／草場啓一　　写真提供／筑紫野市教育委員会

第３地点109号甕棺出土状況

同109号甕棺内出土細形銅剣

第13地点23号甕棺出土状況

同23号甕棺内出土重圏昭明鏡

第７地点出土銅戈

▲須玖永田遺跡　◀銅矛中子

工房址と鋳造関係遺物

福岡県須玖永田遺跡

福岡県春日市の須玖永田遺跡は，福岡平野南部の低地に位置する。弥生時代後期の掘立柱建物群や溝の調査に伴い，鏡鋳型をはじめ，銅矛中子，青銅製鋤先中子，取瓶，鞴羽口，銅滓など青銅器製作に関連した多数の遺物が出土したことにより，工房址の存在が明らかとなった。奴国における青銅器生産の実態を知るうえで貴重な遺跡である。

構　成／平田定幸
写真提供／春日市教育委員会

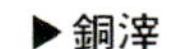

▲取瓶　◀鏡鋳型　▶銅滓

神戸市桜ヶ丘遺跡出土の銅鐸・銅戈群（弥生中期）
神戸市立博物館蔵

青銅器と鋳型

東奈良遺跡は畿内における弥生時代の青銅器鋳造センターの一つである。ここから発見された第２号銅鐸鋳型からは少なくとも二つの銅鐸が製作され，その一つは近く大阪府豊中市へ，もう一つは海を渡り遠く香川県善通寺市まで運ばれた。また桜ヶ丘遺跡より発見された14個の銅鐸の中には，滋賀や鳥取などに運ばれた銅鐸と兄弟関係にあるものもある。こうした事実は，銅鐸を媒介とした地域間相互の流通関係をよく物語っている。　　　構　成／井上洋一

大阪府東奈良第２号銅鐸鋳型（弥生中期）
文化庁蔵

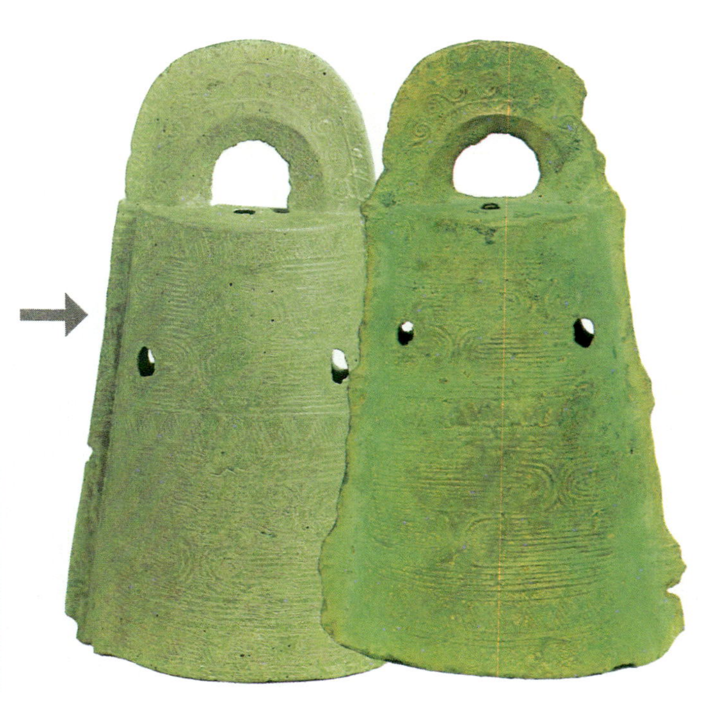

香川県我拝師山銅鐸（弥生中期）
文化庁蔵

大阪府桜塚銅鐸（弥生中期）
原田神社蔵

季刊 考古学 第27号

特集 青銅器と弥生社会

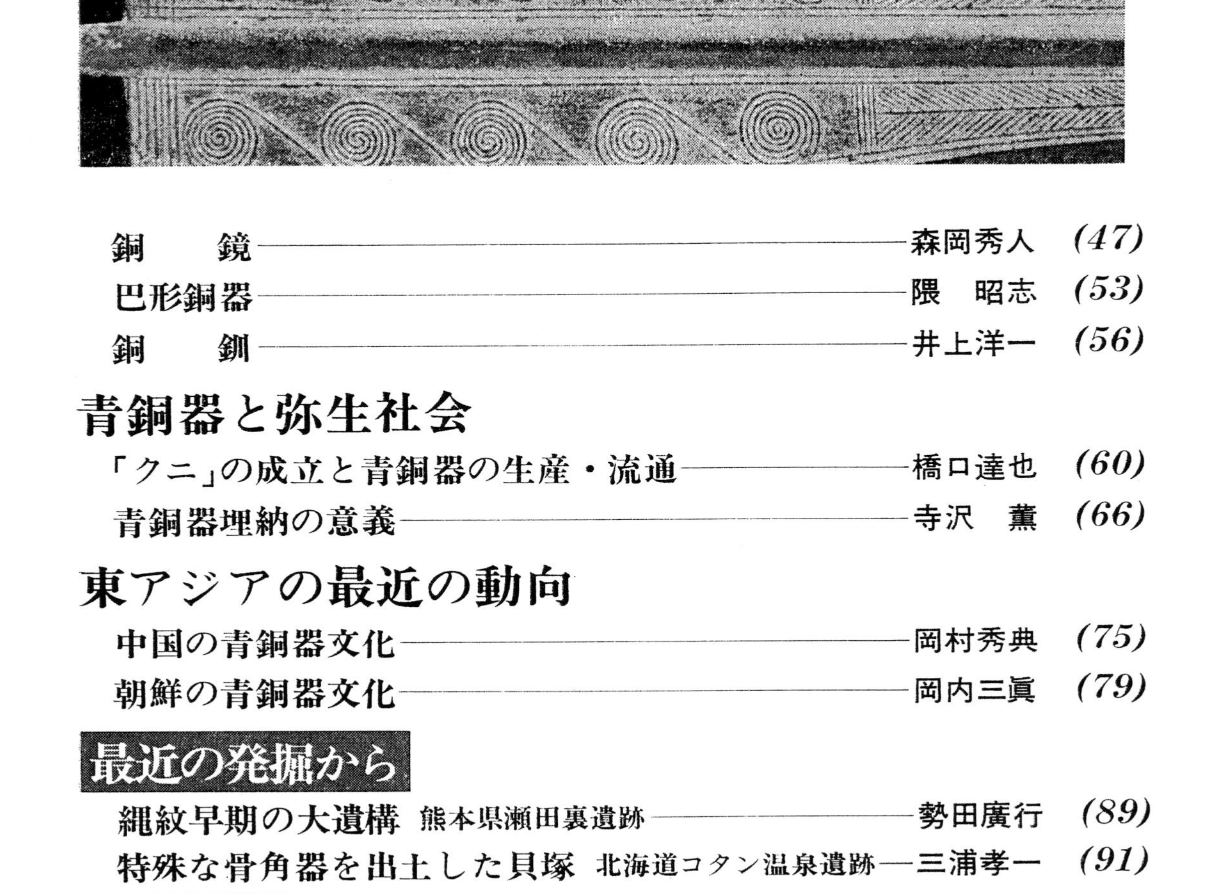

表紙デザイン・目次構成・カット
／サンクリエイト

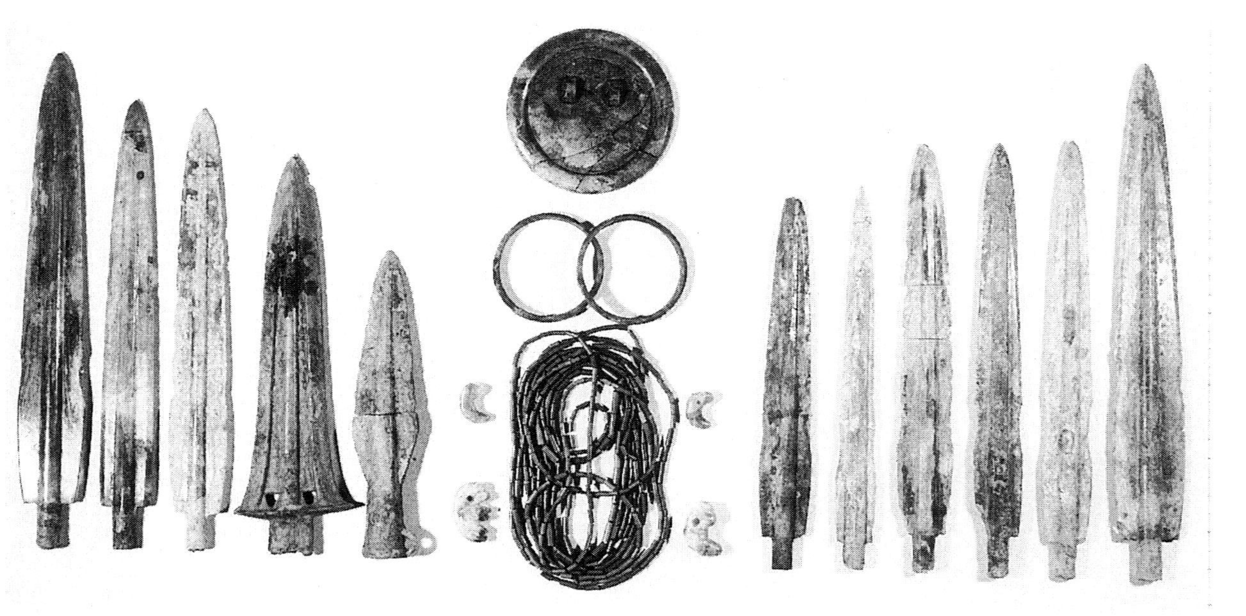

吉武高木遺跡出土副葬品類

青銅武器と副葬品

福岡市吉武遺跡群

吉武高木遺跡は弥生時代前期末～中期前半にかけての墓地である。昭和59年の調査で木棺墓４基，甕棺墓34基が調査され，木棺墓４基，甕棺墓８基より朝鮮製青銅武器11点，多鈕細文鏡１面，玉類多数が出土した。また当遺跡の北側約200ｍには中期中葉に成った「樋渡墳丘墓」があり，当該平野における弥生時代社会の発展過程を探る上で重要な遺跡である。

構　成／横山邦継
写真提供／福岡市教育委員会

吉武高木第117号甕棺墓　金海式で墓壙上に大型の標石を置く

樋渡墳丘墓第62号甕棺墓出土鏡
（重圏文星雲鏡）

樋渡墳丘墓第75号甕棺墓出土銅剣　約10㎝右から把頭飾が出土

青銅器の祭り

銅矛・銅戈・銅剣，銅鐸などの弥生時代の大型の青銅製祭器は偶然の発見によることが多いが，幾例かは考古学者によって出土状態がくわしく観察されている。もっとも一般的な埋納方法は，写真のように，武器は横にして刃縁を垂直に，鐸も横にして鰭（ヒレ）を垂直にして置くやり方である。

構　成／中村友博

銅矛の一括埋納（佐賀県検見谷遺跡）
佐賀県教育委員会提供

銅矛と銅戈の共伴埋納
（福岡県日永遺跡）
福岡県教育委員会提供

銅鐸の出土状態（徳島県名東遺跡）
徳島市教育委員会提供

方形周溝墓の溝から出土した銅鐸（奈良県大福遺跡）
桜井市教育委員会提供

銅鐸の出土状態（静岡県前原Ⅷ遺跡）
浜松市博物館提供

銅鏡のいろいろ

わが国における銅鏡の製作は，朝鮮での中国鏡模倣を母胎に北部九州を中心にして急速に広まった。①はその原鏡の一例であり，②は古い段階の小形仿製鏡が時間的に遅れつつも近畿中央部に達したことを示している。③の系統の鏡が九州で生産されたことは確実といえ，近畿周辺で系譜のたどれる鏡（④）も存在する。弥生国産鏡の流れも⑤のような鏡を最後にやがてとだえていく。

構　成／森岡秀人

①小形仿製鏡のモデル・前漢日光鏡
（福岡県立岩堀田34号甕棺出土鏡，径4.9cm）
飯塚市歴史資料館提供

②古式小形仿製内行花文鏡の東伝
（大阪府加美鏡，径5.1cm）
大阪市文化財協会提供

③須玖永田出土鋳型に最近似する九州系弥生小形仿製鏡
（大分県小園鏡，径7.8cm）
大分県教育委員会提供

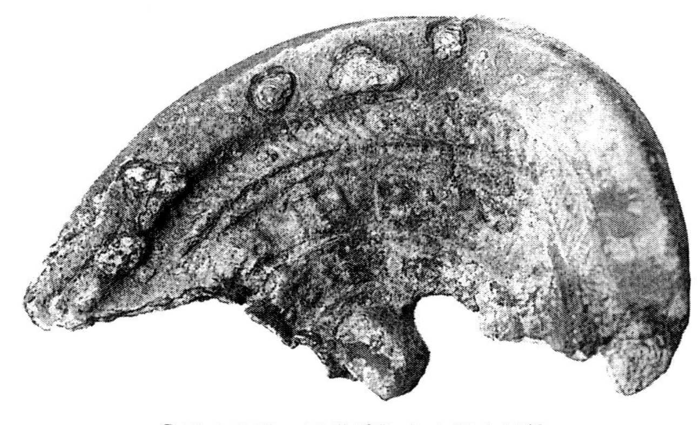

④最古段階の近畿系弥生小形仿製鏡
（兵庫県青谷鏡，径7.8cm）
河合良樹蔵，森岡撮影

⑤小形仿製鏡の終焉
（滋賀県高溝・顔戸鏡）
左径3.8cm，右径3.3cm
近江町教育委員会提供
斜め上から撮影

青銅器の鋳型

わが国における青銅器の製作の開始は，弥生時代中期前半にさかのぼる。その生産・流通センターは，鋳型の分布から福岡・佐賀の北部九州地方および大阪・兵庫・京都・奈良などの近畿地方にあったと考えられる。近年では銅鐸，銅剣，銅矛，銅戈などのほか，これまで未発見であった巴形銅器や小形仿製鏡，小銅鐸などの鋳型が発見され，多様な生産のあり方が判明しつつある。

構　成／小畑弘己

銅鐸鋳型片（福岡市赤穂ノ浦遺跡）
福岡市立歴史資料館提供

小銅鐸鋳型（春日市岡本四丁目遺跡）
春日市教育委員会提供

有鈎銅釧鋳型片（福岡市香椎）
九州歴史資料館提供

巴形銅器鋳型片（佐賀県吉野ヶ里遺跡）
佐賀県教育委員会提供

中細形銅戈鋳型
（福岡市八田）
福岡市立歴史資料館提供

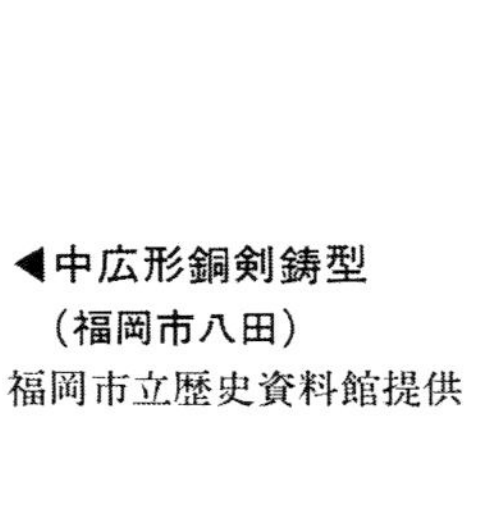

◀中広形銅剣鋳型
（福岡市八田）
福岡市立歴史資料館提供

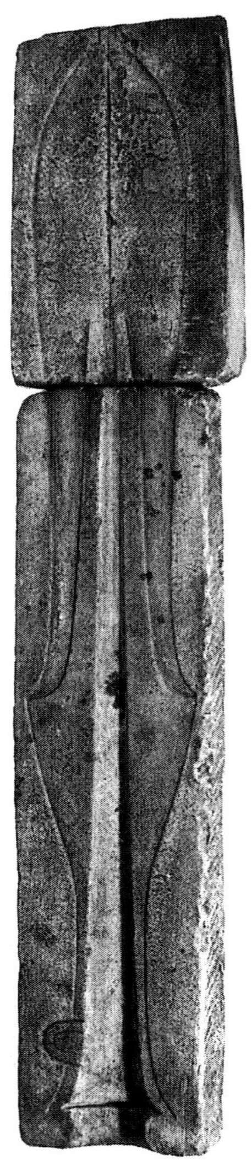

▶広形銅矛鋳型
（春日市須玖）
熊野神社蔵

季刊 考古学

特集

青銅器と弥生社会

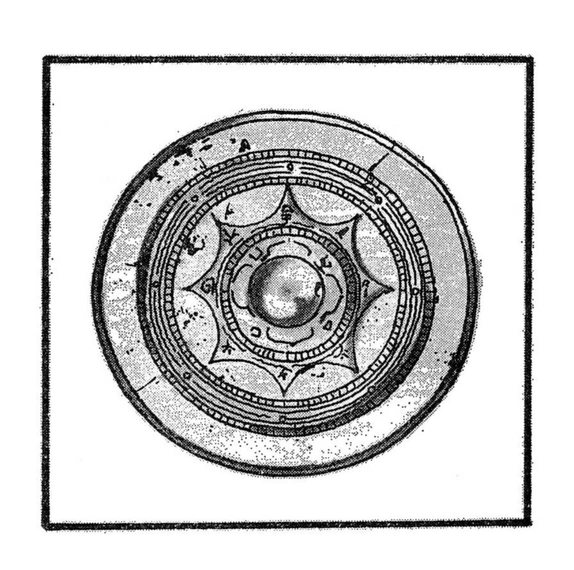

弥生時代の青銅器

——北部九州を中心として——

九州大学教授 西谷 正
（にしたに・ただし）

青銅器の鋳造技術は朝鮮半島に起源があることなどから，青銅器の生産と流通の背景に渡来系集団の技術者の関与が想定される

1 青銅器の出現

弥生時代の特色を取り上げるとき，よく稲作と金属器の文化といわれる。その金属器とは，いうまでもなく青銅器と鉄器である。鉄器は，すでに縄文時代の終末期夜臼（ゆうす）式土器の段階に出現しているのに対して，青銅器はやや遅れて弥生時代の前期初頭に姿を現わす。

いまのところ，日本最古の青銅器としては，福岡県宗像郡津屋崎町の今川遺跡包含層下層すなわち板付Ⅰ式土器を主体とする前期初頭の層位で，1979 年に発見された銅鏃が知られる。銅鏃は，有茎両翼式で，現存長 5.56 cm を測るが，二次加工品である。銅鏃の類例は，北部九州の対岸に当たる慶尚南道金海郡茂溪里の石室墓において，磨製の石剣・石鏃などと共伴したものがある。今川遺跡ではまた，表面採集品であるが，さきの銅鏃と同時期に推定される銅鑿も発見されている。これは，日本では類例がなく，忠清南道扶余郡草村面松菊里の石棺墓から出土したもので，遼寧式銅剣の茎部を利用して二次加工した銅鑿に近い。因みに，同じような銅剣の二次加工品には，北九州市小倉南区上徳力遺跡の採集品がある。

このように，これまでに知られている資料では，出現期の青銅器として二次加工品が多いようであるが，いずれも実用の武器・工具として使われたらしく，生活遺跡からの出土に限られている。また，それらの出土地が玄界灘の沿岸部にあって，系譜的にも朝鮮の南岸部に求められるので，その付近から舶載されたものと思われる。

2 青銅器流入の本格化

弥生時代に青銅器が本格的に流入するのは，周知のとおり，前期末から中期前半，土器型式でいえば，板付Ⅱ式の新段階から城ノ越（じょうのこし）式・須玖（すぐ）Ⅰ式にかけての時期である。そのような現象の典型例として，1985年春に発見された福岡市西区の吉武高木（よしたけたかぎ）遺跡第 3 号木棺墓の場合をみてみよう。まず，遺構をみると，おそらく当初，地表には墓壙直上に「標石」が置かれていたらしい。つぎに，出土遺物では，遺体が仰臥伸展葬されていたと仮定すると，右側辺（北西側）の腰部に，細形銅矛 1・細形銅剣 2・多鈕細文鏡 1 が下から上へと順に重ねて副葬されていた。反対側の左側辺の同じ位置には，外側に細形銅剣 1 と内側に細形銅戈 1 を並べて副葬していたらしい。これらの青銅器は，朝鮮との密接な関連を示している。さらに，吉武高木遺跡付近からは朝鮮系の同時期の無文土器や，有柄式石剣の破片が出土している。このような朝鮮との係わりが深い諸要素からみて，さきに紹介した青銅器類は，単に交易品として受容もしくは伝来したものではなく，渡来人が持参した武器であり，祭器であったと考えたいのである。

そのころ，同じようなコンテクストで流入していた青銅器群のなかに，小銅鐸・銅鉇，そして，いわゆる桃氏剣と呼ばれる中国式銅剣などがある。朝鮮製の小銅鐸は，いまのところ，1977 年に大分県宇佐市の別府（びゆう）遺跡の竪穴式住居跡内から，弥生時代終末期に廃棄されたような状態で検出されたものが唯一例である。銅鉇は，1984 年に熊本市神水遺跡で，弥生時代中期後半の竪穴式住居跡内から，はじめて破片が出土していらい，これまでに，福岡県小郡市三沢北松尾口遺跡・筑紫野市峯畑遺跡の中期前半の住居跡内出土例や，大分市下郡遺跡の中期前半の出土例などが知られる。また，中国式銅剣は，いずれも破片ないしは二次加工品であるが，長崎県壱岐郡芦辺町原の辻遺跡，佐賀県唐津市鶴崎，福岡県甘木市中寒水など，北部九州でわずかながら認められる。そのうち，中寒水出土例は，柄の断面が横長扁平に近く，柳田康雄氏が指摘されるように，全羅北道完州郡上林里や全羅南道咸平郡草村里の出土品に類似し，中国式銅剣の朝鮮における仿製品の可能性が強い。

この時期の青銅器群のうち，武器や祭器は，吉武高木遺跡第3号木棺墓でみたように，いわば司祭的首長の権威のシンボルとしての性格が濃厚である。いっぽう銅鉇の場合，住居跡から出土し，また，二次加工品が多いところをみると，磨製石器が盛んに使われていた時期に，貴重な金属製工具として珍重されたように思われる。

大まかにいって細形型式の青銅製武器や，多鈕細文鏡は，その分布をみると，北部九州に中心をもちながら，一部は瀬戸内海の沿岸部まで広範に分布する。しかも，ほぼ同一時期に，南部朝鮮の無文土器およびその系譜をひく土器の出土分布とも重なっている。そのような土器の分布の背後には渡来人の存在をうかがわせるので，青銅器の広範な分布の背景にも，渡来人が果した何らかの役割を想定したいと思う。

ところで，この時期にみられる青銅器群は，すべてが舶載品であるかどうか検討を要する。まず，細形銅戈については，佐賀県唐津市宇木汲田第17号甕棺墓や，福岡市西区有田出土甕棺墓の出土品について，その粗悪さゆえに，早くから国産説があった。最近では，細形の銅剣については，小田富士雄氏によると，福岡市東区志賀島出土の銅剣鋳型を細形Ⅰ式としたうえで，最古式のⅠ式段階の型式から国産されていることが推測されている。ついで中細形銅剣段階については，佐賀県神埼郡千代田町の姉貝塚や兵庫県尼崎市の田能遺跡出土の中細型式の銅剣鋳型からみると，北部九州のみならず，すでに近畿地方でも，銅剣の鋳造が中期前半のうちに開始されていたことになる。そして，銅矛に関しても，細形Ⅰ式という早い段階から鋳造が開始されていたことが，上記の姉貝塚や佐賀県佐賀郡大和町の惣座遺跡出土の鋳型から，同じように推測されている。

以上にみてきた青銅製武器類は，朝鮮ではしばしば小銅鐸と共伴している。また，中期前半から中ごろにかけての時期の，小銅鐸を模倣したと思われる鐸形土製品が，佐賀県神埼郡千代田町の詫田西分貝塚や同三養基郡三根町の本分遺跡で出土していて，小銅鐸の存在を間接的にうかがわせる。そのことから，武器類と小銅鐸は，同じころにいっしょに日本へ流入したと考えるわけであるが，同じように，青銅製武器類とともに小銅鐸の鋳造開始をも想定したい。というのは，小銅鐸に近い形態を示す鋳型が，福岡県春日市の大谷遺跡で出土していて，中期後半以前に当たることが理由の一つとして挙げられる。そして，銅鐸の古段階つまり第2段階に当たる外縁付鈕式横帯文型式Ⅱ式の鋳型が，佐賀県鳥栖市の安永田遺跡や福岡市赤穂ノ浦遺跡で出土しているからである。そうすると，北部九州において，小銅鐸と外縁付鈕式横帯文銅鐸との間に位置する，最古段階の菱環鈕式横帯文銅鐸の存在はじゅうぶん考えられるわけである。

3　青銅器国産化の盛行

弥生時代中期後半から後期初頭にかけて，すなわち，須玖Ⅱ式から高三瀦式の土器型式の段階に入ると，北部九州はもとより近畿地方においても青銅器の国産化が比較的活発になるとともに，西日本の各地で地域性が出てくる。これらは前段階に流入していた舶載品をモデルとして，日本で独自的な展開をみせるが，その結果，朝鮮からの舶載品は減少していく。そして，中国の鏡や貨幣など新たな舶載品もいくつかが認められることはいうまでもない。

まず，青銅製武器類は北部九州を中心とした地域で中広形になり，武器としての実用品から，武器形をした祭器へと変わるとともに，近畿地方を中心とした地域において，よくいわれるように，銅鐸は音が出るものから見るものへと変化する。ここでいう武器は，その所有者のステイタス・シンボルでもあったが，武器形祭器や銅鐸は，共同体の農耕や航海にまつわる儀礼のほか，共同体における政治的祭式にも使われたと考えておく。

この時期の北部九州における典型的な出土例の一つを，1987年から翌年にかけて発見された，福岡県筑紫野市の隈・西小田地区遺跡でみることにしよう。ここの第13地点では，中期後半の第23号甕棺墓からは，前漢の重圏「昭明」銘鏡1面とともに，鉄剣・鉄戈各1本ならびにゴホウラ製貝輪左・右各17·21個が出土している。隈・西小田地区遺跡の場合，千数百ともいわれる甕棺墓群のなかで，第23号甕棺墓は副葬品において突出しており，福岡市西区樋渡遺跡における直径20数mの墳丘墓と，前漢鏡・細形銅剣などの副葬品の隔絶性に照らして，いわゆる首長墓もしくは「王墓」と考えられる。ところで，隈・西小田地区遺跡では，同時期に，別の地点に当たる第7地点で，奥まった谷間に面した丘陵中腹斜面において，中細形銅戈が15本も出土している。この出土位置は，さきの第23号甕棺墓が，平野部をみわたせる丘陵の頂上部に立地することと対照的である。このことは，墓地区とは離れた一隅に埋納された銅戈が，おそらく集落全体ないしは『漢書』などに記される「国」全体の祭祀に使用されたものであって，実用の武器として使用可能な銅戈でありながらもすでに，祭器への道を歩んでいることを物語ってくれる。こうした祭器としての青銅器の盛行は，島根県簸川郡斐川町の荒神谷遺跡や兵庫県神戸市の桜ケ丘遺跡における青銅器群の大量出土に顕著に現われている。そして，地域によって，主として，北部九州の銅矛・銅戈，瀬戸内海沿岸部の銅剣・銅矛・銅戈，ならびに，近畿の銅鐸などと，対象物に差異はあるものの，青銅器の埋納による祭祀という点では共通していることも，早くから指摘されてきたところである。その意味で注目されるのは，それらのすべての器種を包括した出雲の荒神谷遺跡の例であるが，そこが，上述の三つの地域と何らかの交流を行なっていたことを物語るようで興味深い。

この時期に，それらの青銅器の生産と流通が各地で飛躍的に展開したことは，鋳型などの出土によってうなづける。たとえば，北部九州の福岡平野を例にとると，鋳型の出土状況は，いくつかの集落群単位ごとの生産を示すかのようである。とりわけ，奴国の故地の一角に当たる春日市須玖岡本地区では，青銅器の集中的多量出土もさることながら，中・後期の各種の鋳型を全国100例以上のうち，およそ30%を占めていて，さながら青銅器鋳造のセンターのような様相を呈している。青銅器生産は，そのような先進地域のみならず，

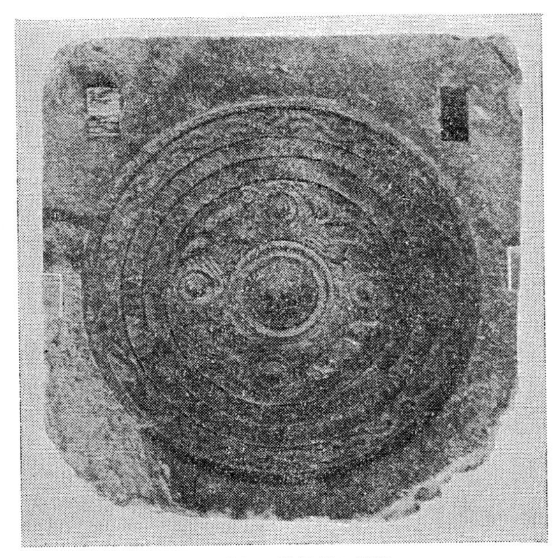

図1　中国・後漢鏡の鋳型

中国や近畿などの各地で生産が盛行していたことがうかがえる。というのは，荒神谷遺跡の大量の銅剣について現地での生産が指摘されたり，大阪府茨木市東奈良遺跡で銅鐸や大阪湾型銅戈の鋳型が少なからず出土していることによってうなづけよう。

当時の青銅器の原料は，多くが大陸わけても直接的には朝鮮半島に求められたことや，もともと各種の青銅器の鋳造技術は朝鮮に起源があること，さらに加えて，朝鮮の無文土器の製作技法を備えたものが弥生時代前・中期には，瀬戸内海沿岸部からさらに近畿地方にまで及んでいることを傍証として，青銅器の生産と流通の背景に，渡来系集団の技術者の関与を想定したいと思う。

4　青銅器生産の継続性

弥生時代後期初頭も過ぎて，前半から後半へと，つまり北部九州の土器型式でいうと下大隈式から西新式にかけてのころ，鉄器の普及のいっぽうで，青銅器生産は，一部の利器や祭祀品などで，ある意味では継続して活発化する。

それは武器形祭器にあって，平形銅剣と広形銅矛・銅戈にみられるが，地域性を濃厚に示す点が特徴的である。すなわち，平形銅剣の場合，中部瀬戸内海の沿岸部で発達し，祭祀用に多量に埋納されるなど，独自の文化圏を形成している。これと一部で重なって，周防灘から玄界灘にわたる広範囲に広形銅矛を主とした文化圏がある。そして，銅鐸は，近畿地方を中心に一大文化圏を形成

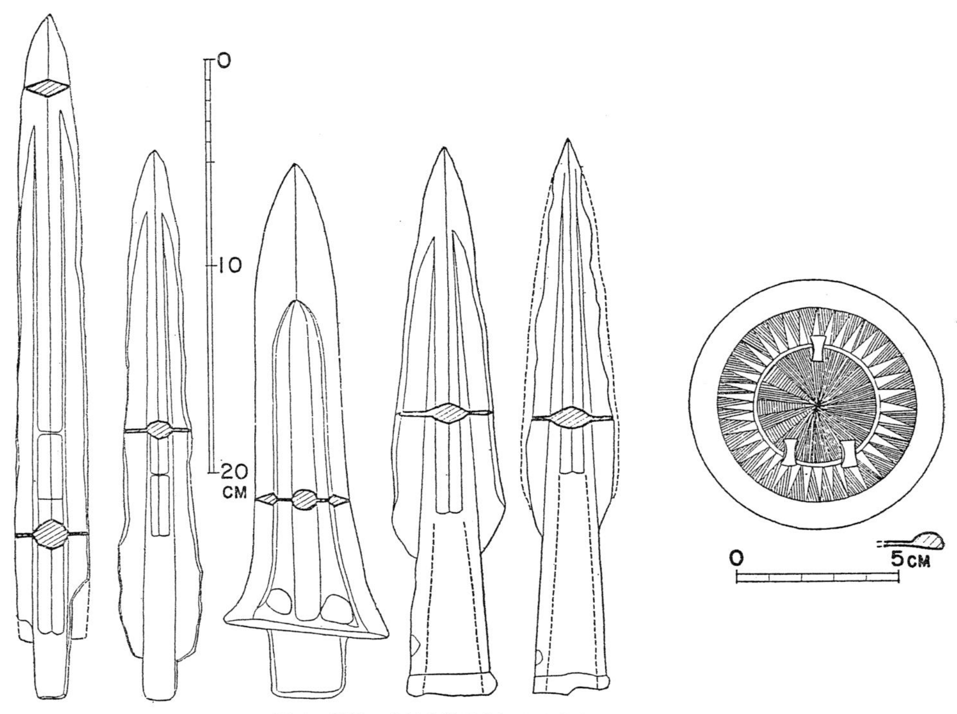

図 2　朝鮮・咸鏡南道梨花洞土壙墓出土の青銅器

することもよく知られている。銅鐸に関連して注意しておきたいのは，その分布圏外にあって，北部九州や関東地方で小形銅鐸が盛行することである。そしてそのことは，鐸形土製品の広範な分布にも現われていて，近畿地方を中心に分布する銅鐸の祭器としての呪術性が，北部九州から関東地方まで行きわたっていたことがうかがわれ，その背後に近畿地方を中心とする一大勢力の影響力を考えられはしないだろうか。その点で，小形仿製鏡についても，朝鮮で製作された小形仿製鏡が後期初頭に舶載された後，その製作が開始された場所は北部九州であっても，やがて近畿・東海・北陸・関東へと広範に分布する状況と重なるように思われる。

弥生時代後期は，すでに鉄器が普及しているものの，農工具・武器のいわば不足分を補完するような形で製作が増大するのが，銅鋤先や銅鏃であろう。そして，かえって青銅器は装身具や飾金具で盛行することは，巴形銅器・銅釦・銅釧など新たな器種が生まれて豊富になったり，すでに早くからあったものが多量に製作されるようになったりしてくる。

それにつけても，青銅器原料の問題であるが，国産の自然銅の開発も当然のこととして追求されたであろうが，輸入品もあったろう。その点でもう一度，検討したいものが中国製の貨幣類である。最近も発見され続ける貨泉の出土分布をみると，近畿地方を主位に，ついで北部九州に多く，さらに，中九州や四国などでも検出されている。また，福岡県糸島郡志摩町の御床松原（みとこまつばら）遺跡出土の前漢の半両銭と貨泉や，北九州市守恒（もりつね）遺跡出土の五銖銭は，それぞれ後期前半ごろと中期後半に当たる。そして，山口県宇部市沖ノ山遺跡では，弥生時代中期後半から後期初頭ごろに，全部で五銖銭 96 枚と半両銭が 20 枚という多量の貨幣が日本にもたらされ，朝鮮の無文土器に内蔵されていた。朝鮮半島では，楽浪郡治跡と推定されるピョンヤン郊外の土城内から，半両・五銖・大泉五十・貨泉・貨布などの貨幣のほか，半両銭は鋳型まで出土している。そして，楽浪郡の故地と日本を結ぶルート上に位置する全羅南道麗川郡三山面西島里では五銖銭が 30 枚以上と，済州道山地港では五銖 4 枚・大泉五十 2 枚・貨泉 11 枚・貨布 1 枚が小形仿製鏡などとともに，それぞれ発見されている。上述のような日本出土の貨幣類の用途を考えるとき，流通貨幣を考えにくい以上，原料説もじゅうぶん現実性をおびてくるのである。

青銅器の原料と生産

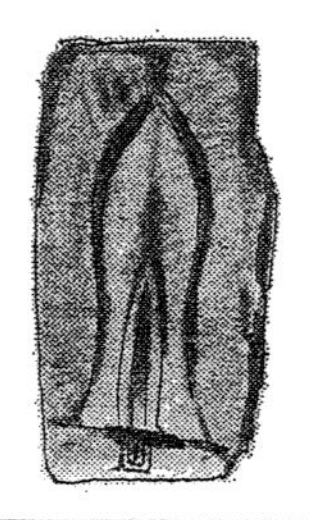

青銅器の原料はどういう合金で，弥生人はどこからどのようにして入手したのか。そしてその生産技術はどんなものであったか

青銅器の原料／青銅器の生産技術

青銅器の原料

東京国立文化財研究所
馬淵久夫
（まぶち・ひさお）

弥生前期には韓国から，紀元前1世紀ごろからは長安から，青銅器の原料が半製品ないしインゴットとして送られてきたと推測される

弥生時代の青銅器の原料と言えば，暗黙のうちに銅鐸や小形仿製鏡のような国産青銅器の原料を意味するのが普通である。その場合，問題になるのは，弥生時代の青銅がどのような合金だったかということと，弥生時代の工人は，一体どこからどのようにして，原料を入手したかということである。この2点に対する答は自然科学的な研究によって得られる可能性が高いが，考古や歴史の立場からも参考になる事実や資料が提供されている。

第1は，有名な『周礼』考工記の金有六斉である[1]。もちろん，これは中国の調合法を述べたものだが，わが国の青銅文化が中国の影響を大きく受けていることは間違いないので，考慮に値する。少なくとも，スズ青銅が基本であることが，ここに示されている。

第2は，朝鮮半島で造られた多鈕細文鏡や細形銅利器，中国で造られた前漢鏡といった，いわゆる舶載の青銅器が弥生遺跡から出土することである。運送の手段や経路は不明でも，遠路はるばる青銅の製品が運ばれてきたこと，またそのためのルートがあったことは確かである。

第3は，『続日本紀』の文武天皇2年（698年）の項に銅鉱石などを献ずる記事が現われ始め，有名な和銅元年（708年）の記事が続くことである。この記録は，解釈によっては，7世紀末になって初めて国産原料が採れるようになったのであって，400年以上も昔に遡る弥生時代には採鉱していなかったとも受け取れる。

第4は，世界の文明発祥の地と較べると，青銅使用の時期として弥生時代は非常に遅いことである。中国では，また恐らく朝鮮半島でも，鉄器時代になっていて，採鉱の技術がいつ導入されてもおかしくない状況だったと言える。

以上の事柄を頭に置きながら，最近の自然科学の成果を交じえて，弥生時代の青銅器の原料について考えてみよう。

1 青銅の成分は何か

大正年間から今日に至るまで，青銅器の化学分析は間欠的に行なわれてきた。その間の分析法の進歩は目覚しく，試料の必要量は10分の1になり，測定可能な元素の数も2倍以上になってきた。一方，測定用の試料も，初期には錆あるいは錆を多く含んだ部分であることが多かったようで，これらのことを総合的に考えると，すべての発表されているデータを同等の重みで見ることはできない[2]。そのような前提の上で，ほぼ確実と思われる事項を列挙してみる。

(1)　主成分元素

例外なく，基本的には銅とスズと鉛の合金である。つまり，これら3種の金属は別々に精錬され，人為的に混ぜ合わされたと考えられる。『周礼』考工記には鉛の配合率は記してないが，恐らく湯流れをよくするため，適当に加えればよかったのだろう。分析値では，大体5±3%の中に収まる。ただし，鉛は銅と完全には混ざらず，微視的には銅のマトリックスのあちこちに粒状に散在するので，分析する部位で見かけの%が違うようになる。最近のように数十mgで分析する場合はこれが著しい。

弥生時代の原料が銅・スズ・鉛の3成分系だということは，殷周青銅器と同じであり，技術的に中国の青銅文化の流れを汲むことを物語っているのであろう。他の文明圏の初期には，純銅だったり，ヒ素青銅だったりすることがあるからである。なお，朝鮮半島の北方系青銅器文化の影響も考慮に入れる必要があるが，科学的データが乏しいので言及しないことにする。

(2)　製品の種類と材質の関係

日本の考古学では，スズ量が多いと良質と呼ぶ習慣がある。スズは昔も今も資源的に貴重な金属であり，表面に酸化被膜を作って錆びにくい特性があるので，もっともなことである。スズが多くなると，固くなると同時に脆くなる。また，融点も下がるので，『周礼』考工記を引合に出すまでもなく，製品の種類によってスズ量を調節するのは妥当である。しかし，弥生時代の国産青銅器にはそのような配慮が統一的になされた形跡は希薄である。

例えば小形仿製鏡は，スズ20〜25%が通常の処方になっていた漢式鏡を真似ているにも拘らず，おおむね質が悪い。当時は色の違いが歴然としていたはずで，不思議である。

銅鐸の場合は，次項で述べるようにさまざまである。銅利器は全く分析値が不足しているので何とも言えないが，錆の観察からすると，銅鐸と大差ないように見える。

このように，根拠は頼りないが，製品の種類と材質には中国の青銅器ほどの相関がないように見える。つまり，弥生時代（とくに後期）には，鋳造の工人が自由に調合できるだけの3金属の入手が困難だったのではないか，というのが筆者の推測である。

(3)　時期と材質の関係

青銅器の分析が行なわれた，かなり早い時点から指摘されていたのは，銅鐸の型式（編年）と材質の関係である。すなわち，初期の銅鐸はスズが10%を超える良質だが，製作時期が下るとともに次第にスズが少なくなり，近畿式・三遠式になると4〜6%と低減する，というのである。これは分析例が増えても大きな例外がなく，また錆の色からも妥当で，確かな事実と思われる。

筆者は，後述の鉛同位体比の結果を考えているうちに，このような関係が弥生時代には支配的で，前項の「製品の種類と材質の関係」が希薄になったのではないかと思うようになった。これについては，後にも触れる。

(4)　近畿式・三遠式の分析値

前項でスズ4〜6%と数値を挙げたが，これは有名な近重真澄のデータである。ところが，近重の分析は錆を試料とし，しかも測定した金属の総和を100にして計算し直した数値である。実際よりも高めになっている可能性が強い。案の定，山崎一雄の最近の分析によると，2.30%（晩稲鐸），0.50%（砂山鐸），2.36%（堀山田鐸）と極めて小さな値である。鉛量も多くはないので，製作時の湯としては95%程度の純度をもつ銅だったことになる。限りなく銅に近い青銅である。

2　原料はどこから来たか

日本のどこかで，弥生時代に鉱石を採っていたとか精錬をしていたとかいう遺跡がみつかっていれば，話は簡単である。周知のように，そのような跡は発見されていないので，原料の由来が論議の的になってきた。ものごとが“なかった”ことを証明するのは一般的に難しい。そこで，青銅器の材料を科学的に調べて解決の糸口を求めようとする。

現在までに試みられた金属の産地推定の中で，原理から見て科学的な根拠がしっかりしているのは，鉛同位体比だけと言って過言でない。出土した鋳造青銅器の金属組織を微視的に調べて，原料が自然銅か硫化物などの鉱石かを見分けるのは難かしい。不可能だという論文も発表されている[3]。このようなわけで，ここでは鉛の産地についての科学的情報を要約し，さらに，それから推論される原料の由来についての筆者の考えを述べることにする。

(1) 鉛のタイプ

鉛同位体比から分類すると，弥生時代の青銅器は2つのタイプに分れる。朝鮮半島タイプと中国華北タイプである。このような実験結果については，すでにいくつかの出版物に詳しく説明したので，ここでは繰り返さないが[2,4]，要するに多鈕細文鏡・細形銅利器のタイプと前漢鏡のタイプに分れるのである。この両者は極端に違った同位体比をとるので見誤ることはない。

重要な点は，銅鐸・銅剣・銅矛・銅戈・銅鏃・銅鋤先・銅鏡・巴形銅器・銅釧といった弥生時代の国産青銅器は両タイプのいずれかに属し，例外がないことである。最近話題になった，出雲の荒神谷（こうじんだに）遺跡出土の銅剣も銅鐸も銅矛もすべて例外でない。もう一つ見逃せないのは，古墳出土の国産青銅器の大部分は違ったタイプの鉛を含み（例外は銅鏃にときどき見られる），弥生時代の遺物と画然とした線が引けるということである。

要するに，鉛の供給源は朝鮮半島のどこかと華北のどこかだけだったが，これらの供給源は弥生時代とともに途絶えたということである。

(2) 時期と鉛のタイプの関係

弥生時代の国産青銅器の中で，製作の期間が長く，しかも編年がしっかりしているのは銅鐸を措いてない。したがって，2種の鉛のタイプがどのような順序で日本列島に入ってきたのか，あるいは並行して入ってきたのか，ということは銅鐸に現われるはずである。

この実験結果は，53の銅鐸について1982年に発表したが[5]，その後約20鐸を追加測定した現在でも，論文に記した内容に訂正はない。すなわち，佐原眞の分類で，

(1) 菱環鈕式は朝鮮半島タイプ
(2) 外縁付鈕式は両タイプのいずれか
(3) 扁平鈕式は華北タイプ
(4) 突線鈕式は華北タイプ。大部分を占める近畿式・三遠式は画一的な同位体比をとる（図1）。

佐原眞の分類は製作の相対年代順なので，まず朝鮮半島タイプが入ってきて，外縁付鈕式製作の途中から華北タイプに変わると考えてよさそうである。これは，従来から考古学で指摘されている，紀元前108年の楽浪郡設置を境とする，舶載

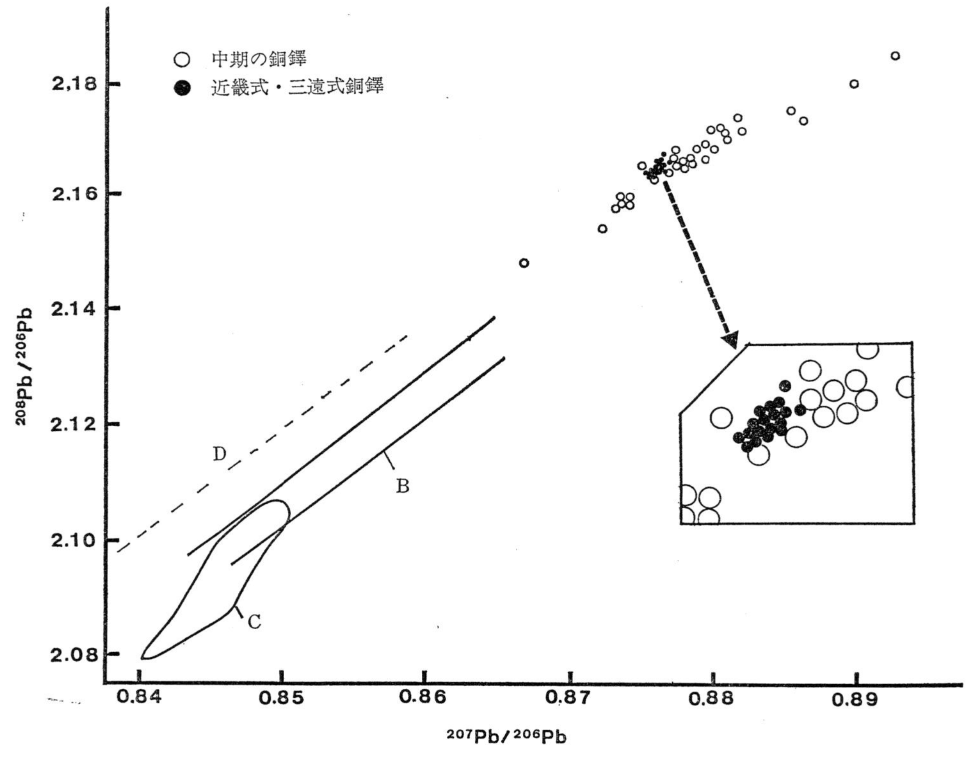

図1 近畿式・三遠式銅鐸の鉛同位体比
B：後漢中期以降の鏡の鉛 C：日本の鉱石の鉛 D：朝鮮半島製遺物の鉛

青銅器が将来された順番と同じである。

このように，銅鐸では時間と鉛のタイプの相関がはっきりしたが，他の青銅器ではどうだろうか。残念ながらまだ十分なデータが揃わないので断言できないが，おおまかには銅鐸と同じ傾向があるといえる。銅剣・銅矛・銅戈で型式分類と鉛同位体比の関係を詳細に調べることは重要である。

（3） 近畿式・三遠式の原料

さきに述べたように，純銅に近く，画一的な鉛同位体比をとるこの原料は，弥生後期の非常に特徴的な原料である。西日本で出土する小形仿製鏡の多く（全部ではない），東海地方から関東地方にかけて出土する弥生時代後期または末期の銅鏃や銅釧，小銅鐸。これらはすべて近畿式・三遠式と同じ画一的原料で作られているように思われるからである。近畿式・三遠式の原料は大型のものが多いから，重量の面からも弥生時代の青銅のかなりのパーセントを占める。そこで，この原料の素性をよく考える必要がある。スズや鉛が数パーセントというのは，銅にスズ・鉛を人為的に加えたかどうかを判断する境界の量だからである。

2つの可能性が考えられる。

まず，精錬が不十分な銅の場合，この場合は解釈が簡単で，銅が華北から来たことになる。画一的な鉛同位体比の解釈も，華北の一つの銅鉱山のものとして難なく片付く。

第2は，わずかのスズと鉛を人為的に加えた場合。数パーセントのスズや鉛では融点を下げる効果はあまり期待できないが，鋳上がりを良くするような技術上の利点があるのかもしれない。この場合，中国か日本列島内か，どこで加えたかが問題である。日本で調合したとすると，それは中国華北から鉛（恐らくスズも）を仕入れ，銅をどこかで(日本であってもよい)調達して1か所で調合したと考えるしかない。そうでないと，あれほど律義にわずかで画一的な中国の鉛が入っているのは，説明できない。しかし，弥生時代にこのような材料の供給センターのようなものを想定するのは机上の空論と思う。筆者は今のところ，弥生後期になって銅の需要が増すにつれ，材質の良くない青銅がインゴットとして大陸から将来されたと考えている。

3 青銅の道

いま筆者は突如インゴットという言葉を持ち出したが，いうまでもなくインゴットとは精錬所から鋳造所まで素材を移動するために運びやすいようにした金属塊で，古代からの人間の知恵の産物である。日本の考古学では従来，大陸からの輸入青銅器を改鋳したという考え方が支配的だったので，両者の現実性を考えてみよう。

（1） インゴットか改鋳か

筆者はこのような二者択一的発想は現実的ではないと思っている。少なくとも400年もの間続いた弥生の青銅文化である。途中で変化があってもおかしくない。

改鋳説は大陸の原料を使ったものであるから，基本的には鉛同位体比の結果に矛盾しない。インゴットか改鋳かについては，鉛同位体比で明らかになった銅鐸原料の3系統（大きくは朝鮮半島と華北の2系統）を別々に見る必要がある。

まず，菱環鈕式のような初期の銅鐸は，細形銅剣のような朝鮮半島からの舶載青銅器を改鋳した可能性は大いにある。鉛同位体比は同じタイプで問題なく，金属成分も似通っているように見えるからである。初期の銅鐸は 1～5kg の重量だから，300～500g の銅剣を10本以内で済む。

中期の銅鐸は鉛同位体比の点で，細形銅剣や初期の銅鐸の鋳直しでは説明できない。改鋳にこだわるならば，前漢鏡や方格規矩鏡のような舶載鏡か，貨泉や五銖銭のような青銅貨を考えなければならない。しかし，鏡はスズが多過ぎ，銭貨は鉛が多過ぎて成分比が一致しない。強いていえば，青銅貨はかなり成分比が変動するので可能性がある。このように若干の鋳直しの可能性を保留しながらも，インゴットのほうが可能性大と思えるのが中期の銅鐸である。

近畿式・三遠式銅鐸については前項で述べたようにインゴットであろう。

以上，典型的原料について類型的に述べたが，実際には華北から来たインゴットに朝鮮半島製青銅器のスクラップを少し混ぜたということもあるだろう。現に，このような例が荒神谷遺跡の銅剣の少数に見られる。

（2） 青銅のインゴットか

近藤喬一は，中国で調合した青銅インゴットとする筆者の見解（口頭によるコメント）に対し，疑

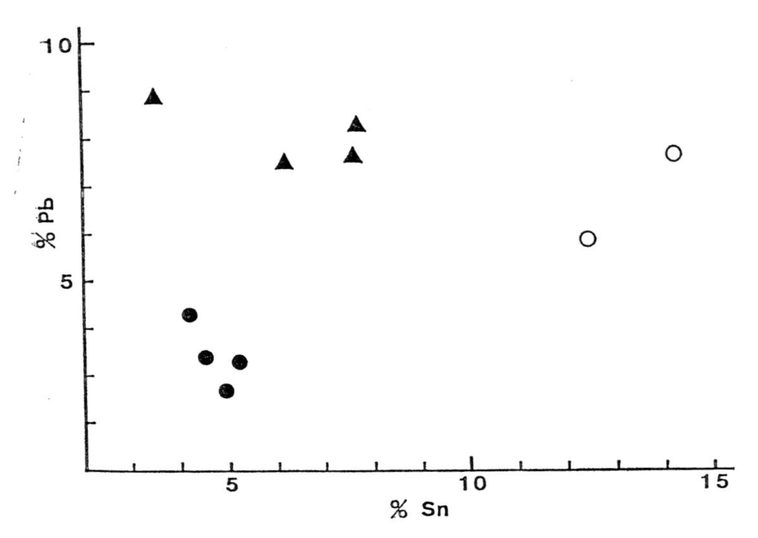

図 2　銅鐸のスズと鉛の関係（鉛同位体比と材質に相関がみられる）
○：初期の銅鐸（朝鮮半島タイプの鉛）▲：中期の銅鐸（華北タイプの鉛）
●：近畿式・三遠式銅鐸（画一的華北タイプ）

義を述べられている[2]。そのとき筆者の意味したインゴットとは，近畿式・三遠式に代表される“限りなく銅に近い青銅”のことであった。弥生後期のこの特徴的な原料についてはすでに述べたのでここでは繰り返さない。

確かに，中期の銅鐸のようにかなりの量のスズや鉛を含む青銅器の原料が，すでに調合されたインゴットの形で運ばれてきたというのは問題である。精錬は金属別に行なわれ，別々のインゴットにするのが普通だからである。筆者が，それでもなお青銅インゴットに若干固執するのは，次のようなことを漠然と思うからである。

すでに述べたように，青銅の成分比は時期の関数になっているように見える（図2）。つまり，材質は“与えられたもの”“お仕着せ”が一般的だったのではないか。中国の工人が東渡する場合は別として，弥生人への輸出用には適当に調合した青銅の方が都合良かったのではないだろうか。現地での鋳造中に，いずれかの金属の過不足が起こらないようにという配慮からか，3金属配合の秘訣を知られたくない防護措置からか。これはあくまでも仮説であって，分析データの増加を待って再び考えたい。

（3）　トレーサーとしての鉛

1982年の論文で，筆者は前漢鏡に含まれる華北タイプと同じ鉛が，戦国時代の布貨のうち黄河沿いの西方地域で鋳造されたものに含まれること，したがってその鉛の産地が中国西北部と推定されることを指摘した[5]。一方，東アジアの鉛鉱石の同位体比も絶えず蓄積することに努めたが，測定できた中国の鉛鉱石36試料のうち，陝西省丹鳳県（西安の東南150km）のものが華北タイプに極めて近い同位体比をもつことがわかった[6]。因みに，より早い時期の朝鮮半島タイプは，韓国の西側で恐らく忠清道あたりと推測される。

このように，弥生時代の早い時期には韓国から，紀元前1世紀頃からは長安から，いわばブロンズロードのようなものができあがっていて，青銅器とともにその原料も，半製品ないしインゴットとして送られてきたことが推測される。

“ブロンズロード”の実証は，韓国出土の青銅器の調査研究によって将来行なわれるべきである。

註

1)　小林行雄『古代の技術』塙書房，1962
2)　近藤喬一・馬淵久夫「青銅器の生産技術」『弥生文化の研究』6道具と技術Ⅱ，雄山閣，1986
3)　R. Maddin, T. S. Wheeler and J. D. Muphy “Distinguishing Artifacts Made of Native Copper”, J. Archaeol. Science, Vol. 7, No. 3, 1980
4)　馬淵久夫・富永　健『続考古学のための化学10章』東京大学出版会，1986
5)　馬淵久夫・平尾良光・佐藤晴治・緑川典子・井垣謙三「古代東アジア銅貨の鉛同位体比」考古学と自然科学，15，1982
6)　馬淵久夫・平尾良光「東アジア鉛鉱石の鉛同位体比」考古学雑誌，73―2，1987

青銅器の生産技術

橿原考古学研究所
久野邦雄
（くの・くにお）

青銅器の生産に関連する遺跡・遺物はいずれも破損した状態で出土している場合が多く，故意に破壊して放棄されたと推定される

わが国において金属器の使用され始めたのは弥生時代である。弥生時代の金属器には青銅器と鉄器があるが，いずれも当初は大陸から輸入され，しばらく後に日本においても生産が開始された。

これらの中でも青銅器の生産についてはすばやく発達をとげ，多くの製品を生みだしたといえよう。近年各地で青銅器の生産遺跡の調査が増えはじめ，生産体制はともかく生産遺跡の実態がより明らかになりつつある。

そこで今日までに調査が行なわれた確実な生産遺跡の状況について具体的に検討を加えて，若干の私見を述べてみたい。なお，青銅器の生産遺跡の中でも，単に鋳型が単独で出土しただけの遺跡については除外して記述したい。

1　青銅器の生産遺跡

1974年から1976年にかけての調査によって明らかにされた，近畿地方では初めての銅鐸の生産遺跡である大阪府茨木市東奈良（ひがしなら）遺跡[1]がある。

この遺跡は，大阪府茨木市東奈良，沢良宜一帯に所在する。弥生時代前期に始まり鎌倉時代におよぶ複合遺跡であり，現在までの調査の結果，弥生時代中期の方形周溝墓群や大溝があり，古墳時代前期の住居跡，大溝，井戸，土壙墓群などが検出されている。

出土遺物には青銅器の生産に関するものとして銅鐸の鋳型がある。銅鐸の鋳型は石製の片面のほぼ完形品１点（流水文），他に流水文を描いた破片10種，袈裟襷文を描いたものが２種ある。流水文の鋳型の中には豊中市桜塚出土の銅鐸および香川県善通寺市我拝師山（がはいしやま）出土の銅鐸と同笵の鋳型があり，一つの鋳型で少なくとも２個の銅鐸が鋳造されていたことがわかり，その流通関係が注目されるところである。

これらのことから東奈良遺跡においてどのような背景のもとに銅鐸が製作され，各地に配られていたのか，とくに今後の研究課題の一つとなろう。

他に青銅器鋳造関連遺物としては，土製の銅戈の鋳型３片とフイゴ羽口片が多数出土している。これらのことから銅鐸鋳造鋳型は石製であり，銅戈の鋳型は土製であるなど，青銅器の鋳造鋳型は２種あることが判明している。

これらの鋳造関連遺物の出土状態であるが，いずれも弥生時代の中期後半から古墳時代前期にかけての土器を含む包含層の中から散在した状態で検出されており，遺構に伴うものではないことから鋳造が行なわれた正確な時期については明らかにされていない。

また，これらの出土状態からして鋳型やフイゴ羽口などは破損後放棄された状態を示していると考えられる。

鋳型やフイゴ羽口は出土しているが，鋳造工房跡，熔解に必要な炉の施設とか，また鋳造に必要な道具であるルツボ，また鋳造された製品を整形したおりに生じた残材（合金片）などは検出されていないことから，これらの残材はおそらく次の製品を作るときに再利用されたものと考えられる。

1977年には奈良県田原本町にある唐古（からこ）・鍵（かぎ）遺跡の調査[2]において多数の土器および木製品が出土した。遺構としては，調査地の南側において，幅４m，深さ２mの東西に延びる大溝が検出され，この溝より南側には全く遺構が認められないことより，この溝は集落の南限を区画する環濠と考えられる。

北部においては，多くの土壙と東西に延びる２条の自然流路が検出され，この流路内および上面から青銅器の生産に関連する遺物として石製の銅鐸の鋳型片（流水文）１点と土製の銅鐸の鋳型の外型とも考えられる土製品が約20片近く出土している。しかもこの土製の鋳型の外型とも考えられるものには大小２種類がある。

これらの土製品は，鋳型そのものではなく，おそらくこの土製品にさらに真土（まね）を塗って，そこに文様などを刻みこんで鋳型を作り，鋳造されたものと考えられ，その真土が完全にとれた外

図1　唐古・鍵遺跡出土の土製銅鐸鋳型の外型

型にあたるものではないかと推測されるものである。しかし銅鐸の鋳型の外型であると断定するにはただちにはいいきれない多くの問題点があり，今後の研究をまたねばならない。

中でも小型のほぼ完形に近いものは銅鐸の鈕（ちゅう）と身の部分を仕切りでもって区別し，全体に裾広がりの反（そ）りがあることなどから銅鐸のプロポーションとは共通点もあることから，銅鐸の鋳造に何らかの関連をもつものと考えられる。

このような土製の銅鐸の鋳型は他に類例がないことから，この唐古・鍵遺跡においては特殊な鋳造工人技術者がいたとも考えられる。

またこれらの土製品以外に鋳造関連遺物としては，銅合金を熔解するために火熱を上げるに必要な風を送るためのフイゴ羽口片が20片近く出土し，金属製品としては，鋳型の合せ目からはみ出したと考えられる鋳張り片１点がある。

これら一連の鋳造関連遺物は，調査区内の北部周辺に集中して出土したことより，中でも多く出土した北西部を拡張して，その工房跡の検出を行なったが，何らそのような施設は確認できなかった。

これら鋳造関連遺物の出土状態はいずれも散在した形で出土しており，そのあり方は，破損後もしくは故意に破損して放棄された状態である。このようなことから特殊工人技術者は，技術の秘密を保持するために鋳型とか工房跡，炉などを破壊したのではないかと考えられる。

またこれらの鋳造時期についても，伴出した土器などから弥生時代中期末から後期前半のものであり，石製の鋳型は砥石に転用されていることもあって，砥石としてどの位の期間使用されていたのかも明らかでないことなどから鋳造時期は明確にしがたい。しかしこの遺跡において銅鐸が鋳造されていたことは一連の鋳造関連遺物の出土から明らかである。

1979年には，佐賀県鳥栖市安永田（やすながた）遺跡[3]において九州では初めての横帯文の銅鐸の鋳型が発見され，九州においても銅鐸が鋳造されていたことが明らかになった。

鋳型は石製の破片であり，出土状態は，炭化物や焼土を多く含む床面が赤褐色に固く焼けた住居状遺構から砥石とともに出土した。同鋳型片は他の地域からも出土して散在した形を示しており，破損後または故意に破損して放棄された状態で出土している。

銅鐸鋳型以外に石製の銅矛の鋳型片も出土し，出土状態は包含層内，祭祀状土壙内より出土している。鋳型面は焼けて黒変して鋳造が行なわれた痕跡のあるものや鋳型の未完製品もみられることから鋳型の製作から鋳造まで行なわれていた工房跡であると考えられる。

17号住居跡にはほぼ正方形の土壙があり，土壙内から焼土，灰土中に横に突きささる状態でフイゴ羽口が出土している。このフイゴ羽口片は，表面は熱により剥脱が認められ，先端部および風道内は黒く変色している。

また附近から3.0m×4.5mの長方形プランの炉跡状遺構が検出されており，土壙内には径70cm大の半環状の焼土塊があり，その周辺からは，焼土，灰土の炭化物を充満した柱穴がめぐるような状態で確認されていることから，銅合金を熔解するに必要な熔解炉が築かれていたのではないかとも考えられる。また発掘中央部ではこぶし大から人頭大の塊石や祭祀用土器などを大量に包含する祭祀状土壙が３基検出されており，鋳造に際して何らかの祭祀が行なわれた可能性が考えられる。

以上の遺構・遺物から安永田遺跡では鋳型の製作から青銅器の鋳造まで行なわれ，青銅器の生産

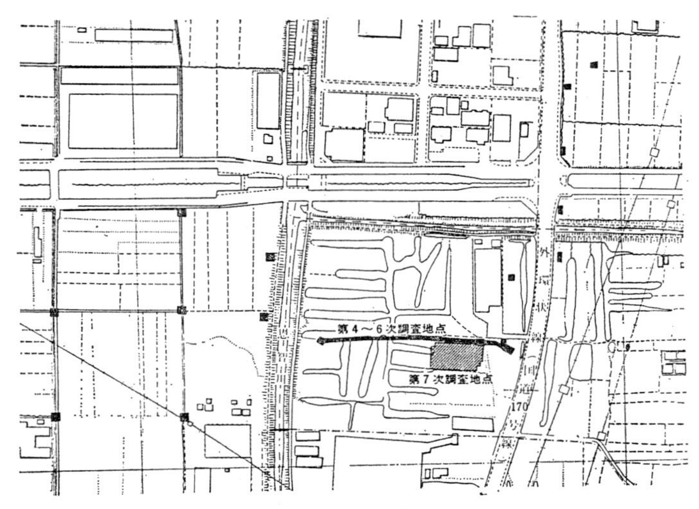

図2　鬼虎川遺跡調査位置図（註4より）

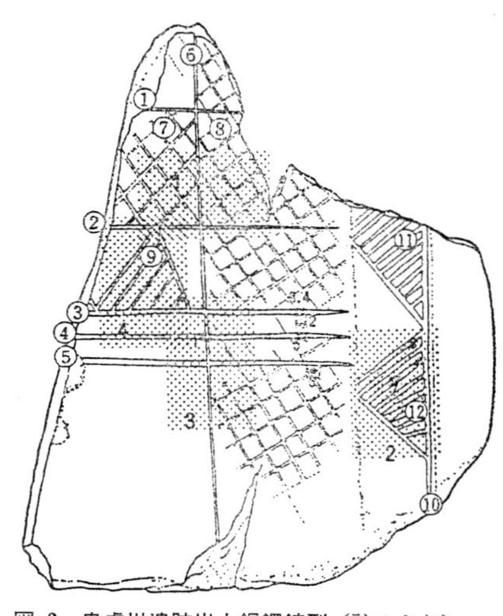

図3　鬼虎川遺跡出土銅鐸鋳型（註4より）

工房，鋳造工房跡と考えられ，しかも祭祀土壙があることなどは，青銅器の製作にかかわる何らかの祭祀が工人技術者によって行なわれていた可能性が大である。

しかし，熔解時に生ずる銅滓であるとか，鋳造が終わって製品にする時に生ずる残材（鋳張り，湯口など）がまったく検出されていない点は，残材が次の製品に再利用された可能性が考えられる。

なお鋳造が行なわれた時期については，その伴出遺物から弥生時代中期後半から末にかけての時期に考えられている。

1980年には，大阪府東大阪市鬼虎川遺跡[4]において，袈裟襷文の銅鐸鋳型3片，銅釧鋳型片，異型青銅器鋳型（全体に中空の円筒形をなし，身は瘤状となし，体部に2条の凸帯をめぐるもの）などが出土している。

中でも銅鐸鋳型は，砥石に転用されている。銅鐸の鋳型3片は同一個体であり，鋳型面は熔銅によって黒変している。これらの鋳型の出土状態は，いずれも遺物包含層中であり，自然地形を利用した排水的な溝中の凹みから出土している。

これら鋳型の中でも異形青銅器の鋳型は，貝塚の比較的厚い貝殻や他の遺物とともに地山にもぐり込んだ状態で検出されている。この鋳型も鋳型面は黒変していることから鋳造が行なわれたことは確実であると考えられる。

この遺跡においても他の遺跡と同様に鋳型は破損後もしくは故意に破損して放棄された状態を示している。銅鐸以外に多種の青銅器の生産が行なわれていたことが推測できる。また，この遺跡においても鋳型の出土はみられるが，鋳造に関連する道具であるとか，金属類および生産工房跡の施設は現在のところ全く検出されていない。

鋳造が行なわれた時期についても銅鐸鋳型，銅釧鋳型が弥生時代中期前半から中期後半にかけて，異形青銅器鋳型が弥生時代前期末から中期後半に含まれていることから確実な時期についてはいずれも明らかではない。

銅釧の鋳型の出土は，近畿ではじめての例でもあり，しかもその製品である弥生時代の銅釧の出土例も近畿では少ないことから，ここで鋳造された製品の供給地がどこであったのか課題の一つとして残る。

1985年度には，福岡県春日市須玖永田遺跡[5]の調査が行なわれ，銅鏡の鋳型が発見された。須玖永田遺跡は有名な「須玖岡本遺跡」をはじめとする，とくに青銅器およびその鋳型が多く出土する遺跡の多い春日丘陵上の遺跡とは異なり丘陵先端部の沖積平野に立地している。

調査の結果，遺構としては掘立柱建物，土壙，井戸，溝などがある。遺構のあり方については，掘立柱建物は調査区の北側から西に存在し，16棟が確認され，そのほとんどの柱穴内に木製礎板があった。建物は1間×1間と1間×2間がほとんどであり，3間×1間の建物は周囲に溝をめぐらし，青銅器工房の中心的な建物であったと考えられる。

溝は掘立柱建物の南側に北東から南西方向に延びる幅1.5m，深さ0.5mの断面U字形の溝とこれに並行する幅1.8mの浅い溝状遺構がある。南辺

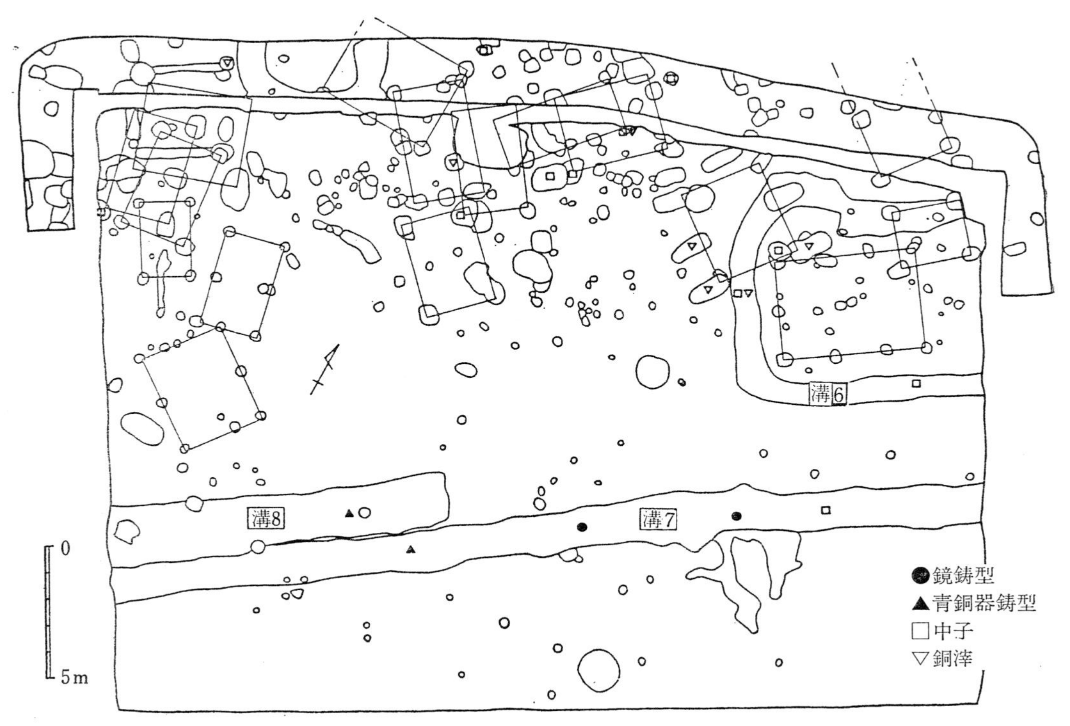

図 4　須玖永田遺跡青銅器工房跡（註 5より）

において検出されている溝は，建物群を区画する，あるいは遺跡の南限を示す性格のものではないかと考えられる。

石製の鏡の鋳型は小形内行花文鏡の鋳型片で，南側で検出されている溝のほぼ中央部と東側で，弥生終末期前後の土器を多量に包含する層より各1点出土している。

また銅矛の中子片が12点柱穴および南側の溝に散在しており，銅鋤先の中子と思われるものおよび取鍋片も溝から出土している。

フイゴ羽口片も北側の柱穴から，そして銅滓は，銅塊とも呼ばれるもの2点を含むが，その出土状態のあり方は，溝をめぐらした生産工房の中心的建物より後出する掘立柱建物の柱穴内埋土中より多量に出土している。

以上のようにこの遺跡では出土遺物から多種の青銅器を鋳造していた生産工房跡と考えられるが，青銅器鋳造に関連する遺物出土状態は，いずれも散在した形であり，また，熔解に必要な熔解炉のような施設がみられない点が疑問である。

1985年には福井県三国町下屋敷（しもやしき）遺跡[6]より石製の銅鐸鋳型の未完製品が発見されており，銅鐸文化圏の最北端にあたるが，現在までのところ銅鐸鋳型以外の銅鐸鋳造に関連する遺物および遺構は未だ発見されていない状況である。

2　青銅器の生産技術

以上，いくつかの青銅器の生産に関連する遺跡の状況について具体的に検討してきたのであるが，青銅器の鋳造に関連する遺物には，鋳型であるとか，熔解に必要なフイゴ羽口などがあるが，いずれも破損した状態で出土している場合が多い。しかも出土状態のあり方は包含層中，住居状建物，溝中などに散在して出土している点などは，むしろ故意に破損して放棄したものではないかと推測する。

鋳造にあたって，銅合金を熔解するに必要な熔解炉的な施設が検出される遺跡がほとんどみられなく，ただ安永田遺跡において検出されている炉状遺構は，粘土で築かれていた熔解炉の可能性が高いが，上にどのような構造をもつものであったかは破壊されているため明らかにされていない。青銅器を鋳造するためには，当然必要な施設でありながらその痕跡を残している遺跡が安永田遺跡以外にみられない点は疑問を感じる。

生産工房の跡についても須玖永田遺跡のように掘立柱建物であったことはわかるが，その上にどのような構築物が建てられていたのかについても明らかにできないのが現状である。

青銅器の製作にあたっては銅合金を熔解して，熔融金属を鋳型に流し込んで，それから鋳型を割って製品を取り出し，湯口であるとか，鋳張りを切りとって整形して完全な一つの製品ができあがる。この時に切り離された金属片の出土例がほとんど検出されていなく，唐古・鍵遺跡の鋳張り片にしかすぎない。

現在の鋳物師においても一つの製品にする時の銅合金の量は完成された製品の２倍ないし３倍の合金が必要であることは常識となっていることから，現在行なわれている鋳物屋などにおいても湯口や鋳張りなどの残材は，再利用されているのが常識であり，またそれを再度混ぜることによって，良い製品ができるとされている。

弥生時代においても次の製品を作るにあたって，おそらく再利用が行なわれていたと推測する。

私が銅鐸，銅鏡の復元実験を試みた時において一つの完全な製品を鋳造するに必要な合金材料の量は，製品の２倍程度必要であることを確かめた。この点からも古代においては，残材は棄てることはせずに再利用したことは当然考えられる。これらのことから遺物として残ることが少ないのはこのためであろう。

弥生時代において青銅器を作る工人たちはだれしもが作ることはできるものではなく，鋳造には高度な専門技術をもった工人の集団であり，国産化を進めるために招いたと考えられる外国の工人やわが国の技術者は当然集団の首長の手厚い保護を受けた技術集団であったといえよう。そして技術の秘密保持のためごく少数の閉鎖的グループによって，探鉱，採掘，精錬，熔解，鋳造，造形，築炉の作業を行なったのではなかろうかと推測する。

その秘法は他人にとられたくないという意識があり，古代ヨーロッパにおいて石工がこの目的のために創ったとされるフリーメーツン組織のような工人組織によって，秘法は口伝された。そして精錬や鋳造のために粘土などで築いた炉であるとか鋳型などは，「続後焼却」的に作業後破壊されたために各遺跡でみられるような鋳造関連遺物のあり方などは，作業終了後放棄したよりはむしろ故意に破壊して放棄されたのではないかと推測する。

現在においても企業秘密が保持されていることや，たとえば味の良い店に食べに行ってこのタレはどのようにして作るのかを店の主人に聞いてもその秘法は絶対にいわないのと同じで，職人・技術者は，技術を他人にとられたくないという意識があるからではなかろうか。

註

1）田代克己・奥井哲秀・藤沢真依「東奈良遺跡出土の銅鐸鎔笵について」考古学雑誌，61—1，1976

2）久野邦雄・寺沢　薫『唐古・鍵遺跡発掘調査概報』1978

3）藤瀬禎博・石橋新次「佐賀県安永田遺跡発見の銅鐸鋳型」考古学ジャーナル，175，1980
　藤瀬禎博・山田　正「佐賀県安永田遺跡の本調査」考古学ジャーナル，195，1981

4）東大阪市遺跡保護調査会『鬼虎川遺跡調査概要１』1980
　東大阪市遺跡保護調査会「鬼虎川の銅鐸鋳型」『鬼虎川遺跡第七次発掘調査報告１』1981
　東大阪市文化財協会「鬼虎川の金属器関係遺物」『鬼虎川遺跡第七次調査報告２』1982

5）春日市教育委員会「須玖永田遺跡出土の銅鏡鋳型」考古学雑誌，71—2，1986

6）福井県教育庁埋蔵文化財調査センター『昭和60年度発掘調査報告資料』1986
　福井県教育庁埋蔵文化財調査センター山口充氏の御教示による。

青銅器の国産化とその分布

各種の青銅器は日本においてどのようにして生産が開始され，発展していっただろうか。分類と編年をもとにその跡をたどろう

銅剣／銅矛・銅戈／銅鏃／銅鋤先
銅鐸／銅鏡／巴形銅器／銅釧

銅　剣

福岡市教育委員会
宮井善朗
（みやい・よしろう）

銅剣は流入期には北部九州で大量に副葬されるが，埋納期には中・四国〜近畿に分布し，祭器として定着したのち後期に終末を迎える

銅剣の国産化の諸段階と，その分布のあり方は，同じ青銅武器，青銅武器形祭器である銅矛や，銅戈のあり方とは，かなり異なっている。銅矛・銅戈においては，それらを副葬した墓の分布中心と，埋納した遺構の分布中心が，同じく北部九州で，大きく変わらない。しかし，銅剣は，副葬墓の集中する北部九州からは，埋納遺構は全くといってよいほど検出されていない。この現象の具体相と，それにともなう諸問題について，述べていきたい。

まず，前提として，銅剣の型式分類と編年，および系譜について述べておく。銅剣の型式分類，編年については長く豊富な研究史がある。その中で現在最も広く受け入れられているのは，1980年に，岩永省三氏が発表した分類案である[1]。また筆者は1987年，岩永氏の分類の一部を批判的に再検討し，若干異なる分類案を述べた[2]。岩永氏のものと最も異なる点は，細形，中細銅剣の分類と，平形銅剣の成立に関する部分である。岩永氏は，また，1986年に旧稿の一部の修正を行なわれている[3]。平形の成立については，情況証拠を待ちたいという言葉に賛成であるが，現存している資料から判断する限り，筆者の前稿が最も素直な解釈であると考えているので，今回は，前稿での考え方をそのままうけつぐことにする。

細形，中細については，筆者の細形ⅠA式とⅠB式，中細A式とB式の分類の指標とした鎬の形は，剣の身幅に相関するので，刃をとぐ時の砥石のあて方に起因するものとされた。しかし，直線的な鎬は，ただ細身の剣身をとげば自然とつくというものではなく，意識して節帯の形を整えているものと考えるので，型式分類に有効な指標と考える。これらの理由により，これからの叙述では，いろいろ不備な点もあるかとも思うが，筆者の分類と編年を用いていくことにする。

1　副葬銅剣

銅剣の分布のあり方を見ていくにあたって，出土遺構から見た違いを重点として述べていこう。はじめは，墓から出土する銅剣である。

銅剣をはじめ，大量の青銅武器を副葬する墓は，北部九州に集中している。時期は，弥生時代前期末から，中期後半まで続いている。この時期幅の中で大きな画期と認められるのは，前期末から中期初頭にあたる流入期と，中期後半にあたる衰退期である。唐津市宇木汲田（うきくんでん）遺跡，福岡市吉武（よしたけ）高木遺跡，吉武大石遺跡，板付遺跡などの青銅武器副葬墓はいずれも流入期にピークがある。前期末から中期初頭にかけての時期は，橋口達也氏の研究[4]などによれば，人口の増大と，それによる可耕地の奪りあいで，北部九州全体に緊張が高まっている時期である。青銅武器の大量流入も，これに対応した各集団の獲得行動の結果であろう。

この時期に副葬された銅剣の型式は，細形ＩＡ式，ＩＢ式，ⅡＢ式で，日本で出土する細形銅剣の各型式が出そろっている。近年の鋳型の発見例を見ると，この時期の直後である中期前半から中頃には，国産の青銅器が作られている。

第二の画期は，中期後半に来る。この時期には，前漢鏡などの中国製品が流入する。また鉄製の武器が副葬されることが多くなり，青銅武器の副葬そのものが衰退する。この時期を境に，銅矛や銅戈は祭器として埋納されるようになっていくが，銅剣は，副葬されなくなった時が，使用の終わる時となった。前原町三雲南小路遺跡，春日市須玖（すぐ）岡本Ｄ地点甕棺墓，福岡市吉武樋渡遺跡，筑紫野市峯遺跡などがこの時期の遺跡である。先に述べたように中期前半頃から始まった国産銅剣の製作も，銅剣の使用の衰退と軌を一にしている。

この期間に北部九州で作られたのは，細形ＩＢ式，中細Ｂ式，そして若干の異形銅剣である。先に挙げた厚葬墓でも，三雲南小路では有柄の異形銅剣，須玖岡本Ｄ地点では中細Ｂ式，吉武樋渡では，節帯を一つしかもたない異形銅剣と，国産の銅剣がそれぞれ副葬されている。北部九州での確実な国産銅剣である中細Ｂ式や異形銅剣は，甕棺出土例など，時期の明らかな資料でみると，この第二の画期になって現われており，衰退期を象徴する現象と考えられる。九州の銅剣製作は，細形銅剣を製作するという規制が強くはたらいており，銅剣の使用の衰退とともにその規制がゆるみ，やがて消滅したと考えてよさそうである。再度確認しておくと，北部九州における副葬銅剣は，細形ＩＡ式，ＩＢ式，ⅡＡ式，中細Ｂ式，それに前稿で細形系とした異形銅剣である。

中国，四国，近畿など東部地域では，墓から出土した青銅武器は極めてわずかである。また完形で副葬された状態で出土した例は，今のところ皆無である。鋒部だけ出土した例として，岡山県南方蓮田遺跡の木棺墓，神戸市玉津田中遺跡の木棺墓がある。鋒部の出土は，橋口達也氏が指摘されたように，武器として使用されたことを示している。

前稿で筆者は，九州出土の副葬銅剣のほとんどを武器と考えた。また，先に述べた東部地域の鋒部出土例などから，少なくとも細形銅剣については，武器である可能性はいよいよ高まったかに見える。しかし，この件に関しては，最近岩永氏より疑問が示されている。また，東部地域では，埋納される細形銅剣があり，九州でも，完形で副葬された細形銅剣まですべて武器だったかとなると，まだ確証がない。ここでは，北部九州，東部地域をとわず「武器として使える銅剣は，使われることもあった」というごくあたりまえの事実を確認しておくだけにしておこう。

2　埋納銅剣

北部九州では先述したように，青銅武器が副葬されなくなるのと同時に銅剣そのものが使われなくなると考えられるので，埋納銅剣は確実な出土例は皆無に等しい。埋納例と考えられている例として，岡垣町出土の中広銅剣がある。これについては，前稿でも述べたように，平形銅剣ＩＢ式以降に併行すると考えている。中広銅剣が出土した岡垣や，その鋳型が出土した福岡市八田が位置する北部九州東部は，弥生時代中期から東部地域の影響をうけてきた所である。このような点からみると，中広銅剣は，長大化を指向する北部九州の武器形祭器（銅矛・銅戈）の形態変化の趨勢と異形化をすすめる東部地域の剣形祭器の形態変化の趨勢の，双方から影響を受けて出現したものと考えることができよう。

東部地域では，細形銅剣の段階から埋納が行なわれていると考えられる。東部地域出土の細形銅剣には，岡山県飽浦（あくら）（細形ＩＢ式），島根県竹矢（細形ⅡＢ式），高知県八田（細形ＩＢ式），高知県三島神社蔵品（細形ＩＢ？，細形ⅡＢ式）など，東部地域全域に極めて散発的に出土しているのみである。これらの細形銅剣の多くには，関に双孔があけられており，すでに流入した段階から，北部九州とは使われ方が異なるものであった。

ただ，北部九州における年代観で考えると，東部地域出土の細形銅剣は，弥生時代中期前半から中頃に盛行する型式のものである。この時期には，兵庫県田能（たのう）遺跡でみられるように，中細銅剣が製作されていたと考えられる。東部地域で出土する細形銅剣の双孔は，すでに祭器として確立された中細Ａ式銅剣の成立以後に，流入してきた細

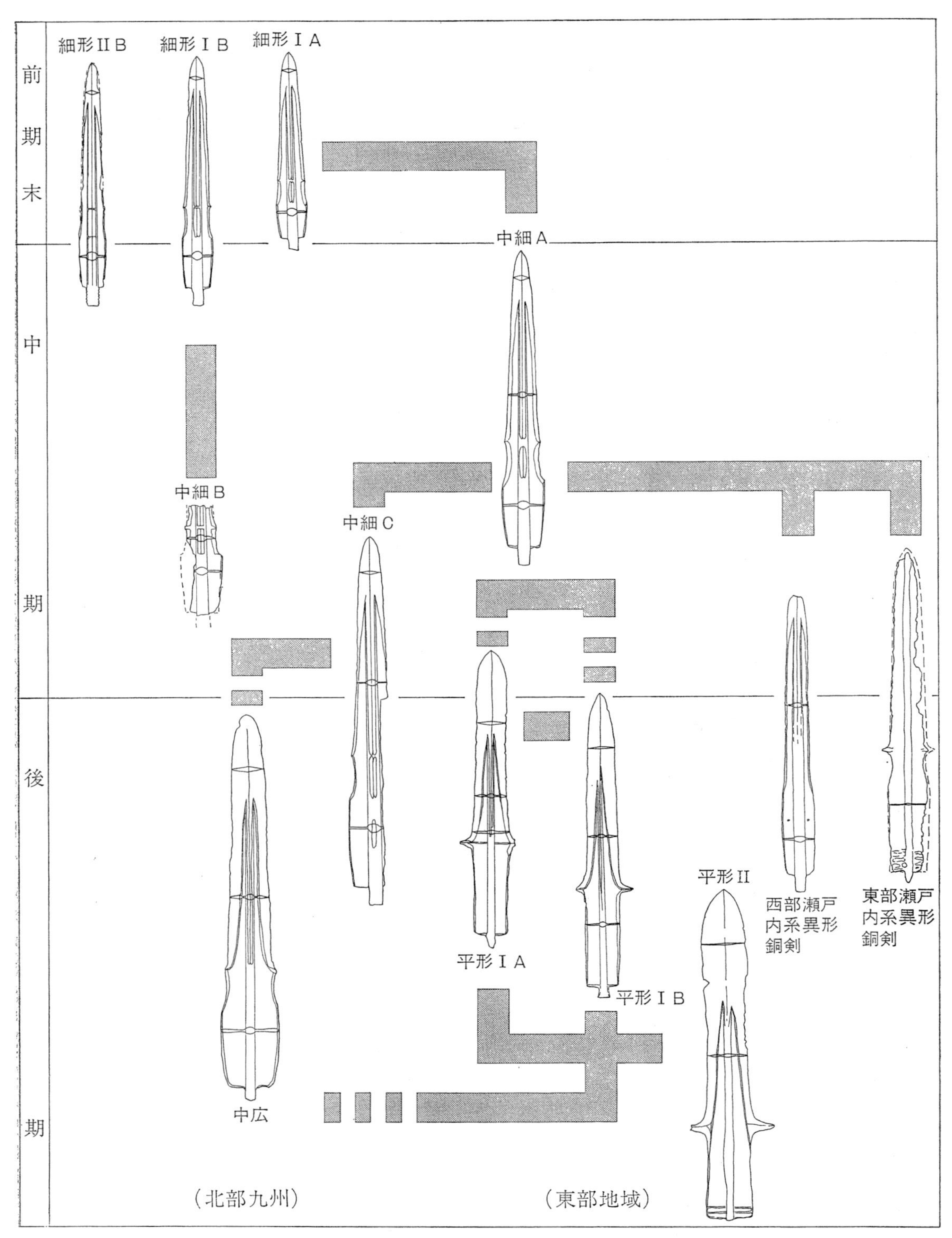

銅剣の系譜と編年（1：8）

形銅剣に対し，同様な祭器として用いるために穿たれた可能性も考えられる。いずれにせよ，中細銅剣の製作開始以前の状況が，現状では不明であるため，判断は留保せざるを得ない。

前稿において，中細A式の祖型を，細形ⅠA式とした。しかし，いまだに東部地域では，細形Ⅰ

A式は発見されていない。その点は前稿の系統論の弱い所の一つである。前稿では，銅鐸の原料になった可能性を一つ考えたが，苦しい解釈であることは否定できない。しかし，中細銅剣の製作開始の時期が中期前半までは溯りうる可能性があること，また中細銅剣の細部特徴が，細形ⅠA式に酷似していることから，やはり，北部九州に流入した時期（前期末）から，そう隔たらない時期に流入している可能性は強いと考える。

このことに加えて，中細A式の分布は，東部地域出土の細形銅剣と同様，散漫である。またとくに近畿地方周辺では，銅剣そのものの出土はほとんどないが，銅剣形石剣は相当量出土している。また，銅鐸も，中細A式銅剣とほぼ同時期頃製作が始まっている可能性が強い。このような現状から考えると，中細A式併行期は，新しい素材である青銅でどんな祭器を作るかということを，各地域社会で模索している段階と考えることができないであろうか。つまり，朝鮮半島から流入した各種青銅器（剣・矛・戈・鐸）を祭器として採用する時，何を選択し，どのように祭器化するかということを，各地域に流入した青銅器（原料となるものも含めて）の種類や量とのかね合いの中で，いろいろ試行している段階である。その中で，例えば，鐸を重要視した地域は，金属音を出す祭器を得るために，限りある青銅器原料をつぎ込んだため，「青銅武器」形祭器は他の原料で作らなければならなかった，というような事情があったのではなかろうか。

この模索段階を経て，東部地域では，型式変化の枝葉である異形銅剣を最後に，武器形祭器を用いなくなる地域と，定形化した銅剣形祭器を生み出し，数量としても，分布圏としても安定してくる地域とに分かれる。後者にあげられるのは，中細C式銅剣を主として使用している山陰地方と，平形銅剣を主として使用している北四国地方である。この他の地域では，単発的に銅剣形祭器の出土は見るが，基本的には銅剣形祭器使用圏からはずれる。

3 小　結

銅剣は，いくつかの点で銅矛・銅戈と異なる。一つは，分布中心についてである。銅剣は，流入期（弥生時代前期末～中期）には，北部九州に銅矛・銅戈を凌駕するほど大量に流入しているが，そのほとんどすべてが副葬される。銅矛・銅戈は埋納段階になって，北部九州で大量に製作されるが，銅剣は，全くといっていいほど姿を消してしまう。北部九州でも，銅剣の製作は行なわれているが，原則として，流入してきた朝鮮半島製の銅剣と同じ形を作ろうという意識（規制）が強くはたらき，結果として，仿製銅剣の識別を難しくしている。銅剣製作の最末期である中期後半～末には，この意識（規制）がゆるみ，異形銅剣が生まれる要因となったと思われる。

これに対し，埋納段階の銅剣は，中・四国～近畿に分布する。しかし細形～中細A式段階（中期前半～後半）では分布が散漫で，祭器として定着しておらず，使用圏も形成しない。これが，中細C式・平形の段階（中期末～後期前半）には，北四国，山陰に使用圏を形成し，祭器として定着する。しかし，後期中頃～後半には銅剣祭祀も終わりを迎えると考えられる。これに換わるのは，特定有力者もしくは特定有力集団の出現にともなう墳丘墓祭祀であろう。

前稿でも述べたように，主として使用された青銅祭器が一定の地理的なまとまりを示す範囲を使用圏とした時，その使用圏内でも，さらに細かな地域単位で扱われ方は異なる。銅剣に限らず，これからの青銅器研究に必要なことは，それがどのような弥生社会の中で，どのように位置づけられていたのかを明らかにしていくことである。そのためには，各地域の弥生時代に関する資料を蓄積し，弥生社会を復原していく作業が必要である。本稿で述べたことも，多くはまだイメージにすぎず，論証不充分なことが多いのは承知している。これも，各地域での調査，研究がすすむにつれ，検証されていくであろう。大事なことは，青銅器の輝きに目をくらませず，その背後にあるものを，見透していくことである。

註

1）岩永省三「弥生時代青銅器型式分類編年再考」九州考古学，55，1980
2）拙稿「銅剣の流入と波及」『東アジアの考古と歴史』中巻，1987
3）岩永省三「銅剣」「剣形祭器」『弥生文化の研究』6，1986
4）橋口達也「日本における稲作の開始と発展」『石崎曲り田遺跡』Ⅲ，1985

銅矛・銅戈

福岡市教育委員会
宮井善朗
（みやい・よしろう）

北部九州で弥生中期後半には首長墓に副葬されるべきものとして鋳造されていた銅矛・銅戈は次の中広段階には埋納祭器へと一変する

「銅矛」は，長く北部九州を代表する青銅器とされてきた。近世以前の記録を見ると，ほとんどの記録で，青銅武器のことを「矛」または「鉾」と呼び，矛は北部九州の青銅武器の代名詞でもあった。「筑紫鉾」という俗称も，このことをよく表わしている。

もちろん，近世以前に出土した青銅武器がすべて，現在の形式分類による銅矛であったわけではない。たとえば，鹿島九平次による「鉾ノ記」（安政4，1857）に記されていたのは，甕棺に副葬された銅剣であった。近世以前で，「矛」，「鉾」以外で表記された例としては，青柳種信による，福岡県前原町三雲南小路（みくもみなみしょうじ）遺跡についての記録（「柳園古器略考」）がある。この中で，種信は有柄式銅剣のみを「劔」と表記し，他の銅矛，銅戈を「矛」または「鉾」と表記している。これは銅剣は，有柄であったため，短兵の剣であることがあきらかであったためであろう。

明治以降は，神田孝平の「古銅剣の記」，若林勝邦の「銅剣に関する考説及びその材料の増加」など，近世とは逆に，青銅武器をすべて剣として表記する傾向が見られた時期もあったが，八木奘三郎がまず剣と鉾を区別し，さらに，高橋健自，梅原末治，森本六爾らの研究により確立した形式分類で，「鉾」は，袋部をもつ刺兵に限定されるようになった。また，長く混用されていた，「鉾」，「矛」の表記は，岡崎敬氏らにより，「矛」に統一する見解が出された。現在でも時々「鉾」を用いる研究者もあるようであるが，ほぼ「矛」の表記が定着している。

銅戈は，近代以降も，長く銅剣の一種として扱われ，「クリス形銅剣」と呼ばれていた。高橋健自がはじめて，その祖形が中国起源の勾兵である銅戈であることを明らかにした後も，その名称は存続していた。中山平次郎がはじめて，銅戈という名称を用いたが，「クリス形銅戈」という用い方をした。後藤守一もこれを支持している。岡崎敬氏が，対馬の報告の際に「銅戈」という名称で記載を進められ，以後，「銅戈」という表記が定着したのである。

銅矛，銅戈の型式分類，編年についても長く豊富な研究史がある。現在広く用いられているのは，1980年に岩永省三氏が出された分類である[1]。また，岩永氏は1986年に，銅矛については各型式の境界付近にある資料を中心に，若干の補正を行なわれている[2]。本稿でも，これらの分類に基づいて述べていくことにする。

1　副葬から埋納へ
――細形・中細銅矛，銅戈の分布

銅矛，銅戈の国産化も，わずかながら細形段階から始まっていると考えられる。銅矛についていえば，佐賀県惣座（そうざ）遺跡から，三条節帯をもつ袋部の鋳型が出土している。しかし，製品として確実に仿製と確認されている細形銅矛はない。

細形銅戈については，福岡県立岩（たていわ）下ノ方例など，細形銅戈の鋳型かとされている例もあるが，まだ確定されている鋳型はない。むしろ製品について，国産品の可能性あるものが指摘されている。福岡県有田遺跡出土例，佐賀県宇木汲田（うきくんでん）58号甕棺墓出土例，福岡県吉武大石53号甕棺墓出土例などは，極めて薄手で，樋の基部近くに斜格子文をもつ例が多いことなどから，早くから国産品の疑いがもたれてきたものである。しかし，最近岩永省三氏が指摘するように，朝鮮半島に類例がないから国産品とするのは危険であるという慎重な見解もある[3]。筆者も，銅戈が朝鮮半島においても，地域差を反映してか，非常に多様な形態をとること，また非実用化も，矛，剣に先んじている可能性があること，日本においても，細形銅戈と同時期に出土する細形銅剣，銅矛は，朝鮮半島製としても誰も疑わぬものであるから，銅戈だけを国産品をもって充てたということになり，その理由がうまく説明できないことなどの理由により，現状では，国産品と言い切ることはできないと考える。

細形銅矛の分布は，玄界灘沿岸に集中している。細形銅戈も，若干数が東九州や，佐賀平野東部に散在するが，分布中心はやはり玄界灘沿岸地域にある。また，確実な出土遺構は，すべて墓からである。

次の中細銅矛，中細銅戈の段階では，ほとんどすべてが国産品と考えられる。中細銅矛の鋳型は福岡県大谷遺跡，佐賀県姉遺跡（銅剣，細形銅矛とする見解もある）で出土している。また中細銅戈の鋳型は，福岡県久保長崎遺跡，八田遺跡，立岩焼ノ正遺跡，佐賀県櫟木(くれき)遺跡，石動(いしなり)遺跡などで出土している。

中細銅矛，中細銅戈は，埋葬遺跡，埋納遺跡双方から出土しており，北部九州の青銅武器が，副葬品から埋納品に移行する時期にあたる。この時期に銅剣が欠落してゆくことは前項でも述べた。ほぼ弥生時代中期後半にあたる。

中細銅矛，中細銅戈を副葬する墓には，唐津平野の佐賀県久里大牟田遺跡（甕棺，中細銅矛 1，中細銅戈 1），久里柏崎遺跡（石棺？，中細銅矛 1）。糸島平野では，福岡県三雲南小路遺跡（中細銅戈 2），福岡平野では，福岡県須玖(すぐ)岡本Ｄ地点甕棺墓（中細銅矛 1，中細銅戈 1），また，嘉穂盆地では，立岩遺跡10号甕棺墓（中細銅矛 1），筑紫平野では，福岡県大板井遺跡（中細銅戈 7）があげられる。これらはそれぞれ，その地域の弥生時代中期後半期における有力首長の墓と考えられているものである。これに対して，埋納遺跡をあげると，中細銅矛では，熊本県玉祥寺遺跡，今木閑遺跡，福岡県岡垣町出土品，稲築町岩崎熊野神社境内出土品，福岡市住吉神社境内出土品があげられる。また九州以外では，広島県大峰山遺跡，香川県瓦谷遺跡，円山遺跡などがあげられる。中細銅戈の埋納遺跡には，福岡県下山門敷町遺跡，福岡市住吉神社境内出土品，岡垣町出土品，熊本県西津留遺跡などがあげられる。また，九州以外では広島県福田木の宗山遺跡，島根県命主神社境内出土品，高知県米奥遺跡などで出土している。

これら諸例のうち，九州以外（東部地域）での出土例を見ると，大峰山では中細Ｂ式銅剣，瓦谷では，平形Ⅰ式銅剣，中細Ｃ式銅剣，西部瀬戸内系異形銅剣と共伴している。また，福田木の宗山遺跡では，西部瀬戸内系異形銅剣，横帯文銅鐸と共伴している。これら東部地域の遺跡は，銅剣が祭器となって以降の遺跡といえよう。また九州においては，北部九州の中心部である，唐津，糸島，早良，福岡の各平野での埋納遺跡は，下山門敷町，住吉神社境内（この一括資料には中広銅矛を含む）を数えるのみで，大多数は，この中心地域をとり囲む周辺地域に出土している。

この現象についての最近の岩永氏の見解は興味深い[4)]。岩永氏は，中細形青銅器の祭器化は，非中心地域で始まったとされ，さらには東部地域（中，四国，近畿）から西部地域（北部九州）へ流入した可能性も考えられている。そして，北部九州中心部で祭器化がおくれるのは，前期末以来の首長層の青銅器の保有に対する執着が，阻止要因として働いたためとされる。筆者としても，この見解は，非常に妥当なものと考えている。

2　埋納銅矛，銅戈の分布

中広，広形銅矛，銅戈の段階（中期末～後期）になると，対馬などでわずかに副葬される例があるものの，圧倒的多数は埋納祭器となる。埋納銅矛，銅戈について，まず，分布の中心である北部九州中心部の須玖丘陵におけるあり方について，若干詳細に検討した後，周辺地域について概観することにしよう。

須玖丘陵は，福岡平野の南部に位置しており，北方へ，那珂，比恵台地を派生して，平野の中央部を貫いている。東側を御笠川，西側を那珂川によって開析される。また，丘陵の内部にも多くの谷底平野が北方から切り込んでおり，複雑な地形を呈している。須玖丘陵上の調査は，古くから行なわれており，最近でも次々と重要な遺跡が調査されているが，全容が明らかにされている遺跡は多くない。したがって，推測に頼る部分が多いが，この地域における，青銅武器埋納のあり方を見ていこう（挿図参照）。

須玖丘陵の中央やや西側を，諸岡川が開析し，大規模な谷底平野を形成する。この平野に面した丘陵斜面に，多くの弥生時代遺跡が分布する。青銅器埋納遺跡としては，坂本遺跡（中広銅矛），岡本バンジャクジン（中広銅矛 9），小倉西方（中広銅矛10），岡本辻（広形銅矛 9）がある。

坂本は，正確な位置は不詳であるが，須玖岡本遺跡に近接した所である。また，岡本バンジャクジンは，岡本四丁目遺跡，赤井手(あかいで)遺跡などの大規模な弥生時代遺跡が面する，小谷の谷頭付近にある。小倉西方は，竹ケ本遺跡，豆塚山遺跡などの

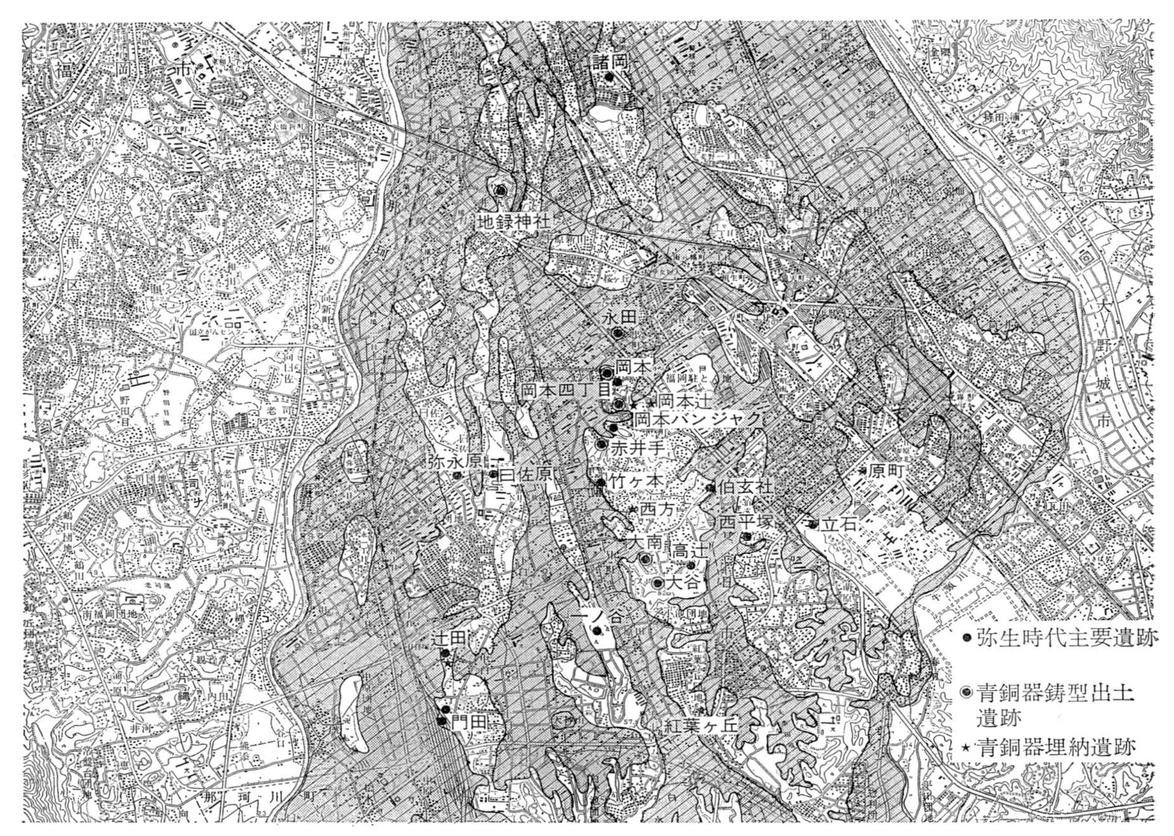

須玖丘陵周辺の弥生時代遺跡（S＝1：50,000）（アミ部は沖積地を示す）

弥生時代の遺跡が面する谷の，やはり谷頭付近に位置する。次に，鋳型の出土地を見ると，大谷，大南，赤井手，岡本町四丁目で出土している。また，須玖岡本遺跡周辺では，ほとんどが不時発見ではあるが，多くの鋳型が発見されている。このような状況から考えると，この地域では，ほぼ一つの谷をめぐる数遺跡群を単位として，青銅武器形祭器の製作―祭祀が行なわれていた可能性が強いと考えられる。この谷面を生産面（まだ水田の発掘例はないが）と考えれば，生産面を共有し，尾根線によって画される一つの「ムラ」を，青銅武器祭祀，とくに中広段階の祭祀の一単位と考えることが可能である。もちろん，他地域へ多量に搬出するための，大規模で中枢的な工房も，例えば，鋳型出土例の多い岡本町付近にあった可能性も充分考えられる。

丘陵の東半部には，現在の大牟田池，小倉新池などを谷頭とした谷底平野が開析されており，その小倉新池の付近に，紅葉ヶ丘遺跡（中広銅戈27本）があるが，周辺の弥生遺跡はまだ知られていない。この谷の開口部付近には，伯玄社（はくげんしゃ），西平塚，ナライなどの遺跡があるが，距離的に離れており，関係は不明である。また，原町遺跡（中広銅戈48本）も，周辺は現状改変が著しく，周辺遺跡の状況は不明である。これらの中広銅戈の大量埋納遺跡は，その数量や立地からみて，諸岡川流域の遺跡群とは異なる見方ができるのかもしれない。

次に，周辺地域に目を広げてみよう。須玖丘陵周辺の福岡平野で，銅矛，銅戈埋納遺跡をあげると，板付遺跡（銅矛5），恵子向（えごむかい）遺跡（中広銅矛3），安徳原田遺跡（広形銅矛13），上白水門田遺跡（広形銅矛1）などがある。また，月隈でも，青銅武器4本が出土したといわれている。また，鋳型の出土遺跡を見ると，那珂遺跡群（中広銅戈），五十川遺跡群（挿図中の井尻地録神社，広形銅矛），板付遺跡（中広銅戈，広形銅矛），高宮八幡宮付近（広形銅矛4，中広銅戈1）がある。また，青銅武器ではないが，席田遺跡群内の赤穂ノ浦では，横帯文銅鐸鋳型が出土している。これらの鋳型出土遺跡，青銅武器埋納遺跡の分布情況を見ると，ほぼ福岡平野における弥生時代の拠点集落と考えられる遺跡群を一つの単位として，鋳造―祭祀が行なわれていた可能性が強いと考えられるのである。

次に，北部九州中心部である玄界灘沿岸の他の平野を検討してみよう。まず早良平野では，確実に中広段階に属する鋳型は不明であるが，有田遺跡などで鋳型片が出土している。埋納遺跡は，白塔遺跡を数えるのみである。糸島平野では，広形銅戈，銅矛の鋳型が三雲遺跡で採集されているのみで，埋納遺跡は今の所知られていない。唐津平野では，大深田遺跡で広形銅矛の鋳型片，桜馬場遺跡で広形銅矛片が出土している。いずれの地域でも福岡平野に比べて，青銅武器関連の遺跡が僅少であることが知られる。

これに比して，福岡平野南方の筑紫平野，佐賀平野東部などでは，青銅武器の埋納は，遺跡数，出土本数ともに豊富で，佐賀県検見谷遺跡（中広銅矛12本），福岡県天神浦遺跡（中広銅矛18本）などという，須玖丘陵に匹敵する大量埋納も見られる。筑紫平野の拠点集落と考えられる大規模遺跡は，筑後川中流域（甘木，朝倉地域）を例にとると，筑後川本流の流域を避け，支流である小石原川，佐田川などの小河川に面した台地の縁辺部に営まれる例が一般的である。そして，青銅器埋納遺跡は，これら小河川が，丘陵から平野へ注ぎ出る所の付近にある。小石原川の上流には，下淵遺跡（中広銅矛3），佐田川の上流には荷原池辺遺跡（中広銅戈3）がある。谷頭付近の埋納という点では，須玖丘陵と共通する点が多い。この点は，検見谷でも知られるように，北部九州全搬的にいえることであると考える。

3 小　結

銅矛，銅戈の国産化の諸段階において，分布を中心に，とくに北部九州について述べてきた。前節では，中広・広形の銅矛，銅戈を埋納武器として一括して扱ったので，最後に時期的な変遷を見て，まとめに替えたい。

北部九州中心部においては，中細銅矛，銅戈は，有力首長の墓に副葬されるべきものとして鋳造されていた。ほぼ弥生時代中期後半代にあたる。しかし，福岡平野，早良平野では，その末期においては，埋納祭器への変容をとげる（住吉神社，下山門敷町）。唐津，糸島では，埋納祭器としては根付かずに終わった感がある。この時期の青銅器の原料は，国内産ではないと考えられる。近年の鉛同位対比による分析では，分析例は鏡，銅鐸，細形の青銅武器に比べて少ないのであるが，中国産鉛であるとの結果が出ている。この原料獲得行為の程度を，流入した中国系文物，とくに銅鏡で推量すれば，福岡平野と，糸島平野の間には，とくに大きな差は見られない。

次の中広段階（弥生時代中期末～後期前半）に至ると，様相が一変する。流入した後漢鏡の量は，糸島平野が他地域を圧倒している。もちろん，遺跡数としては少ないので，今後同量の後漢鏡を副葬する墓が，福岡で検出される可能性はないとはいえない。しかし，現状で見るならば，この時期は，後漢鏡を主とする舶載品の流入・分配の核である糸島平野と，国産青銅器の製作・分配の核である福岡平野の地域的差異が顕在化してくる時期といえよう。福岡平野では，中期後半頃から，金隈（かねのくま）遺跡，伯玄社遺跡，須玖岡本遺跡などで，甕棺墓の減少一廃絶がおこっており，これは周辺地域より早い可能性がある。また，集落においても，中期末～後期初頭に，住居跡の減少ないしは断絶を見せる遺跡が多い。このような時期であるから，舶載品獲得における糸島平野の優位は認めてもよいのではなかろうか。これを，青銅器原料獲得まで敷衍して考えれば，福岡平野もまた，糸島平野を核とする舶載品分配のネットワークに組みこまれていた可能性が強い，と考えられる。

限られた時間でまとめたため，詳細な分析を経た稿ではない。とくに，福岡平野周辺部については，集落，墓地の消長など，論旨に深く関わる部分が未検討である箇所が多い。また，福岡平野についても，新資料の見落しなどが多いと思われる。今後の反省材料とし，また検討課題としたいので，厳しい批判をお願いしたい。

註

1） 岩永省三「弥生時代青銅器型式分類編年再考」九州考古学，55，1980
2） 岩永省三「矛形祭器」『弥生文化の研究』第6巻，1986
3） 岩永省三「武器形祭器生成考序説」『日本民族・文化の生成』1988
4） 註 3）前掲書

銅　鏃

滋賀県文化財保護協会
田中勝弘
（たなか・かつひろ）

銅鏃は鉄鏃とは正反対に東日本への広がりが大きく西日本はむしろ小さいが，これは鉄素材の入手量の差異と密接に関連している

銅鏃は，集落と思われる遺跡からの出土が大半で，兵庫県会下山(えげのやま)遺跡や大阪府玉手山6号墳下層などのように竪穴住居から出土する事例も少なくない。福井県原目山(はらめやま)遺跡のような埋葬施設の副葬品，あるいは，祭祀関係を思わせる出土状況を示すものは極めて少なく，むしろ，長崎県根獅子免(ねじしめん)遺跡では女性の頭骨，愛知県西志賀遺跡では仰臥屈葬の膝関節から，ともに射込まれた状態で出土しており，それがわが国の青銅器の中でも数少ない実用利器として用いられたものであったことを示しているのである。その使用時期についても，大阪府瓜破(うりわり)，滋賀県大中ノ湖遺跡などでは中期中葉，滋賀県大辰巳・服部，佐賀県三津永田，岡山県福江前山，愛媛県祝谷，京都府函石浜遺跡などでは中期後葉にまで遡らせうるかもしれないが，各地とも後期の前葉から中葉には出現しており，古墳時代の前期古墳の副葬品として製作されるまでの極めて限定された期間に多用されているのであって，この点でも他の青銅器とは大きな相違となっているのである。

1　製造法と国産化

銅鏃の製造法については，東京国立博物館蔵の「近江国発見歟」，また滋賀県伊香郡「村名不祥」とされる資料から，数個の鏃を直線的に連結した状態で鋳造されたと考えられている。類例が大阪府加美(かみ)遺跡から出土しており，また，福岡県比恵遺跡例では，茎先端の折り放し痕が観察されている。静岡県耳川遺跡例では，有茎鏃の茎を切り放して無茎鏃を製作する手法を取っており，鋳造法を考える資料といえる。こうした痕跡は個々の鏃を詳細に観察すればさらに事例を増すことと思われるが，多量の銅鏃を出土している滋賀県桜内遺跡や愛知県朝日遺跡などを見れば，同型・同規模のものが多く，直線連接の鋳型で製造されたものであることを推察させるところである。中期に遡る可能性のある京都府函石浜，滋賀県大中ノ湖・服部，愛知県西志賀遺跡などで，規模，形態ともバラエティーに富んだものが見受けられるが，このことが中期から後期にかけての規模，形態の均一化傾向として捕えることが出来るなら，単品生産から直線連結による量産形態への転換を意味することになろう。銅鏃そのものは，福岡県今川遺跡で，前期初頭の層位から慶尚南道金海郡長有面茂溪里出土のものに類例の求められるものがあり，弥生時代の極めて早い段階に渡来人により持ち込まれたであろうと考えられる。しかし，その後，中期に遡りうる事例も存在するがそれは極めて少量であり，鏃の主流は石製であって，銅に対する需要はその希少性からも少なかった。銅鏃の量産は鉄鏃とともに石鏃の消滅と期を一にした後期であり，鏃に対する材質選択の変化，すなわち鉄のみならず銅に対しても求められたように，銅鏃にさえも量産体制を必要とする社会的な変化の発生があったものと考えられるのである。兵庫県会下山遺跡から韓式三角鏃が出土しているように，後期においても舶載品の存在は否定できないが，例えば，中期の磨製石鏃に形態的影響を受けていると考えられるものが存在しているように，その大半は社会的要請を受けて国産されたのである。

2　形態分類と分布

無茎鏃（A）　銅鏃は大別すれば無茎と有茎に区別できるが，有茎鏃が全体の90％程度を占めており，無茎鏃は極めて少ない。無茎鏃の主なものは，扁六角形の中央部が窪み，わずかに逆刺があり，鏃身幅指数（鏃身幅÷長さ×100，以下指数と言う）50～60とやや幅広の長さ1.8～2.2cmのもの（a），逆刺の無い平基で，断面が扁六角形ないしレンズ状を呈し，指数45～75とばらつきがあるが，長さ1.1～1.6cmと小型のもの（b），横断面レンズ状で，基部が湾曲して逆刺を作り，指数50～60とやや幅広で，長さ2.6～3cmとa・b両者に比べて大型のもの（c）などである。aは鳥取県浜坂・追後，京都府函石浜遺跡など，bは鳥取県長者屋

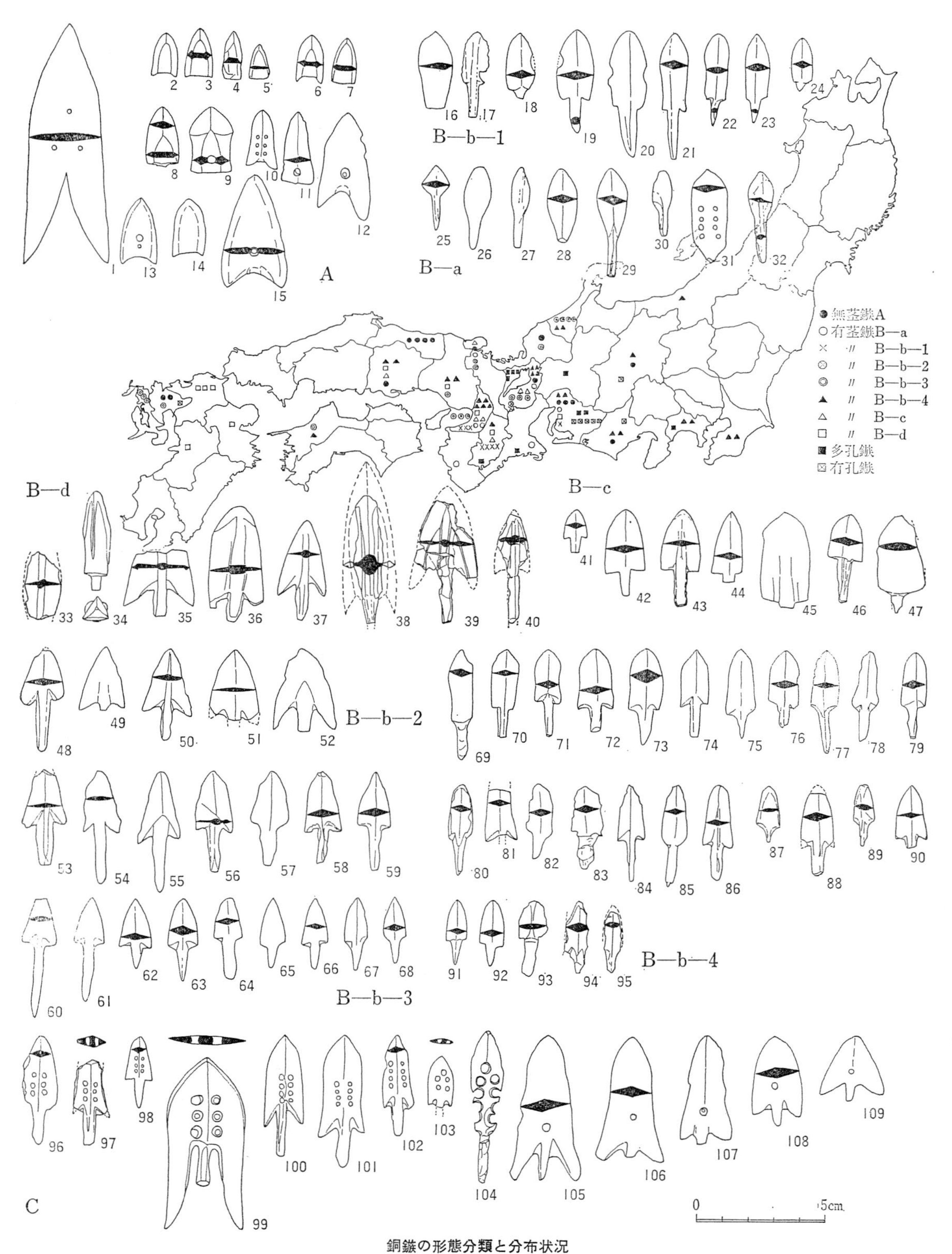

銅鏃の形態分類と分布状況

1詫田　2追後　3浜坂　4長者屋敷　5中ノ茶屋　6・7・25・44・48・62函石浜　8・46・71・104大中ノ湖　9太郎垣　10・24伊川達大本　11福江富　12・107中山藤原　13三津永田　14原目山　15耳川　16・35・50亀井　17・27加美　18・28・72衣縫　19大辰巳　20柳本　21・22橿原　23畝傍　26水鳥山　29森本　30・52・55・84服部　31・96贇　32・53・80・103朝日　33・41・51・90上東　34会下山　36醍醐　37・60・81西志賀　38今川　39板付周辺　40別府　42乾　43安満　45櫟本　47・94・97桜内　49兎塚　54祝谷

敷・中野茶屋，京都府函石浜遺跡などで出土しており，両類が山陰東部に集中して出土していることが知れる。cは福井県原目山，静岡県耳川，佐賀県三津永田遺跡などに出土例があるが，とくに耳川遺跡例は，地域的にも東海・中部地方に分布する磨製石鏃との形態的類似性が注意される。無茎鏃はこのほかに，愛知県福江富・中山藤原・伊川達大本，長野県太郎垣，滋賀県大中ノ湖，佐賀県詫田遺跡などからも出土している。いずれも形態的に異なるものであるが，大中ノ湖遺跡例を除いて基部付近に1孔あるいは複数孔を穿つものである。有茎鏃にも見られる特徴であるので後述する。

有茎鏃（B） 有茎鏃は，逆刺を持たない凸基式（a），逆刺を持つ凹基式（b），逆刺を作り出さない平基式（c）などに大別できる。**凸基式（a）**には，指数40前後の細みのもので，鏃身の中程が膨らむものがある。大阪府加美，滋賀県服部，和歌山県水鳥山，愛知県朝日遺跡などの長さ1.9～2.5cmの小型のものと，京都府森本，大阪府衣縫遺跡などの長さ3.2～3.9cmの大型のものとがある。三重県贄(にえ)遺跡例は大型の多孔鏃であるが，形態的には中央の膨らみが無く，柳葉形を呈している。いずれにしても函石浜遺跡例の特異なものを除いて，凸基式は近畿南部から伊勢湾岸地域に分布している。

凹基式（b）は最も形態的にバラエティーの豊かなものであるが，その中で凸基式に似て鏃身の中央部に膨らみを持つもの(b—1)がある。指数30～50，鏃身長2cm未満から4cmまでいろいろあるが，滋賀県大辰巳，愛知県伊川達大本，奈良県柳本・唐古・橿原・畝傍，大阪府加美・衣縫遺跡などで出土しており，凸基式と同様の分布状況を示している。この他は，特殊なものを除いて，指数により60～70のb—2，55～60のb—3，50以下のb—4の3類に区別できる。b—2は逆刺部分の幅の広いもので，鏃身長2.6～3.6cmとやや大型のものが多い。京都府函石浜，滋賀県服部，大阪府兎塚，亀井遺跡など近畿地方に多く分布する。b—3は，長さ2.5～3.1cmのやや大型のものが逆刺をよく発達させ，1.9～2.3cmの小型のものは平基に近い基部を持っている。前者は長崎県カラカミ，愛媛県祝谷，大阪府巨摩(こま)，滋賀県服部・十里町，愛知県朝日，福井県北山遺跡などで，後者は長崎県原ノ辻，兵庫県松帆，滋賀県西才行(にしさいぎょう)，京都府函石浜，愛知県西志賀，石川県浜安原・下安原・大野・栗崎遺跡などに見られ，西は九州北部，東は伊勢湾岸，北は北陸地方にかけて分布している。長崎県今福，佐賀県川寄吉原遺跡例もb—3に含まれるものであろう。b—4は細みの鏃身形態を持つもので，2cm未満から3.8cm以上の大型のものまで大小さまざまであり，形態的にもいくつかに分類出来るかも知れないが，ここでは細分しない。ただ，分布状況を見ると，東は千葉県や神奈川県をはじめ長野県，新潟県に及ぶが，西は愛媛県から岡山県までで，九州地方に及んでいない。b—3が西日本に広がるのに対し，東日本に偏した分布状況を示している。

平基式（c）で最も数の多いものは指数60～70と鏃身幅の広いものである。滋賀県大中ノ湖，大阪府安満(あま)・乾(いぬい)遺跡などで見られ，小型であるが，岡山県上東(じょうとう)遺跡例を加えてもよい。滋賀県桜内，奈良県櫟本，京都府函石浜遺跡などでは指数50の鏃身幅の狭いものである。いずれにしても近畿地方を中心として出土している。

有翼鏃（d） 以上のa～cの3類の他に，鏃身の鎬(しのぎ)の部分に棒状の隆起の見られる，いわゆる有翼鏃と称せられていたものがある。福岡県今川遺跡の前期初頭の層位から出土している朝鮮半島南岸から将来されたと考えられるものの系譜を引くもので，同県板付周辺・比恵，大分県別府(びゅう)，熊本県神水(くわみず)遺跡など九州地方に多くの分布を見，岡山県上東，大阪府亀井，奈良県醍醐遺跡など，瀬戸内海沿岸から畿内にかけてに及んでいる。

有孔鏃・多孔鏃（C） b—4の中で指数45前後，鏃身長が5cm前後と大型のもので基部に1孔を穿つ特徴あるものがある。愛知県中山大森・清水・藤原・藤尾山遺跡といずれも渥美半島に所在するものである。同じ渥美半島に所在する保美平城(ほみへいじょう)遺跡からも指数の大きいものであるが1孔を穿つものがある。この手法を持つものは東海・中部地方に分布する磨製石鏃に見られるものであるが，無茎に限られる。銅鏃においても無茎のものが，静岡県耳川，長野県太郎垣，愛知県福江富，

56巨摩　57カラカミ　58十里町　59北山　61原ノ辻　63西才行　64・79松帆　65浜安原　66下安原　67大野　68・82栗崎　69巻　70伊庭　73大根市　74瓜破　75下池田　76諏訪ノ前　77恩智　78米谷売布　83灰塚　85小森　86入江内湖　87田能　88東寺山　89勝部　91纒向　92・98・108・109保美平城　93尾坂　95番後台　99鴨田　100調子　101北一色　102大庭城　105中山清水　106藤尾山

佐賀県三津永田遺跡など広い範囲に見られるが，分布の中心は東海から中部地域にあり，磨製石鏃の影響を考えることができる。同じ大型品で鎬を挟んだ両側に3～4個の円孔を並列させて穿つものがある。奈良県調子遺跡や岐阜県北一色遺跡などで出土しているもので，両遺跡では4個2列の配列である。この手法を持つものもいくつかの形態のものに見られ，4個2列の三重県贄遺跡例では凸基式であり，3個2列の愛知県伊川達大本遺跡例は無茎である。滋賀県鴨田遺跡例は，3個2列の配列であるが，逆刺を極端に大きく発達させたものであり，同県大中ノ湖遺跡例は3個を配するが，鏃身下半部を3個2列の円孔で穿ち取っている。その外はb—4の形態を持つもので，円孔数から見れば朝日遺跡例は5個で特異と言える。これら多孔鏃は，各々地域色を持つ形態のものに多孔を穿つもので，このことだけを見れば滋賀県北部，奈良・岐阜・三重・愛知・長野・神奈川の各県に広く分布することが知れる。この状況は，例えば東海系のS字状口縁甕形土器の分布状況と一致しており，伊勢湾岸に多く分布する多孔鏃のあり方とその広がりを示唆するところである。

3　おわりに

以上の諸形態の分布状況から，銅鏃は近畿地方から伊勢湾岸を中心に周辺地域に波及しており，九州地方に中心を持つものの影響は少なかったようである。そしてまた，銅鏃の広がりは，他の銅製品に比較して東日本への広がりが大きく，西日本では，むしろ縮小した状況にある。この状況は鉄鏃の分布状況と正反対の関係にあり，鉄素材の入手量の差異と密接に関係していると考えられる。ただし，銅鏃の量産体制を考えるかぎり，単に鉄鏃の補完性のみ協調されるべきではなく，量産体制を必要とした社会的背景を重視すべきで，このことをもとに銅鏃の分布状況が示す歴史的な意味を考える必要があろう。

（九州地方の資料については西谷正氏から御教示いただいた。謝意を表します。）

参考文献

田中勝弘「弥生時代の銅鏃について」『滋賀考古学論叢』1，1981

田中勝弘「銅鏃」『弥生文化の研究』9，1986

銅鋤先

福岡県教育委員会
■柳田康雄
（やなぎだ・やすお）

銅鋤先の分布は北部九州を中心にほぼ漢式鏡出土遺跡に近接するが，普及率や材質からみて儀式的性格の強い土掘削具といえよう

銅鋤先とは，平面形が凹型，下端に身の中軸線と直交する刃を備え，ふたつに分岐する基端（上端）に柄を装着するための「袋」すなわち中空のソケットを備える青銅製の鋳物であって，現在の長さ（上下）4～10cm，幅（左右）8～9cm，袋部の厚さ2cm内外の法量をもっている。最初に発見された福岡市田隈（たぐま）例が「青銅鍬先」とされ，ついで福岡県立石（たていし）例が「銅鋤先」とされた。その後，梅原末治が「銅斧」，杉原荘介が「銅鉞」，川越哲志が「鍬先」としたが，柳田が1977年に次いで再度「青銅製鋤先」を論じ定着している。「銅鋤先」は，その略称である。

1　型式分類と系譜

銅鋤先は，石器や鉄製利器と同様に，使用の頻度によって形が変化していくので，刃部のかたちによって型式分類するのではなく，摩滅度が最も少ない，特徴のある袋の基部の形態に分類の規準を置いた。

袋の基部の特徴は，出土41例のうち3例に突帯が2条ある。使用度の少ない福岡県下伊田例や門田例に突帯がなく，使用度のはげしい福岡県三雲・鳥越例に突帯が残っていることから，突帯は使用によって消滅しないこと，すなわち突帯をもたない銅鋤先が存在することが明らかである。このことから，袋の基部の突帯の有無によって2型式に分類する。

〔I型〕　福岡県の三雲・田隈・鳥越の3例があり，袋の基部に2条の突帯を平坦両面に鋳出すことを特色とする。この特徴は，中国・朝鮮半島の袋部をもつ青銅利器に祖形を求めることができる。なお，田隈例は使用痕のない未使用品で，他

の２例と違って刃部に丸味がない。

〔Ⅱ型〕　袋の基部に突帯をもたないもので，最も刃部の残りがよい下伊田例と田限例を比較すると，使用された下伊田例は全体に丸味があるだけで，基本的な形態差はない。刃部は，使用度の少ない下伊田例が隅丸形，中程度の佐賀県二塚山例がU字形，使用度の著しい福岡県辻田例が再度隅丸形で直線刃に近くなる。

鋤先として問題になるのは，Ⅰ型の突帯である。斧や武器のように刃先のみを利用する場合は，袋部の突帯が障害とならないが，鋤先のように土を深く掘削する際に突帯は障害になる。しかし，Ⅰ型の三雲・鳥越例は，Ⅱ型と同様に土中に深く刺突した使用痕と片刃になった摩滅があり，土掘具としての用途が明らかである。Ⅰ型の銅鋤先の祖形は，大陸にあることを述べたが，突帯のある鋤先が知られているわけではない。いずれにせよ突帯のあるⅠ型を掘削具として使用したところに問題があるが，倭人による類似品の模倣と応用性から，突帯の不合理さに気付くことによってⅡ型が誕生したのであろう。

2　製作と使用時期

銅鋤先の鋳型は，現在のところ発見されていないが，中子（真土）が福岡県須玖永田（すぐえいだ）で発見されている。日本での青銅器製作は，中期前半以前に遡る可能性があるが，銅鋤先を考える場合は材質などが変化する中期末（紀元元年前後）の中広青銅武器形祭器の製作時期と対応させることが適当であるように思える。

銅鋤先の材質は，二塚山例の鉛同位体比測定の報告があり，その後Ⅰ型の三雲例とⅡ型５例を測定依頼した。測定の結果は，中細以後の武器形祭器・小形仿製鏡・銅鐸の大半と同じ「前漢鏡タイプ」である。すなわち，楽浪郡設置以後搬入されたと考えられる前漢鏡・ガラス璧と同じ中国の華北産の鉛が含まれているというのである。この測定では，時期を限定することができないが，上限は前漢鏡の出土状況から中期中頃以後ということができる。国産の青銅器は，古式のものほど質がよく，新式になるにしたがって脆くなる傾向がある。これは表面的な観察によるものであるが，古式のものほど錫が多いことも判明しているので，銅鋤先のⅠ型とⅡ型の一部は中細の青銅祭器と共通し，Ⅱ型の大半は広形銅矛と古式を除く小形仿製鏡とに共通する原料が使用されていることがわかる。すなわち，Ⅰ型とⅡ型の一部は中期後半（紀元前１世紀後半）に，Ⅱ型の大半は後期後半（紀元200年前後）に属することが予想されるのである。ただし，Ⅰ型の鳥越例は質が脆く，鋳上りも悪いことから，時期が下がる可能性がある。

弥生時代の青銅器としては，銅鋤先ほど実用された痕跡を残すものはない。伴出遺物から破棄された時期の明らかなものは，湯納・大谷・弥永原・千塔山・伊倉などのⅡ型の大半が後期後半に集中している。須玖永田の中子も，後期後半から終末の土器と共伴していることから，この時期まで製作されたことも確実である。Ⅰ型は，出土遺構や時期が判明していないので，上限を考えるうえで問題となるのが甕棺墓から獣帯鏡と伴出したと伝えられるⅡ型の立石例がある。甕棺は，「須玖式」であったと伝えられるが，伴出した素文縁細線式獣帯鏡は他の類似出土例から後期初頭に位置づけられる。未報告であるが，福岡県宮ノ下遺跡祭祀土壙出土例は，中期末に属する。

銅鋤先の使用時期は，Ⅱ型を中期末～後期初頭に開始し，弥生終末（３世紀前半）まで型式変化させることなく継続する。Ⅰ型は，Ⅱ型に先行することが明らかであるから，鋳造技術・材質と総合しても中期後半にのぼる可能性が強い。同じく日本独特の青銅器である貝釧系銅釧や巴形銅器は，中期末～後期初頭に確実に副葬されていることから，その製作時期が中期後半であることも傍証となる。

銅鋤先の鋳型には，２面１具の石型を使用したと思われるが，中子に砂質の真土が使用され，須玖永田で未使用の中子が出土しているほか，門田・立石例などの袋部内面にわずかに残っている。鋳造の際に鎔銅を注いだ湯口は袋の基部にあり，中央の刳込みがハバキの役目をして中子を固定し，袋部の両方に湯口が設定される。出土品を見るとⅠ型は，袋部端が鋳造後に完全ではないが，ある程度平坦に仕上げられる。Ⅱ型になるとほとんどが鋳放しのままで，研上げを行なっていない。この傾向は，刳込部にも見られることから，湯口の漏斗の部分まで鎔銅を注入することはなかったといえる。千塔山例のように，一方の袋部が長く，鋳放しであるところを見ると，一方が湯口で，他方が「上り」ということもいえる。

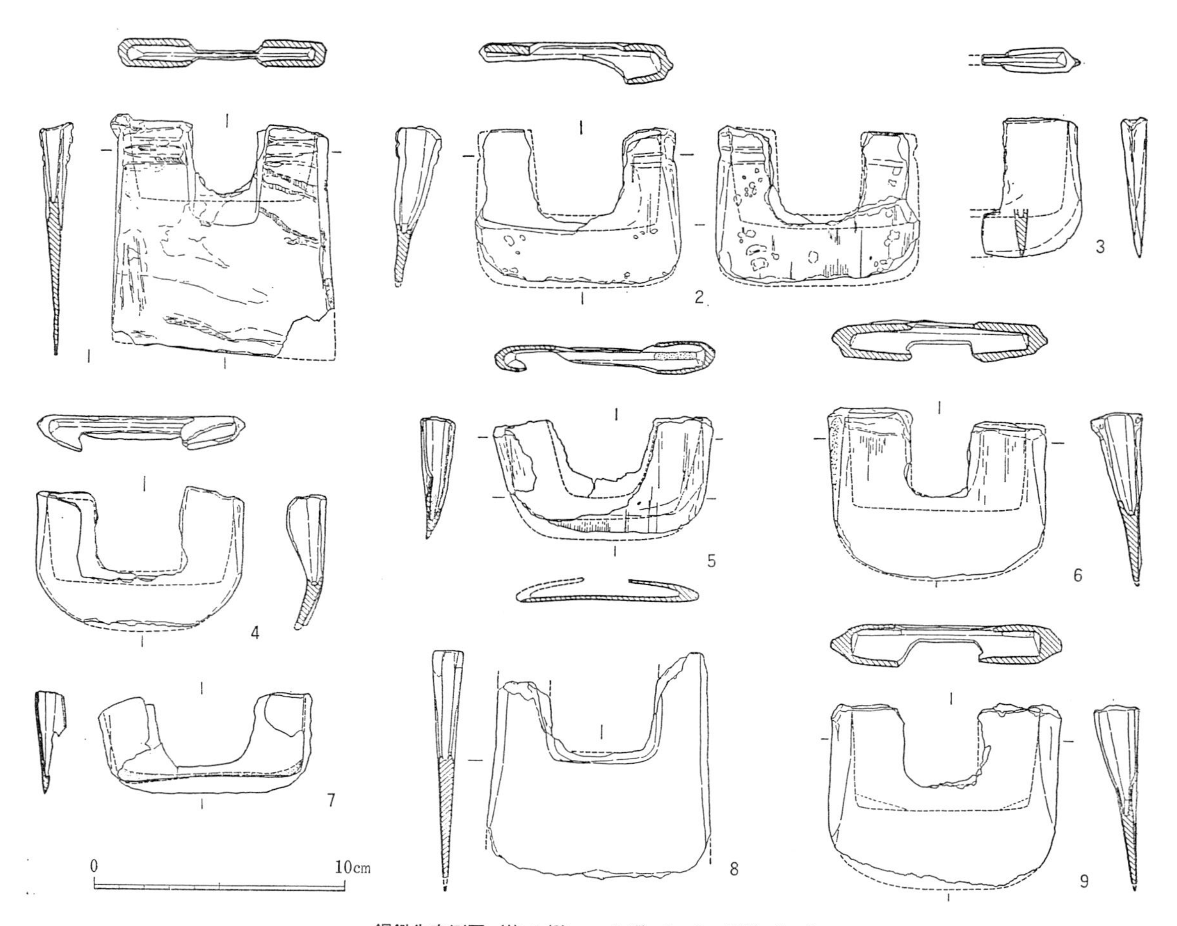

銅鋤先実測図（約 1/3）　Ⅰ型—1・2　Ⅱ型—3〜9
1 福岡市田隈　2 福岡県鳥越　3 福岡市湯納　4 佐賀県二塚山　5 福岡県立石　6 佐賀県千塔山　7 福岡県辻田　8 福岡県下伊田　9 福岡県門田

3 分　布

銅鋤先は，現在のところ28遺跡から41例出土している。県別には，福岡23遺跡26例，佐賀 2 遺跡 8 例，長崎 2 遺跡 3 例，山口 1 例である。これを弥生時代における「クニ」単位とも考えられる平野単位で区分すると，壱岐 3，糸島 1，早良 5，福岡16，朝倉 3，筑後西部 8，筑後東部 1，鞍手 2，田川 1，佐賀 1，下関 1 となり，福岡平野に39%が集中する。しかも，奴国王墓といえる須玖岡本遺跡に隣接する須玖永田で小形仿製鏡の鋳型や広形銅矛の中子とともに銅鋤先の中子も出土していることから，製作地が福岡平野の中心地にあることも重要である。また，未使用品である田隈例から，Ⅰ型の生産地が近いことも示唆している。

銅鋤先の分布は，千塔山・鳥越・下伊田を除外すると漢式鏡出土遺跡に近隣し，その遺跡の地域で占める重要さは周知のことである。千塔山における多量出土は，福岡平野から筑後平野に青銅器が分布する分岐点として筑後平野西部地域が重要な位置にあることを示している。

4 鋤先と鍬先

最初の項で本銅製品に対する名称が，研究者によって多様であったことを述べたが，本稿では銅鋤先の名称で通した。ここでは，これらをまとめる意味で再度土掘削具である銅鋤先として定義づけたい。これまで説明してきたように，使用痕あるいは刃の状況から土掘具であることは明らかである。「儀仗用の武器」としての「銅鉞」であれば，刃先から袋基部まで続く長い擦痕が残るはずがないし，使い込まれるほど片刃の状態が著しくなるのは，刃と平行に柄が着装されないことを意味している。「銅斧」であれば袋部をもつ片刃の鉄斧と同様に，刃と直行する柄を着装して手斧式に使用できるが，土以外の木材などを対象とする時，斧に残る擦痕は刃部にのみ残る短いもので，同時にV字状に返りの擦痕も残る。時期が下降するものは，金属の質から見ても，木材など硬度な材質を加工するに適さない。

本青銅製品が，土掘具であることが明らかになれば，あとは鋤先か鍬先の二者しかありえない。弥生前期・中期には，これらに金属製の刃先を装着する構造のあるものは発見されていないが，後期になると岡山県上東（じょうとう）遺跡で鋤が出土している。

長方形鉄板の両端を折り返した鉄器は，梅原末治以来「鍬先」として扱われてきた。都出比呂志は，これを「鉄製打ちグワ」と呼び，さらに刃幅から現用例では「トグワ」・「撥グワ」と呼ばれるもので，弥生時代においても木製クワの刃幅 7〜10cm の狭い方の刃先として着装され，「直線刃であることや……粘土地での実験結果から見ても，スキの刃先とは考えられず，また，水田耕作には適さないことも考えて，打ちグワの刃先と考えてよかろう」としている。これとは別に，岡崎敬は長崎県原ノ辻の３例を鍬先と鋤先に区別している。すなわち，「刃先がひらたい」ものを鍬先，「先端がほそま」るものを「木製鋤につける」としている。

結論からいえば，刃先の形態は使用（摩滅）度によるもので，すでに述べたように銅鋤先の刃先の形態変化と同じである。原ノ辻上層式を中期末〜後期初頭とする研究者がいたが，筆者は後期後半の土器を含んでいるので，鉄鋤（鍬）先の出現もこの時期とする。このように弥生後期後半以後に出現した鉄製土掘具は，古墳時代に出土例が増加するが，その生命は５世紀中頃までである。これにかわって同じ５世紀中頃にはU字形の鉄製土掘具が普及し，一大変画をもたらすが，これにも刃先がU字形になるものと直線刃になるものがある。都出のように弥生から５世紀中頃までのものを「鉄製打ちグワ」とすると鉄製鋤先は５世紀中頃に初めて出現することになり，上東遺跡出土の木製鋤の刃先になるものがなくなる。弥生から古墳時代前半のものも「鋤先」として使用されたものが多く，U字形鋤先の鍬先に対する量からみても金属製刃先としては，鋤先が主流を占めるものと考える。

5　性格と用途

銅鋤先の大きさは，完形品の摩滅の少ない袋基部の幅を計測すると，最も狭い三雲例が 8.0 cm，最も広い門田例が 9.3 cm で，型式別の平均がⅠ型は 8.2 cm，Ⅱ型は 8.8 cm となり，わずかにⅡ型が大きい。ちなみに，上東出土の木製鋤の刃先着装部幅が 9.3 cm であるから，これには両端折り返しの鉄鋤先が着装できる。銅鋤先は，これより小型の木製鋤に着装されることになる。その木製鋤は，幅 7.5 cm 前後の片面が平坦で，他方が多少ふくらむ厚さ 0.7〜1.1 cm の大きさの刃先着装部をもつ小型のものとなる。

このような小型鋤の使用法は，普及率や材質を考慮すると，一般の耕作や土木用に使用したとは思われず，とくに中期後半以後の青銅器の性格を考えると，儀式的性格の強い掘削，すなわち「クワ入式」的「墓穴掘り」などに使用されたといえる。湯納例のように破損して半分の小型掘削具となっても使用するとすれば一種の「穴掘り」以外には考えられない。

引用文献

九州考古学会編「第28図龍虎鏡・銅鋤先・鉄戈」『北九州古文化図鑑』1，1950

梅原末治「肥前唐津市発見甕棺遺物」考古学雑誌，36—1，1950

杉原荘介「銅鉞」『日本青銅器の研究』1972

川越哲志「金属器の普及と性格」『日本考古学を学ぶ』2，1979

岡崎　敬「日本における初期鉄器の問題」考古学雑誌，42—1，1956

都出比呂志「農具鉄器化の二つの画期」考古学研究，51，1967

柳田康雄「青銅製鋤先」『今宿バイパス関係埋蔵文化財調査報告』5，福岡県教育委員会，1977

柳田康雄「青銅製鋤先」『鏡山猛先生古稀記念古文化論攷』1980

馬淵久夫・平尾良光「鉛同位体比法による漢式鏡の研究(二)」MUSEUM，382，1983

銅　鐸

鳥栖市教育委員会
藤瀬禎博
（ふじせ・よしひろ）

銅鐸の鋳型は九州北部でも最近確実な例が知られるようになったが，銅剣・銅戈などと異なり，飛躍的な技術の発展が要求された

銅鐸は近畿地方を中心として，西は中・四国，東は中部地方にいたるおよそ250カ所から400個体以上が出土している。その出土状態・立地について，最大公約数的に言えることは，集落から離れた場所に時間的な変遷があると考えられている2～3型式の銅鐸が同一土壙内から出土する例もあること，時期判断ができる共伴遺物がほとんどみられないことである。言うまでもないが，このことが鋳造開始も含めた銅鐸の時期と性格解明に大きな制約を与えている。

これに対して銅鐸を鋳造する鋳型は，11遺跡30個以上の出土が現在までに知られている。その分布状態は，近畿地方一兵庫県・大阪府・京都府・奈良県を中心に分布するのを1つの極とし，いま1つの極は銅鐸本体出土の確実例はないが[1]，九州北部からも銅鐸鋳型を出土している，という大きな相違をみせていることである。その出土状態・立地についてはさらに大きな相違をみせ，集落もしくはその付近の溝・包含層中から共伴遺物をもって出土することである。

1　銅鐸と鋳型の発見

銅鐸の発見は古くさかのぼり，668年（天智天皇7）近江国崇福寺建立中に出土し，「宝鐸」として記録に残されている[2]。次いで713年（和銅6）大和国で発見され，「銅鐸」として記録されている[3]，などのように銅鐸は古くから発見されていた。これに対し，その鋳型は1960年代以前までは出土例がなく，“銅鐸はすべて舶載品である”とか，あるいは“土製鋳型であるので残らないのではないか”と考えられていた。

銅鐸鋳型が最初に発見されたのは，1960年（昭和35）兵庫県姫路市名古山（なごやま）遺跡からである。弥生時代後期の住居跡から出土し，砥石として再利用された長さ5.0cmの小破片である。石材は凝灰岩質砂岩とされ，鋳型面には斜格子の縦・横帯が刻まれている。この鋳型からは高さ20～30cm前後の扁平鈕・4区袈裟襷文の銅鐸が鋳造されたであろうと報告されている[4]。名古山遺跡からの出土で銅鐸も他の青銅器と同様，石製鋳型で鋳造されていたことが明確になったのである。

次いで出土したのは1973年（昭和48）大阪府茨木市東奈良遺跡からである。掘削により現われた遺物包含層上面から，石製の銅鐸鋳型12個体，土製の銅戈鋳型2個体，土製のガラス製勾玉鋳型2個体，鞴の羽口片などが出土している。この遺物包含層には弥生時代中期前半から古墳時代前期までの土器が含まれていたと報告されている[5]。銅鐸鋳型はいずれも凝灰岩質砂岩で，外縁付鈕流水文鐸のほか，扁平鈕流水文鐸・袈裟襷文鐸のものであることが判明している。このうち第1号銅鐸鋳型と呼ばれているのは完形品で，高さ34.5cmの扁平鈕流水文鐸の製品が得られるとされている。第2号銅鐸鋳型は大阪府豊中市桜塚出土銅鐸と香川県善通寺市我拝師山（がはいしやま）出土銅鐸の外縁付鈕・2区流水文鐸2個を鋳造した鋳型であり，同じく第3号銅鐸鋳型は兵庫県豊岡市気比（きひ）出土3号鐸であるとされている。

東奈良遺跡からは型式の相違する複数の銅鐸鋳型が出土し，銅戈・ガラス製勾玉の鋳型類のほか，鞴の羽口片も多数出土し，この付近で鋳造の行なわれていたことが確実となった。

1976年（昭和51）兵庫県赤穂市上高野から発見された銅鐸鋳型は，地蔵堂に祀られていたもので，近くの千種川川床から採集されたものと伝えられている[6]。鋳型は高さ24.0cmの鈕部分で，石材は凝灰岩質砂岩とみられ，鋳型から判断して，製品は高さ80cmほどの大型扁平鈕流水文鐸であろうと推定されている。

奈良県田原本町唐古鍵遺跡から，石製鋳型とともに土製鋳型が出土したのは1977年（昭和52）である[7]。前者は現存長6.5cmの砂岩製鋳型で，鋳造面には半円重圏文が描かれている。後者は全長40.0cmで，銅鐸本体に相当する凹みはみられるが，施文がみられないことから，この面は直接鋳造する面ではなく，ここに真土を充塡したのちに

銅鐸の各部分・文様を刻み込んだ外枠と言われている。鋳型類は弥生時代中期後半〜後期前半の土器を包含する溝の上面からの出土で，このほか鞴の羽口片などもみられることから鋳造遺跡であると考えられている。

土製鋳型は外枠用の鋳型と考えられているが，これであれば複数個以上の銅鐸を鋳造できる“惣型”の可能性を有している。また，土製鋳型の出土で，古い時期の銅鐸鋳造は石製鋳型で，後になると土製のものが用いられたという考え方が確立された[8]。

1978年（昭和53）福岡県春日市大谷遺跡から，銅鐸鋳型かと思われる小破片2個が出土した[9]。2片は接合し，弥生時代中期後半期の10号住居跡柱穴内と8号住居跡覆土中からの出土である。さらに遺跡内での採集品が接合し，現存長 7.8cm の鋳型となった。石材は片麻岩系統の石を用いている。この鋳型から鋳造された銅鐸製品は，高さ18cm 前後の文様もなく鰭もない銅鐸と推定されている。鋳造面は当然のことながら熱を受け黒変しているが，その後に刻まれたと判断される鋸歯文が裾付近に認められる。本遺跡からはこのほか，銅剣・銅矛・銅戈の鋳型も出土している。このうち，中細銅矛鋳型から鋳造された製品は，福岡県飯塚市立岩遺跡の中期後半期甕棺墓中より出土した銅矛の可能性あるいは同タイプであると考えられている。

翌1979年（昭和54），同じく福岡県春日市岡本4丁目遺跡から，片麻岩製の完形鋳型が出土した[10]。弥生時代中期中葉期の甕棺墓の遺構検出中に出土し，全長 6.3cm を測る無文で鰭もない小銅鐸の鋳型である。やはり鋳造面が熱を受け黒変し製品の造られたことをうかがわせる。

大谷遺跡，岡本4丁目遺跡からのあいつぐ銅鐸鋳型の出土により，朝鮮式小銅鐸あるいはそれに類する製品の鋳造が言われると同時に，1980年前後佐賀県内よりやはりあいついで銅鐸形土製品の出土がみられたことから，九州での銅鐸鋳造の可能性も言われた。しかし他方に銅鐸の模倣品つまり「銅鐸形銅製品」という論もあり，この段階では議論はさほど深まることはなかった。

ところが，1980年（昭和55）佐賀県鳥栖市安永田（やすながた）遺跡から明らかに文様と鰭をもった銅鐸と断定される鋳型が出土した。銅鐸鋳型片はその後の調査分も合わせて合計5個あり[11]，いずれも横帯文銅鐸の範疇にはいるものである。身は1条半の綾杉文でおそらく2段に区画され，下段には水鳥かサギ類かと思われる鳥と，トンボもしくはトカゲの尻尾に相当しそうな縦線がみられる。上段には邪視文と，あるいは縦線のはいった半円重圏文が描かれているものと考えられる。鈕の内縁には1条半＋半条の綾杉文があり，鈕外縁および鰭には複合鋸歯文が刻まれている。鋳型片から推定される銅鐸製品は高さ 20cm 前後であろう。また，本遺跡からは2つの鋳型面をもつ銅矛鋳型と，銅矛もしくは銅戈と考えられる切先部分の鋳型，さらには関幅 10cm ほどの中広形銅矛鋳型などのほか，鞴の羽口片・錫・大量の砥石類なども出土し，鋳造遺跡であることが判明している。銅鐸鋳型5片のうち3片が弥生時代中期末の住居跡から，2面の鋳型面をもつ銅矛鋳型が同じ時期の祭祀状土壙から出土している。

安永田遺跡から明らかに文様と鰭をもった銅鐸鋳型が出土したことにより“九州でも銅鐸が造られていた”ことになり，銅鐸も他の青銅器と同様，朝鮮半島からまず九州にもたらされ，そして日本列島内での生産開始に結び付くものではないかと論じられるようになってきた。そして，これまで銅鐸の時期については土器文様との類似性を根拠にして，弥生時代前期末から生産が開始され，安永田遺跡出土の銅鐸鋳型が属する型式は中期初めとされていた。しかし，安永田遺跡の共伴土器は中期末であったことから，銅鐸の時期についても再考されるようになった。また，2面の鋳型面をもつ銅矛鋳型のうち先に彫られた鋳型面はどう小さくみても関幅 7.6cm 以上あり，あるいはいま1つの出土銅矛鋳型は関幅 10.1cm に近い中広タイプであると考えられる。この計測値は佐賀県三田川町目達原[12]，同北茂安町検見谷出土[13]の綾杉状研ぎ出しをもった銅矛とほぼ一致する。安永田遺跡より検見谷まで直線距離にして約8km，同じく目達原までおよそ12km である。安永田付近からも過去に綾杉状の研ぎ出しをもった銅矛の出土が報告されている[14]。

1980年（昭和55）兵庫県姫路市今宿丁田の工事現場より，最大長 13.0cm の袈裟襷文銅鐸鋳型片が発見された[15]。この鋳型からは扁平鈕4区袈裟襷文が製品として鋳造される。出土状態は明確ではないが，弥生時代中期後半から後期にかけての土器が出土したと報告されている。本遺跡例で兵

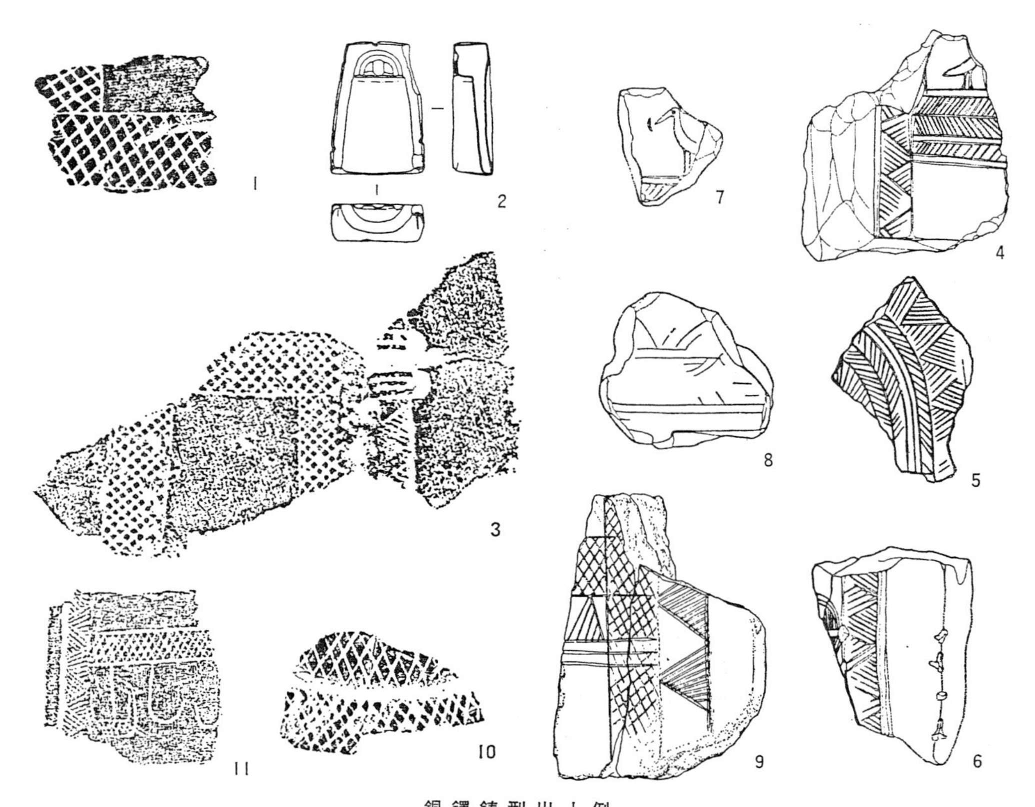

銅鐸鋳型出土例

1：名古山遺跡　2：岡本４丁目遺跡　3：今宿丁田遺跡　4〜8：安永田遺跡　9：鬼虎川遺跡　10：鶏冠井遺跡　11：赤穂ノ浦遺跡

庫県内では姫路市名古山・赤穂市上高野に次いで３例目となり，いずれも近接していることからこの地域にも銅鐸鋳造センターの存在が言われた。

大阪府東大阪市鬼虎川遺跡から，異形青銅器鋳型・鉄鏃・鑿状鉄器とともに砥石に転用されていた銅鐸鋳型が出土したのは，1981年（昭和56）である[16]。銅鐸鋳型は外縁鈕式袈裟襷文銅鐸に相当し，高さ35cm前後のものであるとされている。鋳型片は畿内第Ⅱ〜Ⅳ様式の二次的な堆積層からの出土であるが，鋳造の時期については砥石に転用されていたことで，共伴土器よりもある程度は古く考える必要があると報告されている。

本遺跡から共伴した鉄鏃・鑿状鉄器は中国大陸製の「鋳鉄脱炭鋼」の製品であると判断されているが，日本列島に漢文化の影響がみられるようになってくるのは，弥生時代中期後半期以降であることから，想定されている銅鐸鋳型の時期との整合性が問題とされた。

1982年（昭和57）京都府向日市鶏冠井遺跡から，鈕・舞・身部分の鋳型が出土した[17]。身・舞部分に斜格子文がみられるが，後者は線刻の凹みが黒変を受けておらず，斜格子文もより粗いことから追刻されたものと考えられている。この鋳型で鋳造された製品は菱環鈕ないしは外縁付鈕式の銅鐸で，高さ18〜20cmと推定されている。出土したのは弥生期の旧河川状流路からであり，畿内第Ⅰ〜Ⅱ様式の土器が共伴したと報告されている[18]。

鶏冠井遺跡出土の銅鐸鋳型が第Ⅰ〜Ⅱ様式土器を共伴していたことから，流水文をもった土器との類縁性による銅鐸の時期論を裏書きしたものとされている。

同じ1982年（昭和57）福岡県福岡市赤穂ノ浦遺跡から，弥生時代中期から後期にかけての谷部包含層より銅鐸の鋳型が出土した[19]。鋳造面は熱を受けて黒変し，斜格子の横帯文とその下には鈎針状文様と動的な鹿が配され，鰭には複合鋸歯文が刻まれている。製品は高さ20cm前後と考えられ，横帯下の文様にやや特異性をもつが，鰭に複合鋸歯文をもつことから佐賀県安永田遺跡と同様，邪視文系の横帯文銅鐸と判断された。

赤穂ノ浦遺跡からの銅鐸鋳型の出土は，包含層中でその他の鋳造関連遺物を共伴していないきらいはあるものの“九州でも銅鐸は造られていた”ことを追認したものである。

上記出土例のほか，1930年代に奈良県新沢[20]，1980年（昭和55）に兵庫県神戸市楠荒田町遺跡[21]から銅鐸鋳型と推定できるものが，また福井県三国町加戸下屋敷遺跡[22]から1985年（昭和60）に銅鐸鋳型の未製品と思われるものが出土したとの報告もあるが，詳細については不明である。

2　銅鐸の生産

以上これまで銅鐸鋳型を中心に，その出土ないしは発見年代順を追って，出土状態・共伴遺物や派生する問題点を中心に述べてきたが，全体を概観してみると，近畿地方からの出土は溝ないしは包含層中からの出土が多く，唯一住居跡内からの出土例である名古山遺跡は弥生時代後期とされている。一方，北部九州からの出土は4例中2例が住居跡からの出土である。大谷遺跡では銅鐸鋳型のほか，銅剣・銅矛・銅戈の鋳型も出土し，安永田遺跡では銅矛とあるいは銅戈とされる鋳型や鞴の羽口片なども出土している。両遺跡ともに青銅器の鋳造場所であったことをうかがわせる。そして，前者により古い様相が多く，前・後者間には整合性がみられる。

1983年（昭和58）佐賀県千代田町姉貝塚，1984年（昭和59）同県大和町惣座（そうざ）遺跡から，いずれも銅剣・銅矛鋳型が出土し，日本列島内における青銅器の生産開始が弥生時代中期前半まで遡りうる可能性が指摘されており[23]，青銅器の生産開始はより古くなる可能性を有している。しかし，銅鐸については，現段階では弥生時代中期中葉以降に開始されたとするのがより妥当性をもっていると考えられる。中型を必要としないかあるいは小さい銅剣・銅戈・銅矛が先に鋳造され，器肉が薄く鋳型面に接する表面積が倍増することで焼型が必要とされ，飛躍的な技術の発展が要求される銅鐸が後出すると考えられる。

島根県斐川町荒神谷（こうじんだに）遺跡では，1984年（昭和59）に銅剣358本が検出され[24]，次いで1985年（昭和60）には銅鐸6個と銅矛16本が検出された[25]。銅鐸はおよそ高さ22〜24 cmの菱環鈕・外縁付鈕タイプであり，銅矛は中細タイプ2本，中広タイプ14本であると報告されている。そして，銅鐸には鰭に複合鋸歯文をもったものが，銅矛には綾杉状の研ぎ出しをもったものがみられる。このセット関係は安永田遺跡出土の銅鐸・銅矛鋳型と同じであることは先述した見解を補強することとなる。

（1989年2月12日記）

註

1）過去に九州大学構内から出土したとの報告がある。中山平次郎「九州に於ける銅鐸」史淵，1，1929
2）『扶桑略記』第5
3）『続日本紀』巻6
4）梅原末治「新出土の銅鐸の鎔范片其他」古代学研究，25—1，1960
5）田代克己・奥井哲秀・藤沢真依「東奈良遺跡出土の銅鐸鎔范について」考古学雑誌，61—1，1975
　東奈良遺跡調査会『東奈良』1976
6）松岡秀夫「地蔵に化した銅鐸鎔范のはなし」どるめん，12，1977
7）久野邦雄・寺沢　薫『昭和52年度唐古・鍵遺跡発掘調査概報』田原本町教育委員会，1978
8）佐原　眞『銅鐸』日本の原始美術 7，講談社，1979
9）佐土原逸男『大谷遺跡』春日市教育委員会，1979
10）丸山康晴・平田定幸『須玖・岡本遺跡』春日市教育委員会，1980
11）藤瀬禎博ほか『安永田遺跡』鳥栖市教育委員会，1985
12）七田忠昭「文様ある銅矛について」九州考古学，52，1976
13）七田忠昭『検見谷遺跡』北茂安町教育委員会，1986
14）高橋健自『銅鉾銅剣の研究』聚精堂，1925
15）橋本正信「袈裟襷文銅鐸の鋳型を発見」考古学ジャーナル，179，1980
16）芋本隆裕ほか『鬼虎川の銅鐸鋳型』東大阪市遺跡保護調査会，1981
17）山中　章ほか「鶏冠井遺跡出土の銅鐸鋳型」考古学ジャーナル，210，1982
18）山中　章『鶏冠井遺跡』向日市教育委員会，1983
19）力武卓治「席田遺跡群赤穂ノ浦遺跡出土の銅鐸鋳型」考古学ジャーナル，210，1982
20）大阪市立博物館『古代日本の再見』1982
21）三木文雄『銅鐸』柏書房，1983
22）佐原　眞「出雲荒神谷の弥生青銅祭器」『銅剣・銅鐸・銅矛と出雲王国の時代』日本放送出版協会，1986
23）「銅剣・銅矛国産開始期の再検討」古文化談叢，15，1985
24）足立克己ほか『荒神谷遺跡』—銅剣発掘調査概報—，島根県教育委員会，1985
25）宮沢明久ほか『荒神谷遺跡発掘調査概報（2）』—銅鐸・銅矛出土地—，島根県教育委員会，1986

銅鏡

芦屋市教育委員会
森岡秀人
（もりおか・ひでと）

鏡の本格的な国産化は仿製２期以降で，その製作地は北部九州にあったが，３期以降はおそらく近畿地方周辺に移ったとみられる

弥生時代にわが国で生産され始めた青銅器のうち，鏡は古墳副葬品目の花形になる関係から重要な位置を占めている。にもかかわらず，中国・朝鮮からの舶載鏡に比べ小形で粗放といった見てくれの悪さが起因してか，この種初期国産鏡を丹念に研究した者は限られている。

小稿では分布・伝播問題や変遷を概観し，製作地や国産化の契機をめぐる問題，古墳時代仿製鏡との系譜関係についても多少の整理と私見を加えてみたい。

1　鏡仿製創始の認識と類鏡の追究

弥生時代の国産鏡の存在に初めて着目したのは中山平次郎氏である。

中山氏は『魏志倭人伝』にみえる「生口」の性格を在外研究員的な集団と論ずる中，「彼の鏡鑑仿製の事業の如きも亦其端を此金石併用時代に発して居るらしく」と，生口の高等技術習得・導入と関連させ，その発現はさらに連鎖して古くに遡ることを示唆し，福岡県須玖(すぐ)岡本(おかもと)遺跡発見の内行花文鏡１面を紹介した[1]。そして，「斯る鏡は到底漢鏡には認め難く，鉾及剣の鋳造と共に既に同地の辺に於て，鏡鑑の如きも多少は其鋳造を開始されて居たかと思ふ。」と推断している。また，その特徴として粗雑な銅質，高い不恰好な素縁，紡錘形に近い立体隆起の認められる内行花文，文様の乏しさなどを指摘し，精緻な中国鏡との懸隔を把握した。

中山氏は，さらに既報鏡と長崎県カラカミ出土鏡[2]とを対照して見識を深め，「仿製両鏡がともに内行花文を有せるに依れば，其模倣の原鏡が或る内行花文鏡であつたを容易く推定し能ふが」，「清白鏡，明光鏡，日光鏡の一類」と考え，「其系統の鏡を模したと認定すべきものは未だ学界に紹介されて居らぬ」現状を打開した[3]。

その動機については，「支那から鉾剣とともに渡来した鏡鑑をも模造せんとする欲望の起るのは寔に当然の傾向のやうに思はれ」，内行花文の形状に「未だ技術に熟練せぬ頗る初期の仿製品」たる証左を見る。「最古式仿製鏡の中心地が北九州方面にありと看做さるる日が来るのではあるまいか」とした分布に対する予測も今にして思えば，正鵠を得ていた。

まとまった出土例を基礎とした考証は，その後30年を経て，梅原末治氏によって試みられた[4]。梅原氏は朝鮮出土例との近似を重視し，類鏡鋳造の始まりを朝鮮半島南部に考え，北部九州の諸地域に伝わって本邦における鏡の仿製が開始されたとみ，その盛行時期を弥生中期から古式古墳までの間においた。上限時期に関しては，森貞次郎氏が後期前半に下げて考え，「半島よりの文物の流入に停滞がおこった」史的背景を洞察し，分布についても九州内部での地域差に言及した[5]。

以降，急増した類鏡の集成を基盤とした総合的な研究は，高倉洋彰氏によって行なわれ[6]，その後も継続と補正がなされている[7]。高倉氏の研究は正確な分布と土器や他の青銅器との共伴関係を把握し，それに基づき変遷や波及の動態を追ったもので，型式学的な分類にも基準を設定して編年の細分を促し，出自や系譜・消長についても一定の見通しを示している点，高く評価できる。

近年，私も高倉氏の問題提起に示唆され，近畿地方での個別研究を深めようとしたが[8]，類鏡成立の解釈については寺沢薫氏が全く別の見解を発表するところとなった[9]。また弥生小形仿製鏡全体の分類・変遷観に関し，高橋徹氏は高倉案を基礎としつつも細部で異なった理解を示している[10]。

2　弥生小形鏡の誕生と発展

（1）　原鏡と型式分類・編年

初期国産小鏡の総数は，庄内式期の例まで含めると，おそらく160例を越える資料が公表されているものと予測される。研究史を垣間見て明らかなとおり，この種仿製鏡の最古期のものが模作の対象としたモデルは，中国前漢の日光鏡の類であ

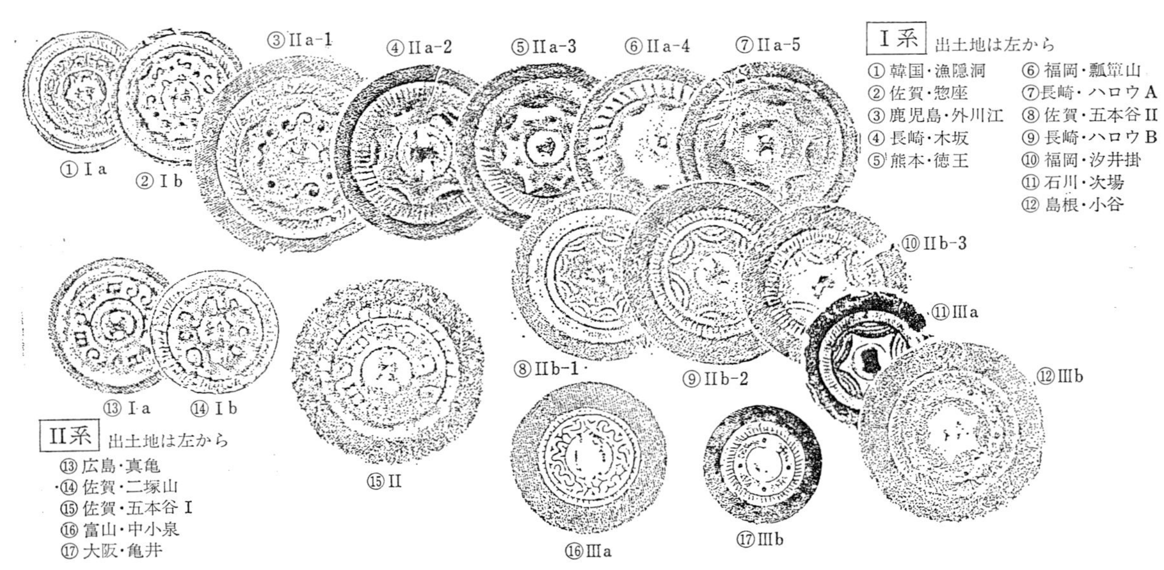

図1 Ⅰ・Ⅱ系弥生小形仿製鏡の型式分類図（註6・7の高倉論文を基礎に作成。出典省略）（縮尺 1/3）

る。すなわち，大きくは内行花文日光鏡を忠実に模すことから始まった系譜と重圏文日光鏡の背文構成を伝える仿製鏡の系統とがあり，その他，系譜を異にする少数の鏡が存在して，これらの総体が弥生文化期の小形仿製鏡群を構成している。

その型式分類に関しては，高倉氏が次のように分類している[6,7]。

Ⅰ．内行花文日光鏡系仿製鏡，Ⅱ．重圏文日光鏡系仿製鏡，Ⅲ．綾杉文仿製鏡(櫛歯文鏡を含む)，Ⅳ．四虵鏡系仿製鏡，Ⅴ．八乳文仿製鏡，Ⅵ．重圏文仿製鏡，Ⅶ．位至三公鏡型式(系)仿製鏡，Ⅷ．素文・無文鏡

Ⅰ・Ⅱはさらに第Ⅰ～Ⅲ型に分類・編年され，第Ⅰ型a類・b類など型式内で細別されている。高倉氏の設定・定義に基づきながら，各鏡群に若干の説明と例品を添えておく（図1）。

Ⅰは内区内における内行花文帯の位置や形状の変化などから3型式6類の細分をみる。

第Ⅰ型……平縁ではなく，三角縁・蒲鉾縁で，小形。a類は内行花文日光鏡の忠実な模倣段階であるが，解読できない銘文の図文帯化，8花文ではなく，5～6 花文で表現する（図 1—①）。b類は銘帯部分と内行花文帯とに逆転が生じ，銘帯の図文化がより進む。内行花文が主要文様帯となり，花文数も文様帯の移動に伴い10以上の例が多い（図 1—②）。

第Ⅱ型……面径 8cm 前後に大形化し，平縁の幅広化，内行花文帯の主文化の普遍的な型式。a類は内行花文帯を浮彫風につくる点で共通するが，内区図文の簡略化の方向を捉え，5分されている。

a1類（Ⅰbの特徴を受け，図文帯に乳状突起とS字状文・蕨手状文を配する），a2類（蕨手状文・獣形文などを有するが，乳状突起を欠く），a3類（蕨手状文・S字状文・獣形文などが消失し，乳状突起のみを残す），a4類（内区主文から図文帯が完全に欠落），a5類（図文帯と斜行櫛歯文帯が消失し，内行花文帯のみとなる）これに圏線数の差違を加えると，a1（1圏のみ），a2（1圏優位），a3（なし），a4（1圏微量），a5（なし）となり，第Ⅰ型b類は1圏を有することから，高倉氏は，a1・a2→a3・a4→a5の3段階の変化過程を予想している（図 1—③～⑦）。

b類は図文帯の省略と内行花文帯の弧線表出を著しい特徴とする。大部分に円圏が認められるが例外もある。花文は双線を基本とするが三重弧線の例が3鏡存在している。弧文数は 5～9 弧の偏差がみられるが，その減少が時間的経過を伴うものと推測されており（図 1—⑧～⑩），9弧例に図文痕跡があるのは，a類からb類への展開を示す根拠となっている。

第Ⅲ型……九州外という偏向分布を示し，第Ⅱ型とは異和感のある鏡である。a類は内行花文帯は浮彫状であるが，それに刻線を加えて3～4重弧文としたり（図 1—⑪），4弧文間に開きをもつ特異な型式である。b類は平縁の幅広化，面径の

大形化を達成しているものの，背文構成は第Ⅰ型ａ類に逆行近似する鏡で（図１―⑫），斜行櫛歯文や乳文帯の存在の前提には第Ⅱ型ａ類の関与があったとみなされている。その由来については，高倉氏自体の考えにも変化がみられ，後漢鏡（長宜子孫系雷雲文内行花文鏡）の影響を重視した点[11]を大きく修正し，別系譜で内行花文日光鏡を仿製したものと理解している[7]。また，特異な少数鏡を第Ⅱ′型を立てて分離している。

Ⅱの系統は，変形渦文鏡・蕨手状渦文鏡と称された一群の小形鏡を含むが，高倉氏は日光鏡銘帯字間の渦文の抽象ととらえ，古い段階から重圏文日光鏡を原鏡とする小形仿製鏡の系譜を考えている。そして，縁幅の増大，面径の拡大，背文の相互影響を重視し，日光鏡系の２種の仿製鏡変遷に相関を認めた上，Ⅱにも３型式の分類案を与えている。

第Ⅰ型……朝鮮半島製と想定されるグループ。ａ類は原鏡に近い擬銘帯をもつ段階。面径・縁幅のやや大きいものを含む（図１―⑬）。ｂ類は渦文・蕨手状文による図文化が進む段階で，5～6 cm 前後の小鏡にとどまる（図１―⑭）。本類は後続鏡が考えにくい。

第Ⅱ型……第Ⅰ型ｂ類とは離れて，面径の大形化と平縁の急速な幅広化が行なわれ（図１―⑮），第Ⅰ型ａ類からの発展か，平縁幅広化の著しい重圏文日光鏡自体が改めて原鏡になった可能性が説かれている。

第Ⅲ型……第Ⅱ型の系譜をひきつつ，北部九州以外の地で製作されたと推定される鏡。ａ類（図１―⑯）は内行花文日光鏡系の第Ⅱ′型との関連が考えられている。ｂ類は由来がわかりにくい「⊞」状図文を内区主文とするもので，平縁幅のさらに拡大した重圏文日光鏡がモデルになったと考えられている（図１―⑰）。

Ⅲは綾杉状の文様をもち，斜行櫛歯文とは様相を異にする。直行櫛歯文帯を強調した櫛歯文鏡の類は，小形化が著しく，「弥生時代小形仿製鏡の儀鏡としての終焉の姿」と評価されている[7]。

Ⅳは主文にＳ字状文を採用し，「四虺鏡や細線式獣帯鏡などの複合した影響のもとで成立した」と論じられている[12]。また，Ⅰ・Ⅱの系統鏡ともふれ合っていることは確かであろう。

Ⅴは漁隠洞（ぎょいんどう）・坪里洞（へいりどう）など韓国の遺跡に類鏡があり，熊本県諏訪原例は「漁隠洞鏡の内区内側の主文を抽出した」ものという[11]。

Ⅵは古墳時代への移行期を中心に盛行する仿製鏡で，Ⅱの第Ⅲ型ｂ類に後続する可能性をもつ。３型式に細分され，（重圏と２つの斜行櫛歯文帯）→（内側斜行櫛歯文帯の省略と外側櫛歯文帯の直行化）→（重圏のみで櫛歯文帯消失）の過程を経て小形化していく。具体的には，鷹塚山鏡（図２―1）→（唐子台鏡）→北田井鏡・田中鏡→下坂部鏡（図２―2）の変遷過程が追えるが，これに多鏡・長瀬高浜Ⅰ鏡などⅢの櫛歯文鏡を続けて重圏文仿製鏡の一連の流れをみようとする向きもみられる[7]。

Ⅶは岡山県桶内（おけうち）鏡１面のみの特異な鏡式であるが，原鏡の初源が後漢まで遡っていい点[13]が高倉説には有利に働くようである。

（２） 分布と伝播の様相

型式編年を整理しつつ，分布と出土数の推移を次にみる。

仿製第１期の製品は，Ⅰ・Ⅱ系の第Ⅰ型およびⅢ・Ⅷ系の一部が入るとみなされ，方格規矩鏡（ほうかくきく）を中心とする中国鏡の流入時期にほぼ併行する。その分布は，朝鮮半島南部・対馬から宮崎県を除く九州一帯，広島・岡山・香川と瀬戸内に面した地域におよび，東限は大阪府加美（かみ）遺跡に達する。しかし，出土時期を検討すると，北部九州以外の列島諸地域では製作推定時期よりかなり新しいものが多く，その伝播は次の波（日光鏡第Ⅱ型ａ類の仿製段階）に乗じたものと解釈されている[7]。

仿製第１期の時期は，北部九州編年の弥生後期初頭～前半代とみるのが通説となっている。その初源はⅠ系第Ⅰ型ａ類とⅡ系第Ⅰ型ａ類の鏡の同時性を想定しての話だが，後者は朝鮮半島の資料から背文の便化が前者より著しく，仿製の未確認先行鏡の存在が指摘されており，列島外では中国鏡の仿製開始が中期後半に遡ることが論理的に予想されている[7]。

仿製第２期の製品は，Ⅰ・Ⅱ系の第Ⅱ型が主力をなし，中国鏡では長宜子孫内行花文鏡の存在する時期である。とくにⅠ系Ⅱａの分布は朝鮮南部から近畿中央部にかけて広範になっており，山口・愛媛・兵庫・奈良など仿製第１期の製品がおよばなかった地域にも出土例があり，北部九州を核としつつも東方へ伝播していった様子が読みとれる。しかし，Ⅰ系Ⅱｂの分布は，愛媛と山口の１例を除いて九州島に収束し，朝鮮からも出土しない。Ⅱｂの出現は当然Ⅱａを前提とするが，Ⅱ

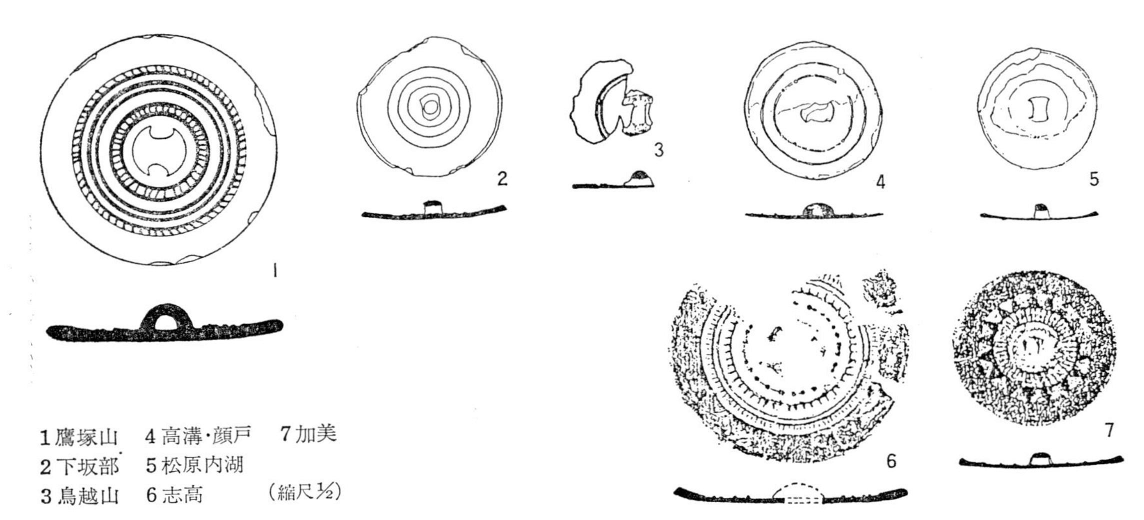

図 2　仿製第4期を中心とした近畿系小形鏡（1は瀬川1968，2村川1980より。他は註14・15・17・21・29文献より一部改変）

aの最新資料の使用下限から高橋氏は2者の時期的重複をかなり見込んでいる[10)]。

仿製第2期の時期は，北部九州後期中頃～後半であるが，仿製第3期に入ってもⅠ系のⅡa・Ⅱbが製作され続けたことを考慮に入れておきたい。いずれにせよ，この時期の生産量は加速度的増加で，全出土量の約45%を占めていることを付記しておきたい。

仿製第3期の製品は，Ⅰ・Ⅱ系の第Ⅲ型が登場し，Ⅵ系もやや遅れてつくられている。その分布は九州島外に偏り，和歌山・京都・滋賀・愛知・富山などでも例品が加わり，神奈川・群馬など関東地方へも拡大化の傾向をみせる。併行期の中国鏡には，長宜子孫内行花文鏡・獣首鏡・半肉彫式獣帯鏡などがみられる。その盛行時期は北部九州の弥生後期終末を前後する時期であるが，仿製第3期の始まりは近畿周辺でいま少し早く始まっている可能性が強く，仿製第2期の技術的系譜の延長線上のみに位置づけることはできない。また，分布が同様に偏在するⅥ系新相からⅢの櫛歯文鏡の類は，古墳時代前期の中で捉え，仿製第3期の鋳鏡集団が変革した段階を想定して，**仿製第4期**を定立する方がおもしろいであろう。

仿製第3期の新資料としては，筆者が近年注目している「卍」状図文を配備する特徴的な鏡があり，すでに諸鏡の紹介と若干の検討を企てている[8)]。それらはⅠ系Ⅲb類の一部とⅡ系3b類に認められ，まだ数面の出土数しかないが，一応，青谷鏡（畿内第Ⅳ様式～）→八尾南鏡・足守川加茂B鏡（第Ⅴ様式前半およびその併行期）→亀井鏡・山ノ上鏡（第Ⅴ様式後半）といった3段階の変遷を推定しておいた。すなわち，かかる類鏡は古墳時代まで継続しないと考える。

仿製第4期の製品として新出の資料を西方地域より拾い上げると，①島根県八束郡東出雲町鳥越山遺跡鏡，②大阪市加美遺跡鏡，③京都府長岡京市馬場遺跡鏡，④京都府舞鶴市志高（したか）遺跡鏡，⑤奈良県天理市豊田山遺跡鏡，⑥滋賀県近江町高溝・顔戸（ごうど）遺跡鏡，⑦愛知県清洲町朝日遺跡鏡などがみられる。やはり近畿地方を中心に出土しており，分布傾向がそれほど変わったとはいえない。

①は復元径 4cm 前後を測り，鈕の周囲に2条の沈線がとりまく。鏡体は薄い[14)]（図 2―3）。

②は庄内式～布留式期の5号方形周溝墓主体部出土鏡で，周溝から石製鏃（とん）やガラス玉が出土したことでも著名である[15)]。鈕の周囲に直行櫛歯文帯を配し，粗い間隔の外向鋸歯文帯を経て平縁に至る（図 2―7）。

③は古墳時代初期の方形周溝墓からの出土で，墳丘中央の木棺推定地で検出された[16)]。径約 7 cm，鈕から外に向って圏線―珠文帯―重圏―直行櫛歯文帯―平縁といった背文構成がうかがえる。

④は古墳時代前期包含層から出土したもので，面径 6 cm を測る。「鏡背の文様構成は，外側から幅広の平縁―櫛歯文―二重の圏線―変形鋸歯文―圏線によって繋がれた珠文―鈕の順」で（図 2―6），重圏文仿製鏡に近似するものと考えられている[17,18)]。

⑤は高地性集落と同地点の円墳封土内より出土した鏡片である[19)]。「縁は幅 5mm，厚さ 3mm の

カマボコ形」をなし，「外区は7〜8mmの無文帯で，内区には斜行櫛目文が施される」。面径は約10cmを測る。弥生後期より古墳時代に属する仿製鏡と推定されている[20]。

⑥は古墳時代前期集落址からの出土で，直径3.8cmの重圏文鏡と直径3.3cmの素文鏡の2面があり[21]，前者も2本の圏線がめぐるだけの簡素な鏡である(図2—4)。⑦は南居住域の弥生時代後期〜古墳時代初期の包含層から検出されたもので，面径7cm。背文の構成は「外縁帯→櫛歯文帯→乳及び細線文」となり，「外縁帯が断面台形に近い平縁になること，鈕は半球形で，径2.0cmと鏡全体に比べ大きいことから，小型仿製鏡の中でも新しいもの」とされる[22]。

これらの新出資料が弥生仿製鏡発祥の地九州に未見であるのは重要な事実である。

3　鋳型の出土と製作地の推定

鋳型の出土は青銅器製作地を求めるに際し第一等の資料になるが，弥生時代国産鏡の場合，まだ1例しか恵まれておらず，その手懸りは先に概略を示した分布論にたよらざるを得ない。

(1)　須玖永田遺跡の石製鋳型

1985年，福岡県春日市所在の須玖永田(すぐえいだ)遺跡において，思いもかけない小形仿製鏡の鋳型片2点が出土し，話題を呼んだ。

遺跡は須玖・岡本遺跡の北方約300mに位置し，御笠川の支流をなす諸岡川の南岸，丘陵地より一段下った標高16mの沖積地に立地する。約800m^{2}の調査区から掘立柱建物15，井戸2，溝8と多数のピットが検出されているが，建物群の南を画する溝7のほぼ中央とその東方の土器包含層から注目の鋳型が出土しており，弥生時代後期後葉から終末の年代が与えられている[23]。

二つの破片は同一個体で，接合不可能ながらも本来の大きさは縦13.2cm，横11.3cm，厚さ3.3cmを測る。一方は湯口，他方は平縁・斜行櫛歯文帯・円圏・内行花文までがかろうじて判断される8分の1ほどの破片で，砂岩系の石型である。弧からの復原では正円にならず，面径はおよそ8cmほどで，平縁幅1.2cm。内区部分は円圏に2条線からなる弧文が内接する内行花文帯がめぐり，高倉分類ではⅠ系第Ⅱ型b類に属している。類鏡は北部九州に集中し，その半分が福岡県下からの出土である。近似鏡に大分県竹田市小園(おその)鏡がある[23,24]。転用品でない鋳型が類鏡の中心使用地帯で発見されたことから，多数の青銅器鋳型が見出されている春日丘陵およびその周辺を含む福岡平野南部が小形内行花文仿製鏡第Ⅱ型b類生産の一翼を担っていたことは疑えない。

この遺跡からは他に青銅製鋤先と広形銅矛の中子(なかご)，取瓶(とりべい)，鞴(ふいご)の羽口，銅滓といった鋳造関連資料が豊富に出土しており，「奴国における青銅器生産の最終段階の工房」との評価[23]もみられる。関連鏡である小園鏡もやはり弥生終末期の土器を伴っており[25]，この「鋳型の時期は廃棄年代を示すに過ぎないが，その使用時期を格別古く遡らせる理由」は見当らない[10]。

(2)　仿製第1期の主生産地

中国前漢の小形鏡の第一次仿製が朝鮮で行なわれたのか，わが国で行なわれたのかは，一時論争を生んだ。

Ⅰ・Ⅱ系第Ⅰ型鏡が北九州で未確認であった頃，高倉氏はその分布からこの段階の仿製鏡を朝鮮南部製作と考えた[6]。その後，高倉氏は第Ⅰ型鏡の北部九州例増加，Ⅰ系Ⅱa鏡の朝鮮出土という現象と朝鮮半島が北九州ほどに鏡を必要とする社会を形成していたのかといった疑問などから発して，朝鮮南部における鏡仿製に疑いを抱いた[26]。その考えの変容は「北部九州または朝鮮半島」と，初期仿製鏡の製作場所をいずこかに限定しない配慮[11]にもうかがわれる。

これに対し，小田富士雄氏は鋳造序列を仔細に検討して韓国鏡の先鋳を証明，朝鮮における仿製の開始を積極的に示した。またⅠb型・Ⅱa型の段階では両地域での仿製を推定している[27]。中国鏡仿製の始源が朝鮮南部にあったことを高倉氏は再度認めており[7]，高橋氏はより多くの初期仿製鏡を朝鮮製と想定している[10]。

(3)　仿製第2期以降の製作地変動

本格的な国産化は仿製第2期を待たねばならないが，その製作地は一貫して北部九州にあったとみてよい。とくに後半期には画一化した生産体制が確立していたように思われる。

仿製第3期以降はその製作センターが消え去せ，おそらく近畿地方周辺に移ったものと推測される。いや厳密には鋳鏡工人が移動したのではない。九州からの工人集団の東漸もみられたであろうが，仿製第3期の鏡づくりの主役はあくまで近畿弥生人と思われ[8]，古墳時代にも小形鏡の製作を受け継いだのである。

4　小形鏡愛好の風と終焉

（1）　内行花文の重視から重圏文へ

弥生小形鏡の主流は全出土数の4分の3近くを占める内行花文帯を有するものである。盛行の背景は中国鏡の流入途絶による入手難に対する代用・補完と考えられており，「北部九州以外の地域が遅れて鏡を必要とする社会へと変質を始めたこと」と呼応し，中国鏡の破鏡とともに絶対数不足の解消へ向けたと解釈されている[7]。その流入数の僅少さから墳墓副葬の抑制を受け若干の伝世が予測し得る併行期における長宜子孫内行花文鏡の流通は，母胎となった前漢日光鏡から採用発展させた内行花文の主文化維持に側面的援助をもたらした。

古墳祭式に大量の鏡を重用することになった近畿地方では，そのままの発展はみられず，内行花文への執着はさほど認められない。むしろ重圏文系の小形鏡製作を一つの柱としている。

（2）　近畿系小形仿製鏡の二つの方向

近畿におけるその後の系譜は，背文構成と鋳造技術の両面からみて二つの方向に分離するようである。一つは超小形志向の下坂部鏡を典型とした布留式期に向けての退化・素文化・衰微の方向であり，やがては弥生小形鏡の終熄へと至る。いま一つは，加美鏡・志高鏡や馬場鏡にみられるような直行櫛歯文や鋸歯文・珠文で鏡背を飾り，明らかに弥生鏡の要素から逸脱する新しい系譜の成立であり，これはかつて森浩一氏が基礎的検討を試みた古墳時代小形仿製鏡[28]に連なる発展性を有している。内行花文は次の段階には安定した弧文数を獲得して復活し，フリーハンドで面形や背文を配置する技術の稚拙さからの脱脚を図っていく。

仿製第4期は国産小形鏡の一系でも断絶でもない複雑な様相を帯びる時期であり，無論，平原(ひらばる)遺跡の大形仿製鏡の製作工人や三角縁神獣鏡の鋳鏡集団とは性格も目的も異なった社会階層・次元で推移したと考えたい。

註

1）　中山平次郎「魏志倭人伝の『生口』」考古学雑誌，18—9，1928
2）　松本友雄「壹岐國考古通知(三)」考古学雑誌，18—12，1928
3）　中山平次郎「壹岐國加良香美山貝塚発掘の鏡に就て（金石併用時代に於る鏡鑑の仿製)」考古学雑誌，19—4，1929
4）　梅原末治「上古初期の仿製鏡」『国史論集』1959
5）　森貞次郎「弥生文化の発展と地域性—九州」『日本の考古学』Ⅲ，1966
6）　高倉洋彰「弥生時代小形仿製鏡について」考古学雑誌，58—3，1972
7）　高倉洋彰「弥生時代小形仿製鏡について（承前)」考古学雑誌，70—3，1985
8）　森岡秀人「『㊉』状図文を有する近畿系弥生小形仿製鏡の変遷」『横田健一先生古稀記念文化史論叢』上，1987
　森岡秀人「近畿地方生産の弥生小形仿製鏡の一系譜」第5回近畿地方埋蔵文化財担当者研究会資料，1987
9）　寺沢　薫「弥生人の心を描く」『日本の古代』13，1987
10）　高橋　徹「国産青銅器—鏡」『弥生文化の研究』6，1986
11）　高倉洋彰「鏡」『三世紀の考古学』中巻，1981
12）　高倉洋彰「S字状文仿製鏡の成立過程」九州歴史資料館研究論集，7，1981
13）　西村俊範「双頭龍文鏡（位至三公鏡）の系譜」史林，66—1，1983
14）　三宅博士「鳥越山遺跡」『弥生時代の青銅器とその共伴関係』第Ⅱ分冊，1986
15）　田中清美・森　毅「加美遺跡」大阪府下埋蔵文化財担当者研究会（第11回）資料，1985
16）　京都新聞1987年10月3日朝刊記事
17）　山下　正・肥後弘幸「昭和60年度志高遺跡の発掘調査」『京都府埋蔵文化財情報』19，1986
18）　財団法人京都府埋蔵文化財調査研究センター『第5回小さな展覧会』1986
19）　太田三喜「大和における高地性集落の一例」天理大学学報，145，1985
20）　竹谷俊夫編『別所裏山遺跡・豊田山遺跡発掘調査報告』1988
21）　近江町教育委員会「ミニ銅鏡が出土」滋賀埋文ニュース，88，1987
22）　佐藤公保「朝日遺跡出土の小型仿製鏡」埋蔵文化財愛知，8，1987
23）　丸山康晴・平田定幸『須玖永田遺跡』1987
24）　春日市教育委員会「須玖永田遺跡出土の銅鏡鋳型」考古学雑誌，71—2，1986
25）　坂本嘉弘『菅生台地とその周辺の遺跡』X，1985
26）　高倉洋彰「二塚山遺跡出土の弥生時代小形仿製鏡」『二塚山遺跡』1979
27）　小田富士雄「日・韓地域出土の同笵小銅鏡」古文化談叢，9，1982
28）　森　浩一「古墳出土の小型内行花文鏡の再吟味」『日本古文化論攷』1970
29）　滋賀県教育委員会「小型仿製鏡が出土—彦根市松原内湖遺跡」滋賀埋文ニュース，95，1988

巴形銅器

熊本県教育委員会
隈　昭志
（くま・あきし）

巴形銅器は後期前半に北九州地方で製作された特定の階級の人が所持する宝器で，かつ共同体の祭祀儀礼の祭器として使用された

弥生時代から古墳時代にかけて，内部が中空になっている円錐体の周囲に数個の扁平な脚状装飾をもつ青銅製品がある。古くから巴形銅器，あるいは4脚のものは卍字形をしていることから卍字形銅器とも呼ばれてきた。その祖形については，初めヒトデではないかという説もあったが，現在ではスイジガイに求める説が一般的である[1]。本稿では弥生時代の巴形銅器の概要について述べたい。

1　型　　式

弥生時代の巴形銅器は表1のとおり，12遺跡26点が知られており，他に鋳型片1個を出土した遺跡がある。

巴形銅器の型式分類は座と脚を基準になされているが，本稿では杉原荘介氏[2]，小田富士雄氏[3]の分類に基づいて紹介したい。

まず杉原荘介氏はA～Eの5型式とし，Aをさらに座部に鉤状突起があるかどうかで，a，bに分類された。小田富士雄氏はⅠ～Ⅳ型式とし，ⅡをA類のaとb，B類に分けて四型式六類とされている。両氏の分類を要約し対比すると表2のようになる。

この分類のなかで，井原（いはら）の場合は天明年間（1781～1788）に出土したもので現物は残っていない。しかし青柳種信著の『柳園古器略考』（文政六年・1823）および『筑前怡土郡三雲村古器図説』全によると，甕棺の中から21面の後漢鏡などとともに巴形銅器の破片が見つかったものである。その数については「如期物破片砕凡三箇大小有異未知其何器矣」（『柳園古器略考』）と記され，3個体分が存在したらしいことがわかる。脚数については森本六爾氏[4]は模写図から9脚に復原し，大塚初重氏[5]は7脚と9脚，杉原荘介氏[2]は7脚として復原図を作られた。これに対し島津義昭氏[6]は8脚に復原された。したがって表1では井原出土の巴形銅器の脚数を（7～9）と表記した。

なお鋳型については昭和63年10月6日付の朝日新聞，西日本新聞によると，佐賀県神埼郡の神埼町，三田川町にまたがる吉野ケ里（よしのがり）遺跡から弥生後期の土器などとともに見つかったもので，復原された数値，形は直径7.5cm，厚さ2.1cmの円錐台に左振りの7脚がつくということである。杉原氏のB，小田氏のⅡAに分類されるものであろう。

2　出土状態と巴形銅器の特徴

まず，遺構のはっきりした例から取り上げる。

桜馬場[7]　昭和19年，偶然に掘りあてた後期初頭の合口甕棺から，副葬品として後漢鏡（方格規矩四神鏡・方格規矩渦文鏡），有鉤銅釧などとともに巴形銅器3個が出土した。Aa（杉原）-ⅠA（小田）の1個とAb-ⅠB2個で，前者は裏面の中央が空洞でその中心に小さな鈕が付く。脚には隆起した中央線がある。後者は同じ鋳型で作られたものと思われ，半球座の頂部に鉤状突起が付く。裏面は前者同様で，脚は隆起線で縁取られるが，中央線はない。

東宮裾（ひがしみやすそ）[8]　昭和37年，水田の耕地整理中の発見で，同44年佐賀県教育委員会が再調査した。後期前半の石蓋単棺の甕棺で，銭貨数枚，銅剣などとともに数個の巴形銅器が出土したと伝えられる。現存するのはD-Ⅲの1個とE-Ⅳの2個である。前者はやや反りのある全体が板状のもので，裏面の中央に小さな鈕が付く。後者は同じ鋳型で作られたものと思われ，前者同様に平板状で，脚は真直に突出している。星形とか人手形という説もある。

井原[4]　先述のとおり天明年間の発見で，甕棺の中から21面の後漢鏡（方格規矩四神鏡）とともに見つかったものである。B-ⅡAの3個である。

方保田東原（かとうだひがしばる）[9]　昭和48年，山鹿市教育委員会の調査で，弥生後期～古墳前期の集落址内の第2号住居跡に近接した不正形土壙から，裏面を上にして斜めに立った状態で出土した。全径12.3，座高1.8cm。座の上面がやや凹み，裏面中央に小さな鈕をもつ。全面に植物性繊維（イネ科？）が付着している。B-ⅡAa。

表 1　巴形銅器出土地一覧

	遺跡名	所　在　地	座の形状	脚の振方向と数	個数	備　考		分類 杉原	分類 小田
1	佐　保	長崎県下県郡豊玉町佐保115	半球	左6	2	馬鐸，同舌，釧片3，ラセン状銅環，石斧4	後期前半	Aa	ⅠA
2	桜馬場	佐賀県唐津市桜馬場4丁目	半球(鉤) 半球	左6 左6	2 1	甕棺，後漢鏡2，有鉤銅剣26	後期前半	Ab Aa	ⅠB ⅠA
3	東宮裾	佐賀県杵島郡北方町大崎字笹尾	平板	右5 直6	1 2	甕棺(石蓋単棺)，貨泉？，管玉多数，銅剣(鉄剣？)	後期前半	D E	Ⅲ Ⅳ
4	井　原	福岡県糸島郡前原町井原鑓溝	截頭円錐	右(7〜9)	3	甕棺墓，後漢鏡ほか	後期前半	B	ⅡAa ⅡAb
5	方保田東原	熊本県山鹿市方保田東原	截頭円錐	左7	1	不正形土壙	後期末	B	ⅡAb
6	新御堂	熊本県下益城郡城南町宮地新御堂	截頭円錐	右8	1	<表採>	後期末	B	ⅡAb
7	西山貝塚	広島県広島市東区牛田町西山	截頭円錐	左7	1	<表採>銅鏃，丁字頭土製勾玉，骨鏃	後期後半	B	ⅡA
8	森　弘	香川県大川郡寒川町石田東森弘甲1504-1	截頭円錐	左7	8	単独		B	ⅡA
9	国　府	大阪府藤井寺市惣社	半球	左6	1	中世包含層		Aa	ⅠA
10	五　村	滋賀県東浅井郡虎姫町五村	半球	左6	1		後期	Aa	ⅠA
11	武　石	長野県小県郡武石村下武石上平	截頭円錐	右7	1		後期後半	C	ⅡB
12	高崎新保	群馬県高崎市新保町	？	？	1	脚部のみ			

表 2　杉原分類と小田分類

<table>
<tr><th colspan="2">杉　原　分　類</th><th colspan="2">小　田　分　類</th></tr>
<tr><td>A式（桜馬場式）
全径 5.5〜6cm
座高 1.0cm 前後</td><td>半球座　左振り6支脚
a　半球座に鉤状突起を付けない
b　半球座に鉤状突起を有する</td><td>Ⅰ（半球座6脚式）
全径 5.5〜6cm
座高 1cm 前後</td><td>A類　左振り6脚
B類　左振り6脚　半球座に鉤状突起</td></tr>
<tr><td>B式（井原式）
全径 10.3〜12.0cm
座高 1.3〜1.8cm</td><td>截頭円錐座　左振り7支脚</td><td rowspan="2">Ⅱ（円錐台座7脚）
全径 10.1〜12cm
座高 1.3〜2.4cm</td><td>A類　左振り7脚　a 頂部径大 座高低い
b 頂部径小 座高高い</td></tr>
<tr><td>C式（武石式）
全径 10.0cm 前後
座高 2.4cm 前後</td><td>截頭円錐座　右振り7支脚</td><td>B類　右振り7脚</td></tr>
<tr><td>D式（東宮裾a式）
全径 4.8cm 前後
厚さ 0.15cm 前後</td><td>中央突出部なし　右振り5支脚</td><td>Ⅲ（平板座5脚式）
全径 4.8cm
厚さ 1.5mm</td><td>中央座の凸出なし　右振り5脚</td></tr>
<tr><td>E式（東宮裾b式）
全径 5.7cm 前後
厚さ 0.2cm 前後</td><td>中央突出部なし　支脚彎曲せず6支脚</td><td>Ⅳ（平板座6脚式）
全径 5.7cm
厚さ 2mm</td><td>中央座の凸出なし　振れのない6脚</td></tr>
</table>

次に遺構不明の例について述べたい。

佐保[10]　昭和40年，山裾を掘っていたところ地下1.5mから有舌の馬鐸，銅釧，ラセン状銅環，石斧とともに2個の巴形銅器が見つかった。遺構は不明。馬鐸と釧は朝鮮製，巴形銅器は同じ鋳型によるものといわれる。全径5.6cm，裏面の中央は空洞で，その中心に環状の鈕が付く。脚の裏面は中央線を設け，羽状の浮文となっている。

新御堂（しんみどう）[6]　昭和56年，ゴボウ畑からの表採品で，後期末の野部田式土器なども見つかっている。この一帯は弥生中期〜後期の遺跡が多いところである。全径12.4cm，座高1.6cmで，頂部はやや凹み，裏面は空洞で中央からやや偏って小さな鈕を持つ。B-ⅡAb。

西山貝塚[11]　標高261mの山頂の西斜面の貝塚から，昭和40年に採集された。広島大学の調査では第1貝層から古式土師器，第2貝層から弥生終末の土器が検出されている。全径10.3cm，座高1.3cmで，頂部は凹面である。裏面の中央は空洞で中心に小さな鈕をもつ。B-ⅡAa。

森弘（もりひろ）[12]　明治44年，小丘陵を田地にしようとして地下約30cmのところから8個の巴形銅器が一括して出土したといわれる。B-ⅡAa 3個とB-ⅡAb 5個で，ともに同笵の二群である。前者は全径11.6cm，座高1.5cmで，頂部は凹面である。裏面は中央が空洞で，中心に小さな鈕が付

巴　形　銅　器
1：Aa-ⅠA桜馬場，2：Ab-ⅠB同，3：D-Ⅲ東宮裾，4：E-Ⅳ同，5：B-ⅡAa森弘，6：B-ⅡAb同，7：B-ⅡAb 方保田東原，8：B-ⅡAb 新御堂，9：C-ⅡB武石，10：B-ⅡAa西山（1～6・9・10は註2，7・8 は註6による）

く。脚は中心線が浮線で表現されている。後者は全径 10.4cm，座高 1.8cm で，頂部は凹面である。裏面は中央が空洞で，中心に環に近い鈕が付く。脚の中心線は凹面の頂点として表わされている。

その他武石，国府，五村，高崎新保などの遺跡から各1点出土しているが，遺構は不明である。

武石では偶然の発見で，近くから後期後半の土器が出土している。全径 10.1cm，座高 2.4cm，頂部が平面な点特異なものである。裏面の中央は空洞で，その中に角状に曲げた棒状の鈕が付く。国府は国府台地上の弥生前期～後期を主とする遺跡であるが，その中の平安時代末～鎌倉時代初めの建物跡から出土し，座は残っているが，脚はほとんど基部だけである。恐らくAa-ⅠAと思われる。五村は琵琶湖の北岸，姉川によって形成された自然堤防上の遺跡で，弥生後期の落ちこみの中から出土している。全径 5.5cm，座高 1.0cm，裏面は空洞で環状の鈕が付いている。新保では弥生後期～古墳前期の落ちこみから脚部片のみが見つかっている。

以上の出土状態をまとめると墓の副葬品（桜馬場・東宮裾・井原），一括埋蔵（森弘）など明らかであるが，他の例は不明といわざるをえない。不明のうち佐保は共伴遺物などから副葬品あるいは祭祀，方保田東原は墓に伴う祭祀などが考えられる。とくに一括埋蔵された森弘の場合は立地状態などからみて，銅鐸の一括埋蔵にも共通点があることが注目される。

3　時期と製作地

巴形銅器の出現時期は後期前半であり，墓の副葬品や他の共伴遺物から佐保などが初期の例に比定できる。また西山，方保田東原，武石などは共伴遺物から後期後半をさかのぼらないものと考えられる。小田富士雄氏[3]はⅠA，ⅠBを後期前半，Ⅲ，Ⅳを後期前半でもやや後出とし，ⅡAは後期前半～後半，ⅡBは後期後半にまとめておられる。

巴形銅器の製作地については後期前半の出土例が北九州地方を中心に分布し，しかもその広がりが四国・中国地方までに限られていたことから，これまで北九州地方で製作されたものと推定されて来た。ところが先述のとおり，佐賀県吉野ヶ里遺跡から巴形銅器の鋳型が出土したことにより，後期前半に北九州地方で製作されていたことが裏付けられたわけである。

4　用　　途

弥生時代の巴形銅器が実際何に使われていたかを示す資料はまだ見つかっていない。ただ座の裏面中央に付いている鈕からみて，何かの器物に装着したことは想像できる。古墳時代になって大阪府黄金塚古墳や三重県石山古墳から革張りの盾や靫に装着された出土例があり，一つの参考になろう。前者では盾に3個，後者では盾二つに6個と1個，靫に2個が装着されていた。甕棺内に副葬された例はいずれも3個（あるいは3個以上）であり，何らかの関連があると考えられる。また森弘では8個を一括埋蔵しており，巴形銅器を共同体社会における祭祀儀礼の一種の宝器として使用したことも考えられる。

巴形銅器の祖形については前に述べたとおり諸説あるが，スイジガイ説が有力である。スイジガイは6本の突起をもつ南島産の巻貝である。三島格氏[17]は南島のすいじ貝を魔除けとして吊す民俗例を指摘しておられる。巴形銅器がその魔除けとしての性格を有するとすれば，何かに装着された場合はもちろんであるが，取りはずして所持する場合も，それだけの力をもつものであったと考えられる。いずれにしてもこの巴形銅器は特定の階級のものが所持する宝器であり，かつ共同体の祭祀儀礼の祭器として使用されたものであるといえる。

註

1） 宇佐晋一・西谷　正「巴形銅器と双脚輪状文の起源について」古代学研究，20，1959
2） 杉原荘介「巴形銅器」『日本青銅器の研究』1972
3） 小田富士雄「日本で生まれた青銅器」『古代史発掘』5，1974
4） 森本六爾「筑前鐙溝発見の巴形銅器一三度巴形銅器に就て一」考古学，4―1，1933
5） 大塚初重「巴形銅器」『日本原始美術4』1964
6） 島津義昭「巴形銅器二例」『森貞次郎博士古稀記念古文化論集』1982
7） 梅原末治「肥前唐津市発見の甕棺遺物」考古学雑誌，36―1，1950
8） 柴元静雄「北方町東宮裾弥生遺跡」新郷土，1970年7月号
　同「北方町東宮裾弥生遺跡発掘調査報告（その2）」新郷土，1970年8月号
9） 中村幸史郎「熊本県山鹿市方保田東原遺跡出土の巴形銅器」熊本史学，45，1975
　原口長之・中村幸史郎ほか『方保田東原遺跡』山鹿市教育委員会，1982
10） 永留久恵・小田富士雄「対馬・豊玉村佐保発見の馬鐸・巴形銅器調査報告」九州考古学，32，1967
11） 藤田　等「巴形銅器を出土した西山貝塚調査概要」日本考古学協会昭和40年度大会発表要旨，1965
12） 杉原荘介「巴形銅器」考古学集刊，4―4，1971
13） 大阪府教育委員会『国府遺跡発掘調査概要』X，1980
14） 小山真夫「信濃国武石村出土の巴形銅器」考古学雑誌，17―4，1927
15） 林　　純「滋賀県虎姫町五村遺跡出土の巴形銅器に就いて」土盛，11，京都産業大学考古学研究会，1980
16） 佐藤明人「新保遺跡」埋蔵文化財研究会第20回研究集会，1986
17） 三島　格「鉤の呪力一巴形銅器とスイジガイ」古代文化，25―5，1973

銅釧

東京国立博物館
井上洋一
（いのうえ・よういち）

弥生時代，特定個人の腕を飾った銅釧は銅鐸などの地域性の形成ともあいまって各地の青銅器生産工房で製作された可能性がある

朝鮮半島よりもたらされた青銅器鋳造技術は，銅剣・銅矛・銅戈といった朝鮮製武器類の模倣から，やがて銅鐸に代表されるわが国独自の各種青銅器を生んだ。弥生時代，特定個人の腕を飾った「銅釧（どうくしろ）」と呼ばれる腕輪もその一つである。

銅釧は，もともと貝製の腕輪を青銅で模したものである。わが国では，アカガイ・ベンケイガイ・サルボウ・カキといった二枚貝ないし一枚貝の殻頂を削った貝製の腕輪を着装する例がすでに縄文時代にみられる。そしてこうした風習は，弥生時代に引継がれていくが，とくに弥生時代前期後半にはこれらに加えて，当時入手が非常に困難であったと思われるゴホウラ・イモガイなどの南海産大型巻貝を用いた腕輪が出現する。そして中期にはそれらが盛行するが，やがて後期に至り，しだいに衰退していく。しかしその一方で，北部九州を中心とした地域では，それらを青銅で模した銅釧が出現するという注目すべき現象がみられる。

本稿では，こうした銅釧を通し，弥生時代における青銅器の生産と流通という問題について考えてみたい。

1　鋳造品の分類

弥生時代の銅釧は，その製作技法により大きく二分される。一つは鋳造品であり，もう一つは曲げ輪造りとも呼ぶべき銅板を単にまるめ円環をつ

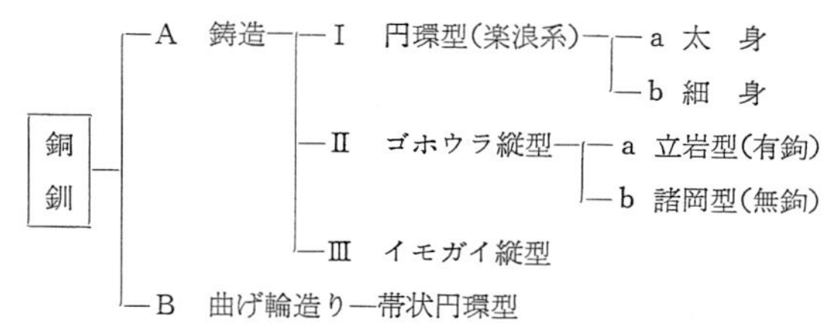

くったものである。

鋳造品には，大陸と密接な関係のもとに生まれたと考えられる円環型のもの，南海産大型巻貝を祖形とするゴホウラ縦型貝輪型とイモガイ縦型貝輪型を呈したものがある。

（1） 円環型銅釧（AⅠ）

本型式は，朝鮮半島の慶尚北道・漁隠洞出土例，伝慶尚北道・善山出土例，慶尚南道・城山貝塚出土例などにその類例がみられ[1]，この原型が楽浪地域の漢墓にまでおよぶことより「楽浪系銅釧」[2]と称されてきたものである。国内における分布は，北部九州や対馬における弥生時代中期から後期にかけての墳墓より発見されるものが大部分を占めるが，その一部は，山陰・近畿におよんでいる。

この型式は，太身と細身に細分されるが，形態的には前者に属する対馬・ガヤノキB地点出土例のように，銅環が石棺内頭位左右から検出されたという場合，これを腕輪とするよりは，小田富士雄氏の指摘[3]のように，平安南道・美林里出土例や黄海南道・雲城里出土例などに通じる銅環として，他の用途を考えた方がよいかもしれない。

（2） ゴホウラ縦型貝輪型銅釧（AⅡ）

ゴホウラ製貝輪はすべて縦型であって，その利用部位と形態によって広田型・金隈型・土井ヶ浜型・立岩型・諸岡型の５型式に分類されている[4]。このうち銅釧に継承されるのは，立岩型と諸岡型の二者である。

立岩型は弥生時代中期後半に位置づけられる福岡県立岩運動場遺跡出土例，立岩堀田K−34人骨右前腕に着装された貝輪を標式とするものであって，このタイプの貝輪を模したと思われる銅釧は，長崎県白岳，佐賀県茂手，桜馬場など，対馬を含む西北九州を中心に分布し，一部拠点的に近畿・北陸・東海・関東にまでおよんでいる。銅釧の中では最も広範囲に分布するものである。これらの時期については，福岡県上り立出土例との形

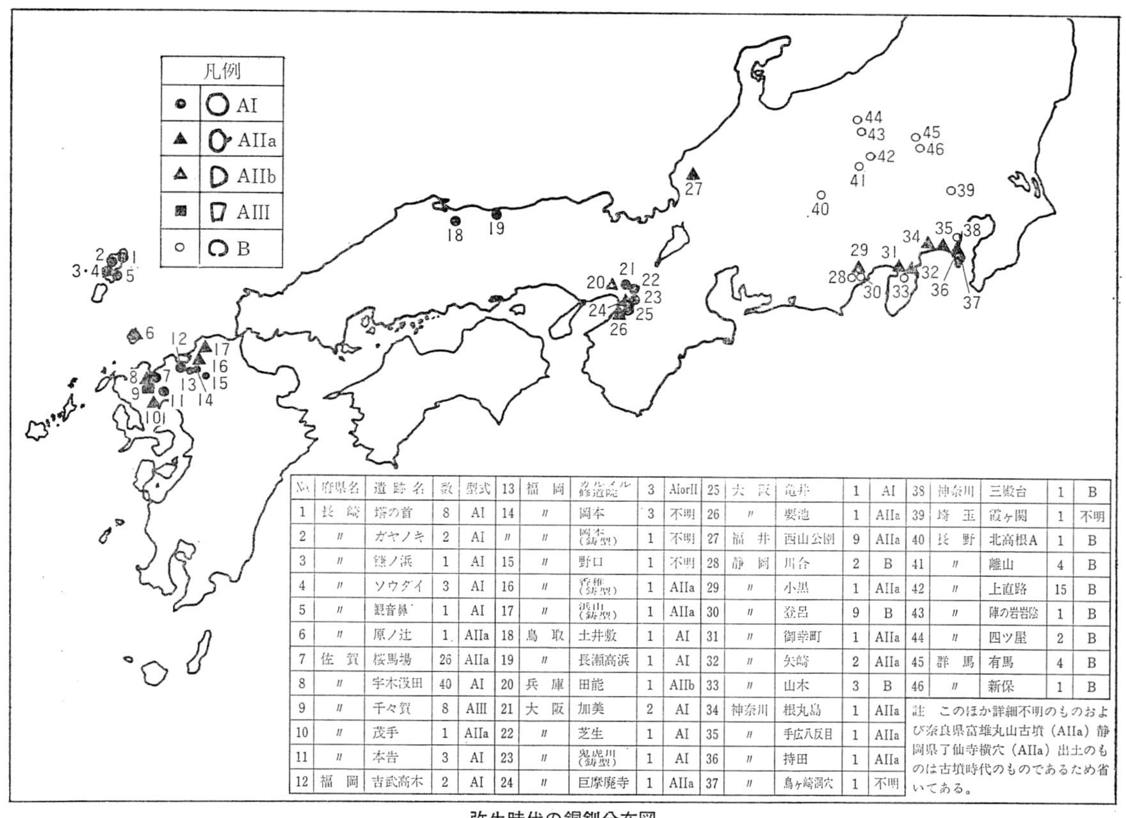

No.	府県名	遺跡名	数	型式	No.	府県名	遺跡名	数	型式	No.	府県名	遺跡名	数	型式	No.	府県名	遺跡名	数	型式
1	長崎	塔の首	8	AI	13	福岡	カルメル修道院	3	AIorII	25	大阪	亀井	1	AI	38	神奈川	三殿台	1	B
2	〃	ガヤノキ	2	AI	14	〃	岡本	3	不明	26	〃	瓜池	1	AIIa	39	埼玉	霞ヶ関	1	不明
3	〃	鐘ノ浜	1	AI	〃	〃	岡本(鋳型)	1	不明	27	福井	西山公園	9	AIIa	40	長野	北高根A	1	B
4	〃	ソウダイ	3	AI	15	〃	野口	1	不明	28	静岡	川合	2	B	41	〃	離山	4	B
5	〃	観音鼻	1	AI	16	〃	香椎(鋳型)	1	AIIa	29	〃	小黒	1	AIIa	42	〃	上直路	15	B
6	〃	原ノ辻	1	AIIa	17	〃	浜山(鋳型)	1	AIIa	30	〃	登呂	9	B	43	〃	陣の岩岩陰	1	B
7	佐賀	桜馬場	26	AIIa	18	鳥取	土井敷	1	AI	31	〃	御幸町	1	AIIa	44	〃	四ツ屋	2	B
8	〃	宇木汲田	40	AI	19	〃	長瀬高浜	1	AI	32	〃	矢崎	2	AIIa	45	群馬	有馬	4	B
9	〃	千々賀	8	AIII	20	兵庫	田能	1	AIIb	33	〃	山木	3	B	46	〃	新保	1	B
10	〃	茂手	1	AIIa	21	大阪	加美	2	AI	34	神奈川	根丸島	1	AIIa					
11	〃	本告	3	AI	22	〃	芝生	1	AI	35	〃	手広八反目	1	AIIa					
12	福岡	吉武高木	2	AI	23	〃	鬼虎川(鋳型)	1	AI	36	〃	持田	1	AIIa					
					24	〃	巨摩廃寺	1	AIIa	37	〃	鳥ヶ崎洞穴	1	不明					

註　このほか詳細不明のものおよび奈良県富雄丸山古墳（AIIa）静岡県了仙寺横穴（AIIa）出土のものは古墳時代のものであるため省いてある。

弥生時代の銅釧分布図

態的類似ならびに福岡県香椎遺跡，宮ノ上遺跡から発見された本型式の鋳型の存在より，中期末から後期に位置づけられるといえよう。

一方諸岡型は，福岡県諸岡遺跡出土例を標式とするものであって，この貝輪を模したと思われる銅釧には，兵庫県田能(たのう)遺跡17号木棺墓人骨左前腕に着装されたものがあげられる。時期は中期後半頃と考えてよかろう。

（3） イモガイ縦型貝輪型銅釧（AⅢ）

弥生時代前期末に出現するこの貝輪は，弥生中期後半まで存在するが，その代表例は福岡県道場山 K-48 出土のものである。そしてこの貝輪を模したものが佐賀県千々賀(ちちか)出土の銅釧といえよう。形態・器壁・高さとも酷似している。時期は判然としないが，貝輪との関係より弥生中期後半頃と考えてよかろう。

2 帯状円環型銅釧

次に，もう一方の曲げ輪造りの帯状円環型銅釧をみてみよう。

まず，その分布は不思議と長野・群馬・静岡・神奈川といった中部地方から東海・関東地方に偏在している。それぞれの時期については，一部古墳時代前期に位置づけられるものもあるが，そのほとんどが弥生時代後期に属するものである。

この銅釧に関しては，小田氏の指摘のように「国産の銅釧のほとんどが，貝輪に祖型が求められることを考慮すれば，楽浪系とするよりも，イモガイを横切りにした円形貝輪に系譜を求める方がより妥当であろう」[5]と思われる。ただし，その分布が東日本に限られていることを考えれば，縄文的色彩の濃い風土だけに，縄文時代からの習俗，つまり二枚貝などを用いた貝輪をこの地方独自の形に変化させた可能性も考えてみなければならない。この点は，イモガイ横型貝輪の分布の問題をも含めて今後検討しなければならない問題の一つである。また，長野・群馬などにみられる同様の形態を示す鉄釧との相関関係についても十分考慮していかねばなるまい。

3 生産と流通

以上のことをまとめてみると，AⅠ類は，出土状況，また他の青銅器とのセット関係よりその原郷は大陸に求められるものであって，朝鮮半島から他の青銅器類などとともに対馬を経て北部九州にもたらされたものと考えられる。ただし，鳥取県長瀬高浜遺跡，土井敷遺跡より出土したものが舶載品か否かの判別は大変困難である。それは大阪府鬼虎川遺跡からAⅠ類の鋳型が発見されたこと，また近畿で製作されたと考えられる銅鐸が山陰に運ばれたことをも勘案すると，それらの銅釧が近畿よりもち込まれた可能性が生ずるからである。さらに，多少タイプは異なるが，各種青銅器の生産工房と考えられる福岡県岡本遺跡から，楕円形に近い環部を有すると思われる銅釧の鋳型が発見されていることを考えるとき，その一方では，北部九州で誕生した青銅製武器形祭器が運ばれたルートで山陰の地にこうした銅釧がもたらされた可能性も捨てきれない。そしてもう一つの可能性は，山陰での製作である。この点には，島根県荒神谷(こうじんだに)遺跡より発見された358本の銅剣の製作地の認定とともに，山陰地方における青銅器の生産と流通に係わる重要な問題が含まれている。

次に，AⅠ類の多くが朝鮮半島よりもたらされたものと考えられるのに対し，AⅡ類は弥生時代前期後半頃に南西諸島より九州の西海岸を北上し，北部九州にもたらされたゴホウラ・イモガイを中心とする南海産大型巻貝を北部九州の地で独自に青銅化させたものであり，巴形銅器とならぶわが国独特の青銅器である。なかでも一般に有鉤銅釧と称されるAⅡa類は，他の銅釧とは異なり，広い範囲に分布している。それは鉤を有するという特異な形状を示すことから，それが弥生社会の中でかなり重要な要素となり，西日本のみならず，東は関東地方にまでその意識が伝播されたからにほかならない。三島格氏は，南海産大型巻貝に辟邪・破邪・破魔としての女性器に似た殻口部の呪力と鉤の呪力を説いた[6]。また，木下尚子氏[7]，橋口達也氏[8]は，南海産大型巻貝が弥生社会に定着する要因として，その殻口のピンク色を帯びた乳白色の妖艶な輝きが玉と同様の観念をもち，高い装飾製を有していたことを強調し，加えてそれらが貝輪に適する形態・厚みを有していたからにほかならない点を説いている。こうした意識と北部九州における青銅で祭器・儀器・宝器を製作するという行為の結合が，このような銅釧を誕生させたにちがいない。

ところで，AⅡa 類は福岡県香椎遺跡，宮ノ上遺跡からその鋳型が検出されていることより北部九州で製作されたことは確実である。また，福岡県浜山遺跡B地点出土の鋳型がAⅡa類のものであると認められるのであれば，現状では福岡の地にその鋳型が集中し，あるいはこの地域を中心に一元的に各地へAⅡa類が供給された可能性も考えられる。しかし，今までに発見されたものは，各地域ごとに微妙に形態を違えている。AⅡa類が出現する弥生時代中期末から後期にかけては，西日本から東海地方におよぶ地域で銅鐸や銅剣にも地域色が色濃くあらわれてくる。また各地で鋳型の発見があいつぎ，青銅器生産工房の存在も徐徐に明らかになりつつある。こうした点を考えあわせると，各地にみられるAⅡa類の形態差は，木下氏も説くように[9]時間差ではなく，むしろ地域差の表象であるのかもしれない。そして，こうした地域の独自性がAⅡb類，AⅢ類さらにはB類の帯状円環型銅釧を誕生させたともいえよう。

4 おわりに

以上，先学諸氏の研究に依拠しつつ[10]銅釧の概略を述べてきた。そして弥生時代中期末から後期にかけて成立する各種銅釧が銅鐸などの地域性の形成ともあいまって，各地の青銅器生産工房で製作された可能性のあることを指摘した。

ところで，ここで気にかかるのが福岡県カルメル修道院内遺跡より出土した銅釧の問題である。弥生時代前期末頃と考えられる木棺墓から検出されたもので，ややいびつの楕円形を呈している。貝輪を模したとも思われるその形態は，国産品の可能性もある。

武器形青銅器の鋳造開始時期が，それまで弥生時代中期中葉ないし後葉とされてきたものが，佐賀県惣座（そうざ）遺跡，姉遺跡から発見された鋳型により中期前半ないし前期末まで遡る可能性が強くなってきている。また，京都府鶏冠井（かいで）遺跡より出土した銅鐸鋳型によって，銅鐸の製作も中期前半から前期末まで遡る可能性が強くなってきた。こうした一連の発見は，すでに知られている資料の再評価をうながすとともに，国産青銅器の成立と発展解明への道を開くものとなっている。あるいは銅釧の鋳造も中期前半ないし前期末まで遡るのかもしれない。今後の課題としたい。

最後にもう一つ重要な問題がある。それはなぜ一方では朝鮮半島より武器形青銅器を入手し，また一方では南海産大型巻貝製貝輪を必要とし，その青銅化までを果たしたのかである。これについては橋口氏の明快な答えがある。周知のように水稲耕作は人々に安定した食糧を供給するとともに余剰生産物をもたらした。しかしその一方で，この余剰生産物は「急激な人口増加をもたらし，その解決のために前期中頃より活発な分村現象をもたらし，この過程で近隣の集落との間に土地・水をめぐって激しい戦い」をひき起こした。そして「このような戦闘のなかで一方では優秀な武器を入手し，一方では敵の矢・刃をさけ身を護るとともに敵をたおすための辟邪・破邪・破魔の呪力をもつ南海産の大型巻貝製貝輪が入手された」と説く橋口氏の指摘[11]は傾聴に値する。そしてこうした貝輪の青銅器化は，国産青銅器の生産活動の活発化と深く係わるが，その一方で妖しき光をたたえ，堅固で再生可能という金属の特質が，貝輪の呪力をより一層強めるものとして当時の社会に滲透していったのであろう。

註

1) 小田富士雄「弥生時代円環型銅釧考—日韓交渉資料の一研究—」古文化談叢，13，1984，pp. 113～132
2) 森貞次郎「福岡県香椎出土の銅釧鎔笵を中心として—銅釧鎔笵と銅釧の系譜—」考古学集刊，2—1，1963，pp. 59～66
3) 註 1）に同じ
4) 三島　格・橋口達也「Ⅲ南海産貝輪に関する考古学的考察と出土地名表」『立岩遺蹟』1977，pp. 284～300
5) 小田富士雄「日本で生まれた青銅器」『大陸文化と青銅器』古代史発掘 5，1974，pp. 137～149
6) 三島　格「鉤の呪力—巴形銅器とスイジガイ（南島資料2）—」古代文化，25—5，1973，pp. 157～175
7) 木下尚子「〔5〕貝輪と銅釧」『末盧国』1982，pp. 424～445
木下尚子「貝輪と銅釧の系譜」季刊考古学，5，1983，pp. 40～47
8) 橋口達也「腕輪・指輪」『弥生文化の研究』8，1987，pp. 182～192
9) 註 7）に同じ
10) とくに註にもあげた小田富士雄氏，橋口達也氏，木下尚子氏の論考を参照させていただいた。ここに明記し深謝申し上げる次第です。
11) 註 8）に同じ

青銅器と弥生社会

クニの成立に青銅器はどのように関わってきたのであろうか。また青銅器が地中に埋納される意義は何に求められるのだろうか

「クニ」の成立と青銅器の生産・流通／青銅器埋納の意義

「クニ」の成立と青銅器の生産・流通

福岡県教育委員会
橋口達也
（はしぐち・たつや）

青銅器は直接に「クニ」の成立にとって大きく関与したとはいい難いが，奴国を中心とする首長層はその生産と流通を独占していった

弥生時代における「クニ」とはいかなるものか，その規定あるいは用語の是非をめぐっては厳密な検討を要する課題と考える。しかし，ここではこの問題に深入りすることは与えられたテーマの趣旨にそぐわないので，中国史書に記載された「末盧国（まつら）」，「伊都国（いと）」，「奴国（な）」などの「クニ」，その「クニ」の首長の墳墓とみられる福岡県糸島郡前原町三雲（みくも），福岡県春日市須玖岡本（すぐおかもと），福岡県飯塚市立岩（たていわ）などの副葬品を多量にもつ甕棺墓などに示される地域的まとまり，すなわち佐賀県唐津地方，福岡県糸島地方，福岡市およびその南郊春日市を中心とする一帯の旧郡あるいはそれをやや大きくしたほどの地域的まとまりが，通称される「クニ」と理解して，与えられたテーマに沿って論をすすめることとしよう。

1　権力機構の発生と展開

さてそれでは副葬品を多量にもつ首長層はいかにして出現してくるのであろうか。稲作の開始による生産力の発展に起因することはいうまでもないが，生産力の順調な発展によって，首長層は順当に出現するのであろうか。否，血みどろの闘いを経て首長権は獲得されてきたと考える。稲作の開始による生産力の発展は余剰生産物をうみ出し，人々の生活を安定させ，人口の急速な増大をもたらした。人口の増大は新たな可耕地への進出すなわち分村の必要性をひき起した。稲作開始当初から弥生前期前半頃までは未開の広野つまり自然的好条件に恵まれた低湿地の開発が主となったが，次第に低地の可耕地開発がいきづまりをみせはじめた前期後半以後になると，狭隘な谷間をひかえ，畑作も可能な低丘陵地帯の開発へと目が向けられた。低丘陵への聚落の進出は前期末にいたると当時の可耕地のほぼすべてといってよいほどに達した。このような現象はひきつづき中期前半まで継続された。

弥生前期後半から中期前半にかけての低丘陵へのめざましい聚落の進出は，居住地の確保と多くの労力を伴わずに水田化の可能な湧水のある谷間の獲得をめぐって，必然的に近隣聚落との間で頻繁な衝突をひき起し，聚落間の戦闘行為も激しく行なわれ，他聚落の構成員を殺傷におよぶこともしばしばであった。たとえば福岡県嘉穂郡穂波町スダレ遺跡3号甕棺に埋葬された被葬者は熟年の男性であったが，その第2胸椎右側椎弓板に石剣切先が嵌入し，また福岡県筑紫野市永岡第2次95号甕棺に埋葬された熟年男性人骨の右腸骨には銅剣切先が嵌入，同じく永岡第2次100号甕棺に埋葬された成年男性には左腸骨・仙骨に嵌入した銅剣切先とさらに石剣の切先が出土した。筆者はこれらの例から，それまで前期末頃から中期前半頃に流行した副葬の一形態と考えられていた棺内出土の石剣・銅剣などの切先例のほとんどが人を殺傷におよび，刺突時のショックによって折損し，人体内に残ったものと認識するに至った。1986年5月の時点では剣・矛・戈などの切先を棺内より出土した例は36遺跡53例を把握していた[1]が，現在ではさらに増加していることはいうまでもなく，さらに鏃だけの例をつけ加えるならば倍近くにも達するものと考える。そして永岡遺跡を調査した1980年頃までの段階では可能性はあっても不確実なものであった首のない人骨，あるいは頭骨のみを埋葬した甕棺などが最近では福岡県小郡市横隈狐塚遺跡[2]，福岡県筑紫野市隈・西小田[3]などで発掘され，確実に首を切られた人骨の存在が確認されてきた。さきの剣切先などの嵌入した人骨とともに，弥生時代における戦闘を示すなまなましい資料といえよう。

以上の例だけからも前期後半〜中期前半にかけては土地・水をめぐる争奪戦が激しく頻繁に行なわれたことがわかる。中期後半以後鉄製武器が普及して剣などの切先出土例は減少するが，鉄製武器は刺突時のショックに強く折損しないことにもよる。しかし鉄鏃などの嵌入した人骨例もあって，ひきつづき弥生時代を通じて戦闘は行なわれていた。しかしこれは前段階と異なり，近隣諸集団との争いというよりもさらに広域な集団をまきこんだ領域をめぐる戦闘へと質的に転化していったものと考えられる。

稲作の開始当初つまり弥生早期の段階では，さきにみたように自然的好条件に恵まれた低湿地を水田化していくことで近隣諸集団との衝突は多少はあったにしてもまだないに等しかった。ところが前期初頭つまり板付Ⅰ式の段階になると防禦的性格をもつと考えられる環溝をめぐらした聚落が出現するとともに，柳葉式磨製石鏃を副葬した支石墓・木棺墓などもみられ，板付Ⅱ(古)式から顕著になる分村現象とそれに起因する衝突・抗争が前期初頭の段階ですでに生じ始めていたことを示している。板付Ⅱ(古)式より顕著になる低丘陵への進出は丘陵頂部における居住地と，湧水のある水田化に多大の労力を要しない自然的条件のよい狭小な谷間の確保・開発という点では低地の可耕地開発の延長線上にあった。しかし他の一面では低地の可耕地開発が飽和状態に達した結果であり，当初から低丘陵への進出をめぐっては近隣諸集団との間によりよい土地の争奪をめぐって衝突が生じる要因をはらんでおり，戦闘の起るのは必然のなりゆきであった。居住地と水田の開発だけなら経験と智力に富んだ年のいった指導者で充分であったが，低丘陵へ進出する集団は土地開発においても戦闘においても率先して指揮し得る智力・腕力・胆力ともにすぐれた若き有能な指導者を生み出さざるを得なかった。戦闘は母集団をもまきこんで行なわれた。土地開発をめぐる衝突・戦闘は進出集団のみならず母村においても最大の関心事であった。したがって母村の指導者は当然のこととして進出集団をも統率する役割を担った。このような稲作開始以来の可耕地の開発は分村したという点では血縁的結合関係を残しながらも，水稲耕作を基盤とした各水系毎の地縁的結合の共同体を新たに作りあげていく過程でもあった。この新たな地縁的結合の共同体こそが農業共同体と把握すべきものと考える。

前期末になると南海産のゴホウラ・イモガイ製の腕輪を着装し，朝鮮系の細形銅剣・銅矛・銅戈・多鈕細文鏡などを副葬する被葬者が出現する。これらの着装品・副葬品は新たな所有関係を反映したものと考える。貯蔵穴は前期初頭以来群集して発見されることが多く聚落全体の共同的貯蔵施設と考えられるが，前期末〜中期初頭になると各住居跡に付属する貯蔵穴も出現する。これは生産物に対する新たな所有関係が形成されつつあることを示している。と同時に，すでに格差も生じつつある。

たとえば福岡県筑紫野市合の原遺跡[4]では，丘陵へ進出した単位集団のなかでも中心となる住居跡は規模も大きく，貯蔵穴は他のものが1基だけに対し2基が付属し，さらに屋内貯蔵穴をも有し，生産物の分配にも格差が生じていることを示している。合の原遺跡は低丘陵へと進出した単位集団であり，その家長とでも呼ぶべきものが上述のとおりであることからすると，ましてや母集団の指導者に至ってはこの格差はさらに大きなものであった。これを最も顕著にあらわしたものが墳墓と副葬品であった。住居跡に付属する貯蔵穴，生産物の分配にみられる格差，南海産貝製腕輪の着装，副葬品および副葬品の内容に格差がみられる前期末の段階でさきにみた地縁的結合の共同体つまり農業共同体が成立したものと考える。土地開発および戦闘のなかでさらに強力となっていた母集団の指導者はこの時点で共同体の一般成員からは突出し，副葬品にみられる富をも集中する農業共同体の首長へと転化していった。

福岡市早良区吉武（よしたけ）遺跡群は副葬青銅器を多量にもつが，この聚落は決して母集団ではなく，前期後半頃に進出を開始した集団であるが，このような新興の勢力のなかにも母集団をもしのぐ首長層を生み出す場合もあった。土地開発をめぐって他集団と最も頻繁に衝突・抗争をくりかえすこのような最前線の集団こそ，より強い聚落の結束とより有能な指導者を必要としたものであろう。首長層は単なる稲作という生産活動のなかからは生み出されなかった。稲作を基盤とはするが，水田の開発とそれに起因する土地・水をめぐる衝突・戦闘のなかからしか生み出されなかった。前期末に出現したこれら首長層は中期前半にかけてひきつづき土地開発と戦闘を通じてますます権限を強化していった。権限を強化した首長層は一般成員から次第に遊離しつつあるなかで婚姻関係も首長層相互間に求め通婚圏を拡大していった。智力・腕力・胆力ともに優れた首長層間の子孫は池田次郎氏の力説したヘテロシス（雑種強勢）効果[5]によってますます優秀な人材を輩出し，世襲制もうみ出していった。たとえば福岡市金隈（かねのくま）146号人骨は中期前半の小形甕棺の被葬者で6歳前の幼児であったが，この幼児に南海産のゴホウラ製貝輪が副葬されており，夭逝せずに成人したならば将来を約束されていたであろうことを示唆しており，世襲的要素の出現を推定することができた[6]。世襲制の出現をもって首長層の成立は名実ともに確たるものとなった。

中期前半まで活発に低丘陵への進出を行なってきた諸聚落は中期中頃以後急激に廃棄され，跡地には墓地が営まれることが多いが，これは聚落が消滅したものではなく，低地へと移動していったものである。低地への移動は自然的条件の好転によって低地の可耕地がさらに拡大したことにもよるが，首長層が成立し土地開発と戦闘のなかでますます権限を強化した首長層が再編・強化された共同体を指揮していままで開発不能であった低湿地の灌漑・排水を可能としていったことが最も大きな要因であろう。このことによって中期前半までの段階とは比較にならないほどの広大な可耕地を開発していくこととなった。中期中頃以後の低地の可耕地は一定の水系毎のまとまりをもつ共同体の共通の利益追求であって，共同体内部での衝突はひき起される必然性はすでに消滅し，衝突・抗争はさらに広大な低地の可耕地開発による領域をめぐる共同体間の争奪戦へと発展し，首長層の役割も共同体内部の衝突の仲裁と共同体間の戦闘の指揮というような内容へと変化したものと考えられる。中期後半には武器が農具に先行して鉄器化し広く普及していることは，このさらに広域となった戦闘行為が武器の鉄器化をなによりも促進した結果と理解できよう。

前期末に成立した首長層は急速に権限を強化し，富をも集中していったことは中期後半～後期初頭の三雲・須玖岡本・立岩堀田・井原ヤリミゾ・桜馬場などにみられる副葬品を多量にもつ甕棺の被葬者に象徴されるところである。これらの甕棺は墓壙・標識などの外部施設が他に比して大きくりっぱであるばかりでなく甕棺自体も大きく形も整い朱塗りなども施されており，決して単なる共同墓地における優位とはいえない。墳墓の構成数は少ないが，その多くに副葬品をもつ墳墓群と，数は100，200基を越すような墳墓群で副葬品をもつものは1～2基のものがあるというように，墳墓群の構成には格差が生じており前者は首長一族，後者は一般的聚落の墳墓群としてとらえられるが，最近では副葬品をもつ甕棺のなかには墳丘をもつ可能性のあるものも調査されている。

以上のように前期末に生じ始めた墳墓における格差は内容・外部施設ともに中期後半～後期初頭にはきわめて顕著なものとなっている。したがって三雲・須玖岡本・立岩堀田などの副葬品を多量にもつ被葬者は農業共同体の首長のみならず地域の盟主的地位をも合わせもち，その下にいくらかの農業共同体の首長が存在し，その下には多くの一般的聚落の長がいるという具合に階層差が明確となってきている。土地開発とそれに起因する戦闘行為のなかで首長権の確立を力で勝ちとってきた首長層は，一たん首長権を確立するとその維持・強化のためにあらゆる力をそそぎ支配の機構を生み出していき，階級的差も生じ始めたといえる。

さていまここで前期末から後期初頭頃までの首長権の成立と発展を簡単にみてきたが，いずれの段階における地域的まとまりを「クニ」として把

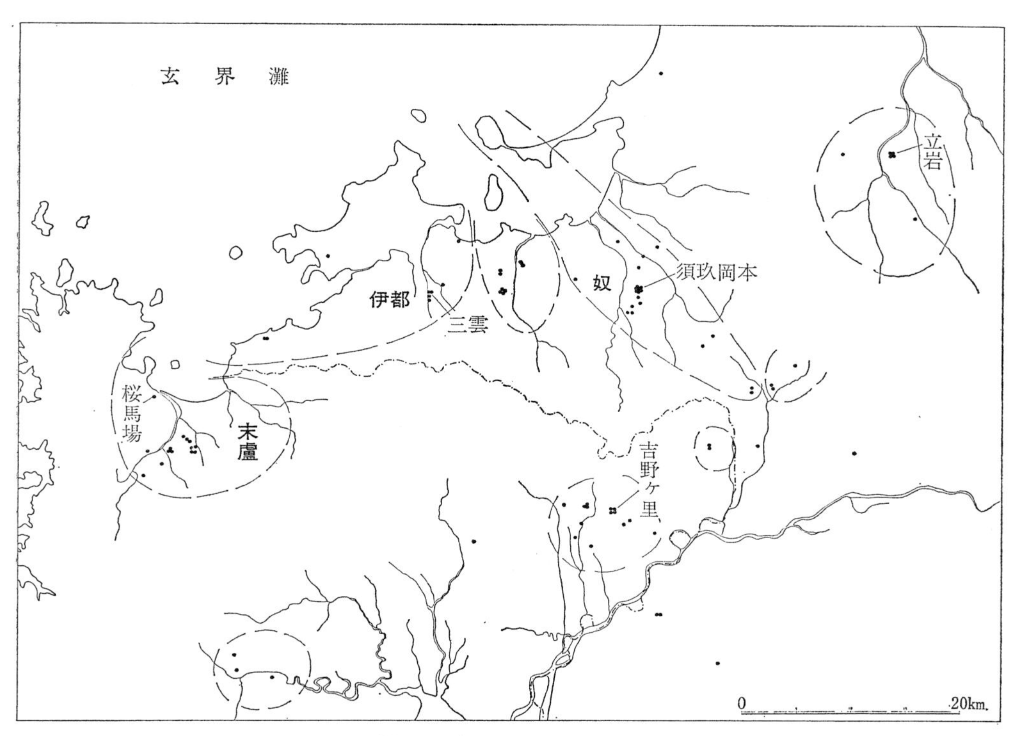

図1　副葬品をもつ墳墓の分布

握し得るのであろうか。前期末において新たな地縁的結合の共同体すなわち農業共同体が成立し，首長層が出現したことをとりあげれば，この時点で「クニ」の存在を認めてよかろう。前期末における農業共同体は各水系ごとの地縁的結合の共同体であって，その後熾烈な衝突・抗争をくりかえしながらさらに広域の地域的まとまりへと統合していく過程が中期前半から中期後半頃の過程であって，中期後半頃にはすなわち末盧国，伊都国，奴国などで示される領域は基本的には成立していたものと考えられる。これらの盟主的首長が三雲南小路，須玖岡本などの甕棺内被葬者であることはいうまでもない。

近年福岡市早良区における発掘調査の成果は早良地区における地域的まとまり，つまりここでいう「クニ」の存在を示しているが，三国志魏書東夷伝倭人条にはこれに該当する「クニ」がなく，これをそのまま信用するならばこの時点つまり2世紀末～3世紀中頃には伊都国あるいは奴国のいずれかに統合あるいは服属されていたものと考えられる。いずれにしてもここでみてきたこのような地域的まとまりのなかに萌芽的ながらも権力機構の存在が認められ，この時期の日本人と接し，または日本に来た中国人の目には「国(クニ)」として映ったことはまちがいないものとみられよう。

2　青銅器の生産と流通

前章でみた「クニ」すなわち地域的まとまりとそれを統率する首長層の成立に青銅器はどのように関わってきたのであろうか。土地・水をめぐる争奪戦に細形銅剣・銅矛・銅戈も使用されており，これらの青銅利器が実戦に用いられた武器であったことは疑う余地もない。ただ青銅製武器と石製武器の効力はさほど大きな差はないと思われるが，外来の金属製武器として重用され，その入手にあたっては大きな経済力を必要としたと考えられる。剣などの切先が嵌入した人骨もしくは棺内に残る切先も青銅器，青銅器と石器の併用，石器とあるが，なかでも石製武器が最も多く，青銅製武器を入手・使用したグループは首長一族とその周辺に限定されていたものかと思われる。青銅製武器の出現は首長層の成立した前期末頃からであり，したがって「クニ」の成立に関していえば青銅器が大きく関与したとはいい難い。

青銅器の国内生産の開始については別項が設けられているので重複はさけたいが，最近では中期前半に遡って銅剣・銅矛の国内生産が開始されたとする見解が佐賀県姉(あね)遺跡，兵庫県田能(たのう)遺跡出土

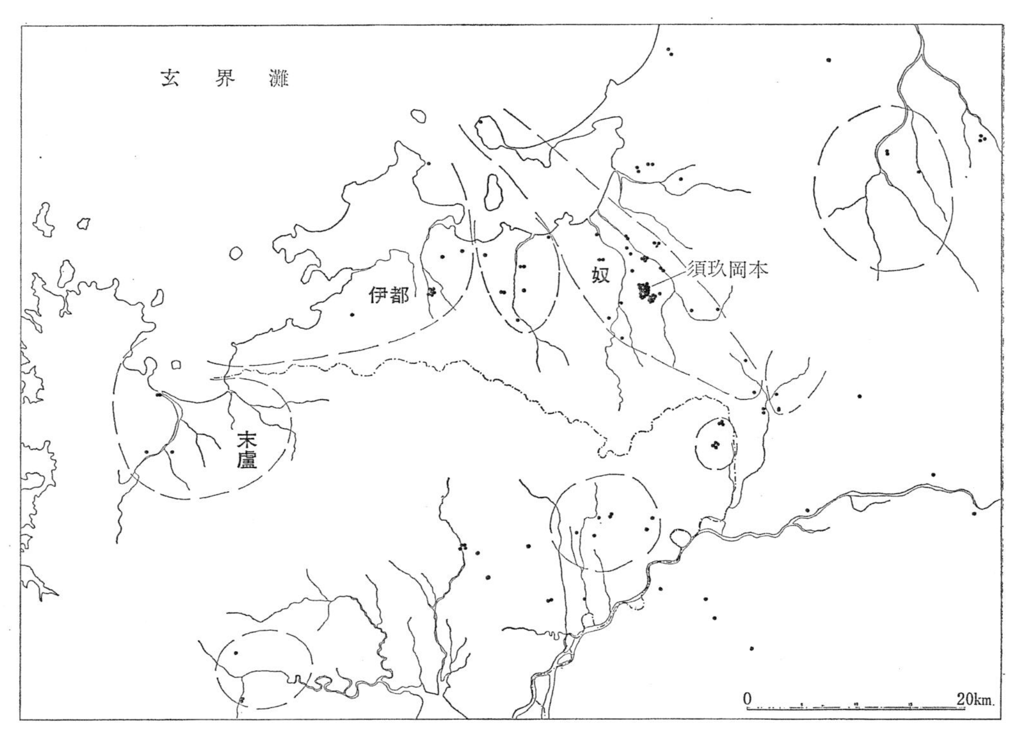

図 2　鋳型および国産青銅器の出土分布

の鋳型などから提出されて青銅器研究の大勢を占めつつあるといえよう[7]。筆者は中期後半には青銅器のほとんどが確実に国内生産されており，それがどこまで遡るかについては，その出土状態・伴出土器・鋳型の石材などについていまなお慎重に検討すべき課題と考えている。しかし銅剣・銅矛などが中期前半に遡って生産されているとしたらそれは頻繁な戦闘に触発された実戦用の武器として要求されたものと考える。

稲作開始期には後背湿地の形成という自然条件にも恵まれていた。その後背湿地は唐津平野，糸島平野・福岡平野というような大きな規模で形成されたものでなく，唐津市菜畑（なばたけ）の所在する唐津市街南部の旧砂丘の後背地，宇木汲田（うきくんでん）の所在する鏡山西麓から徳武までの旧砂丘の後背地などのさらに小規模な単位で形成され[8]，それを背景として稲作開始期の遺跡は営まれた。これを西側からみていくと五反田支石墓のある玉島川流域，縄文晩期の広田遺跡のある福吉川流域，曲り田遺跡のある深江・一貴山地区，長野宮前支石墓のある長野川流域，三雲遺跡のある怡土地区，有田遺跡・十郎川遺跡などのある早良平野，福岡地区でも那珂川・御笠川の形成する小平野という単位であった。そして基本的にはこの水系単位で稲作開始後から前期末の間に地縁的結合のまとまりすなわち農業共同体がつくられていった。したがって副葬品をもった墳墓の分布はほぼこの単位に一致すると考えるが，現状では発掘調査の多寡によるものと思われるがそのような単位と思われるところで出土していない場合もあることはいうまでもない。これらが近隣集団と熾烈な闘いをくりかえしながら，強力な集団が末盧・伊都・奴国という地域を統合し盟主的地位を勝ちとるものと考えられる。それが時期的には中期後半，遺跡としては三雲・須玖岡本・立岩堀田などであったといえる。

青銅器の国内生産は鋳型の出土によって確実となり，鋳型の出土地は青銅器の生産地を示していることはまちがいなかろう。以上を前提として北部九州における鋳型の出土分布をみると60余例のうち6割強が奴国の領域内よりの出土であり，またその半数以上が須玖岡本の周辺からの出土である。須玖岡本周辺においては剣・矛・戈・鋤先・小銅鐸・鐸・鏡など器種に富んだ青銅器の鋳型・中子が出土し工房も調査されている。ガラス勾玉などの鋳型，鉄器生産の工房などあわせ考えると弥生時代中期～後期にかけて青銅器・鉄器・ガラス器生産の一大中心地であったことがうかがえる。

奴国の領域内においては他に板付，五十川，那珂八幡などが青銅器生産地としてあげられる。これに対して唐津・糸島地方においては鋳型の出土はまだ1・2例ずつと貧弱であり，奴国とは様相を異にしている。奴国の他で鋳型を比較的に出土している地域は福岡市早良地区および多々良川下流域，古賀町などの粕屋地方，佐賀県鳥栖市安永田周辺，佐賀県姉遺跡・詫田西分・吉野ケ里・西不動などの田手川流域，佐賀県惣座遺跡のある大和町付近があげられる。これらの地域は唐津・糸島地方をのぞき副葬品をもつ墳墓の分布とほぼ一致するといってよい。唐津・糸島地方で今後の調査によって鋳型の出土例が増すかもしれない（実際に二丈町石崎曲り田周辺では1988年度の調査において広形銅矛の鋳型が出土した）が，それによっても春日市須玖岡本を中心とする奴国に青銅器生産の一大拠点があり，福岡市早良地区，多々良川下流域，佐賀県鳥栖市安永田，佐賀県吉野ケ里遺跡を中心とする地域に比較的多く鋳型が出土するという分布の大勢には変化はないものと考えられる。

国産青銅器の分布は鋳型の分布と重複し，また副葬品をもつ墳墓の分布ともほぼ共通する。国産青銅器の出土は中期後半頃から始まり，その大部分は後期に属している。したがってこの段階における地域的まとまりは玄界灘沿岸部ではすでに末盧・伊都・奴国すなわち唐津・糸島・福岡地方というべき領域をもつことは先に述べたところである。国産青銅器は現状での分布をみると，唐津地方では中細銅矛・銅釧・巴形銅器といった中期後半～後期初頭の甕棺内出土品が中心で，中広・広形の武器形青銅器の出土は1例しか知られていない。糸島地方においても中広・広形の武器形青銅器の出土は唐泊海底をのぞいては出土例はないが，唐津市柏崎大深田で広形銅矛，福岡県前原町三雲で広形の銅矛・銅戈，二丈町石崎で広形銅矛の鋳型が出土しており，いずれこの地方でも製品が出土するものと思われる。

しかしながら以上の状況から青銅器生産の拠点が須玖岡本を中心とした奴国にあり，そこから製品が各地へ流通したといえよう。たとえば中広・広形の銅矛をみると壱岐・対馬へもたらされ，とくに対馬における広形銅矛の分布は奴国との強い関係を示すものかとも思われる。さらに中広銅矛・銅戈にいたっては一部朝鮮南部にまでもたらされている。北部九州と朝鮮との交易関係を示すものであるが，これには対馬が大きく関わっていたといえよう。

中細の銅剣・銅矛・銅戈はこれまでの分布を越えて東九州・瀬戸内・山陰へも流入していき，また瀬戸内で銅剣は平形銅剣へと独自の発展をとげている。これには多々良川下流域の福岡市東区八田の中広銅剣の鋳型で作られたものと同じタイプが，たとえば遠賀郡岡垣町で出土しているように東へと流通し，これを祖形として平形銅剣へと型式変化したと岩永省三氏は説明している[9]。

3 おわりに

首長を擁した地域的まとまりすなわち農業共同体は前期末に成立した。それは水系毎の小平野を単位とした小規模なもので，それが熾烈な闘いを経て統合され末盧・伊都・奴国で示されるような規模へと発展し，盟主的首長が出現したのが中期後半であった。

青銅器はこの過程で実戦用の武器として用いられはしたが，直接「クニ」の成立にとって大きく関与したとはいい難い。しかし首長層が成立した後，彼らはその大きな経済力によって舶来の金属製武器を独占し，国内における製作もかなり早い時点で開始された。鉄製武器が普及するに至って青銅器は祭器へと変っていったが，その生産と流通の一大拠点は奴国にあり，奴国の力が強大であったことをしのばせる。

註

1) 橋口達也「聚落立地の変遷と土地開発」『東アジアの考古と歴史』中，1987
2) 小郡市教育委員会『横隈狐塚遺跡』Ⅱ―下巻，1985
3) 筑紫野市教育委員会による1988年度の調査による
4) 福岡県教育委員会『合の原遺跡』1986
5) 池田次郎「異説弥生人考」季刊人類学，12―1，1981
6) 橋口達也・折尾　学「小児骨に伴ったゴホウラ製貝輪―福岡市金隈出土146号甕棺の調査―」九州考古学，47，1973
7) 小田富士雄「銅剣・銅矛国産開始期の再検討―近年発見の鋳型資料を中心にして―」古文化談叢，15，1985
岩永省三「青銅利器と銅鐸の鋳型」『弥生時代の青銅器とその共伴関係―埋蔵文化財研究会第20回研究集会の記録―』古文化談叢，17，1987
柳田康雄「北部九州の国産青銅器と共伴資料」古文化談叢，17，1987ほか
8) 井関弘太郎「末盧の地形と地質」『末盧国』1982
9) 岩永省三「銅剣研究の現状と課題」島根考古学会誌，2，1985

青銅器埋納の意義

——神庭荒神谷遺跡の理解をめぐって——

橿原考古学研究所
■寺沢　薫
（てらさわ・かおる）

358 本もの銅剣埋納は観念的には山陰大社会の総意として出雲大共同体の手で行なわれたが，それは各大共同体の共有として存在した

島根県簸川郡斐川町神庭荒神谷遺跡（以下「荒神谷」と略称）における 1984 年 7 月の 358 本の銅剣一括大量埋納に続く，翌1985年 7 月の銅鐸 6 個と銅矛16本の一括埋納は，これまでに知られる全国の銅剣出土総数約 300 本を上回るだけでなく，圏外とされた地域から新たに銅矛がまとまってしかも銅鐸と共存して埋納されていた点で，従来の青銅器分布図を一挙に塗りかえることとなった。それだけではない。この例のない大量埋納は，青銅器埋納の意味を根底から考えさせることとなったのである。そして，ここに与えられた課題も，まさにこの荒神谷の埋納をいかに解釈するかによって青銅器埋納の意義を述べようとするものである。

かつて，私は酒井龍一や春成秀爾らの見解[1]に導かれながら，弥生時代青銅器埋納の基本的一般原理は穀霊（稲魂）の呪縛と加護を原点とし，青銅祭器の所有主体たる各小共同体の有事の際の危険回避，邪気払拭，共同体の安泰といった観念の共同性の祭祀的表現にあり，その巨大化や多数埋納こそはさらに共同体や地域を越えての他集団，他地域に対する心的共同防衛観念たる「呪禁」にあると考えた[2]。

しかし，事態はそれほど単純ではない。たとえ青銅祭器の多数埋納を後者のように考えることができたとしてもそれは従来の最高で銅鐸24個，銅矛の場合48本という埋納数なのであり，前稿においても，こと荒神谷の大量埋納に関してはその意味を保留せざるを得なかったのである。しかも青銅器群の整理が進行中の現在，限られた情報のみでいたずらに解釈を氾濫させることは厳に戒めねばならない。しかし，正直「わからない」ではなく，一方で荒神谷の知見を整理し，その資料的環境を考古学的に準備しておくことも必要であろう。それが荒神谷の埋納の史的意義の解釈に及ぶ余地があれば，向後の青銅祭器の所有・埋納論にとっても無意味な試みではなかろう。

1　荒神谷遺跡の再検討

そこで，まず必要な事実を概報をもとに整理・検討することから始めよう[3]。

（1）　埋納坑と埋納の方法

銅剣埋納坑については次の諸点が判明している。①斜面に上下二段の加工段を作りだし，下段中央に長さ 2.6m，幅 1.5m，奥壁高 0.4m の隅円長方形の埋納坑を設ける。②坑底に淡褐色粘土を貼り，平坦に整える。③埋納坑奥壁から谷にむかって 358 本の銅剣を 4 列に並置し，西よりA列（34本），B列（111本），C列（120本），D列（93本）を数えるが，B・C・D列はそれぞれ中央付近で鋒と茎端面のズレが生じており，さらに40〜60本ずつの 7 群に分割され，それぞれ紐などで一括されていた可能性が考えられている。④銅剣はいずれも刃を立てるように重ね，A列は鋒を交互に，B列は南端 4 本を西向きにし，他は交互に，C・D 列はすべて鋒を東向きとしていた。⑤銅剣直上に黒褐色有機質土が 0.5cm の厚さでほぼ一面に存在したので，布などの有機物で覆っていた公算が強い。その上をさらに地山の風化礫を多量に含む黄白色粘質土で被覆し，さらにまた黄褐色粘質土で加工段を旧状に復していた。⑥上段テラスの 3 つのピットと下段テラス下方のピットは埋納遺構部への覆屋のごとき構築物の存在を予測させる[4]。

一方，銅鐸・銅矛埋納坑では次の点が重要である。①斜面地山を段状に掘削し，長さ 2.1m，幅 1.5m，深壁高 0.6〜0.7m の不整隅円長方形の埋納坑を設定する。②斜面谷側へ淡黄色粘質土を置き，坑底を拡張し平坦化する。③銅矛16本を刃をたてるようにして鋒を交互にして東側に重ね，西側に銅鐸 6 個を 3 個ずつが鈕を接するようにして並置する。しかし，銅矛群はとくに坑をコ字状にして埋納されており，二者の差違が意識されていたらしい。④銅鐸・銅矛上には直接明黄色粘質土が被覆され，さらに別の土を盛ってマウンド状と

していた。⑤埋納坑に伴って５つの小ピットが検出された。P1･2 のみが盛土上面から検出されたとされるが，いずれも灰黒色の同一土壌が充塡しており，本来マウンド上に露呈した柱痕と考えてよかろう。いずれも掘り方は鉛直でなく谷方向に斜めに穿たれている。

以上，埋納坑の設置工法や二者が約７m 離れたほぼ同一標高に坑底レベルを等しくして設置される点で類似するが，銅剣埋納坑では粘質土を敷き，布を覆い，旧状に復した上で覆屋を設けるというように埋納じたいが入念で，埋納後も保管的様相を呈している。後世の焚火痕跡もこうした性格と無関係でないかもしれない。一方，銅鐸・銅矛の埋納坑はその造作のあり方から斜面に埋納する行為そのものに本来的意味があるようにみえる。谷にむかって斜立する柱（杭か）も後述するように本坑の性格を如実に物語る遺構と考える。

（2） 銅 剣

さて，358 本の銅剣のほとんどは未整理だが全長はいずれも 50cm 強で，刳方の位置・長さに多少のバラツキはあるもののその他各部位の計測値はきわめて近似するようである。その銹化や保存状況も類似しており，岩永省三の中細形ｃ類に包括される[5]。

ところで，岩永による中細ａから平形に至る型式変化は明瞭かつ合理的であるが，中細ｃの段階で全長約 50cm とすでに長大化の域に達していることは留意すべきであろう。また，中細銅剣がきわめて漸進的な型式変化をとげるのに対し，中細ｃと中広銅剣とでは鋒の幅や断面形，匙状樋の有無，刳方部上端の突起や付刃の有無などその型式差が大きいことから，はたして単一の型式組列上にあるかは疑問であり，中細ｂ以降，中細ｃと中広銅剣がそれぞれ別の大きな型式的飛躍を生じた可能性が考えられる。従来の中細ｃ銅剣の分布をみても，７遺跡中４遺跡，17例中12例が山陰地方に分布し，残る高知・新荘波介を除くすべても山陰へのルート上にのる周辺地域であることからこれを山陰地方に分布主体をもつ銅剣とみなすことは許されるであろう。荒神谷での大量一括出土はまさに決定的資料ともいえよう。また，岩永の指摘するように，中広銅剣が北部九州の中細ｂを母胎として東方波及化の過程で成立し，さらに平形銅剣へと発展したのであれば[5]，中細ｂ銅剣以降，銅剣の組列はこの瀬戸内系と山陰系ともいうべき二系列に分枝して考えることが合理的であろう。この点からすれば，中細ｃ銅剣は技術的にも型式的にも北部九州の銅剣製作系譜下に，山陰（出雲か）で新たに製作された公算が最も高いと言わざるをえないであろう[6]。

その成立時期は，兵庫・田能遺跡と佐賀・姉遺跡の中細ａ銅剣鋳型が共に第Ⅲ様式期であることや香川・瓦谷遺跡での中細ｃと平形Ⅰ銅剣の共伴例（Ⅳ様式後半～Ｖ様式前半か）から推して第Ⅳ様式前半頃と考えるべきであろう[7]。そして，瀬戸内系銅剣が中広→平形Ⅰ・Ⅱと型式変化を遂げながらも，一方で中細ｃがその後さしたる型式変化を遂げなかった理由はまさに荒神谷の一括大量埋納という事態が直接反映していると思うのである。

（3） 銅 鐸

佐原分類[8]の菱環鈕式鐸１個（５号）と外縁付鈕式鐸５個が埋納されている。菱環鈕式鐸は現在６例が知られているが，小形で古相のⅠ式は５号鐸を含め３例である。荒神谷５号鐸は兵庫・中川原鐸同様横帯文を施すが，鐸身上半の３段の横帯の存在や鐸身のプロポーションでは東博 35509 号鐸と類似する。また，鈕高の鐸高に対する比率は５号鐸→東博鐸→中川原鐸と大きくなり，鈕の厚さは東博鐸→５号鐸→中川原鐸と薄くなること，中川原鐸では鰭が鈕から明瞭にたどれることなどから前二者はより古い様相を備えていることが考えられる。そして，東博鐸の鐸身には縦帯が入り，片面はまさに四区袈裟襷文を指向し始めていることは，小形の外縁付鈕Ⅰ式四区袈裟襷文鐸の中に菱環鈕Ⅰ式鐸の段階に遡る銅鐸（私のいうⅠ期）[2]の存在を予測させる。

こうした目で残る５鐸をみると，1･2 号のように明確に四区になっていなかったり，縦帯の交叉が不規則であったり，四区袈裟襷文成立への錯綜のあとをうかがわせる。とくに１号鐸は，肩に素文部を残し，裾部にはそれがなく斜格子一帯で終る特異な四区袈裟襷文例で，区画内には重弧文と斜格子で飾る連続菱形文を施し，鰭と外縁は組紐風の複合鋸歯文で飾っている。いずれも邪視文系横帯文銅鐸に親縁性を持つことは指摘されるとおりであり[9]，この型式の鋳型を出土する北部九州との関係は無視できない。また，５号鐸の横帯部分の突出も，福岡・大谷遺跡出土鋳型の裾突帯と関係するとの指摘もあるが[10]，その出自を北部九州，近畿のいずれに求めるかは予断を許さない。

いずれにせよ5号鐸の製作（入手）後程なく残る5鐸は順次この出雲の地で生産されたと考えるべきであろう。

その製作時期は，福岡・大谷鋳型や佐賀・詫田西分遺跡など最古の銅鐸形土製品が須玖Ⅰ式に伴うことなどから第Ⅲ様式期あるいは微妙に先行する時期と考えられよう[11]。

（4） 銅　矛

16本の銅矛は全長，鋒部の幅・膨み・断面形，匙面状樋の有無と断面形，節帯の形成法や幅，耳の断面形などから型式変化としてⅠ類（1・2号）→Ⅱ類（3・14号）→Ⅲ類（8・12号）→Ⅳ類（4〜7・9〜11・13・15・16号）に細分しうると考えるが，Ⅰ類は岩永の中細形b類に，Ⅱ〜Ⅳ類は中広形に相当する[5]。すでに指摘されているように，銅矛の鋳型が現在北部九州に限られることや，Ⅳ類に含まれる矢羽根状の研ぎ分け銅矛の類例から，これらが北部九州で製作され将来されたことは疑いない。そして，Ⅰ→Ⅳ類の変化がきわめて漸進的であることからすれば，北部九州で順次製作されストックされていた一群の銅矛が最も新しいⅣ類製作後程なく一括して出雲にもたらされたと考えるべきであろう。

その入手年代は，中細bが佐賀・久里大牟田遺跡の須玖Ⅱ式期に副葬されていることから考えて第Ⅳ様式前半には確実に製作が開始されているとはいえ，佐賀・安永田遺跡の中広形銅矛鋳型の製作時期（第Ⅳ様式後半）以降と考えるべきであろう。

（5） 埋納の年代

型式が示す製作の編年観が必ずしも入手や使用の年代を示すものでないことは荒神谷においても例外ではない[12]。すでに明らかにしたように，荒神谷の銅鐸群は第Ⅲ様式期に，銅剣群は第Ⅳ様式（おそらく後半）期に，銅矛群は第Ⅳ様式後半に入手と使用の上限があった。

ところで，銅鐸と銅矛は一括埋納されている以上，その埋納年代を最も新しい中広銅矛の示す第Ⅳ様式後半以降とせざるを得ない。じっさい中広銅矛は長崎・ガヤノキ遺跡E地点の特殊埋納坑で高三潴（古）式の土器との共伴例があり，香川・瓦谷遺跡では中細c銅矛や中細bおよびc銅剣，平形Ⅰ銅剣との第Ⅳ様式末と考えうる共伴例があり，さらに広形銅矛との共伴例も8遺跡例あるから，一部は第Ⅴ様式前半（後期初頭）まで使用されたことは大過ない。中細c銅剣も瓦谷遺跡の平形Ⅰ銅剣共伴例をはじめ，島根・志谷奥遺跡での外縁付鈕式および扁平鈕式との共伴例があり[13]，一方で香川・西ノ谷遺跡での中形扁平鈕式鐸と平形Ⅱa銅剣との共伴例，また香川・安田遺跡の平形c銅剣と中形扁平鈕式鐸との共伴例などから勘案して，第Ⅳ様式末までの使用は確実であったと考えるべきである。

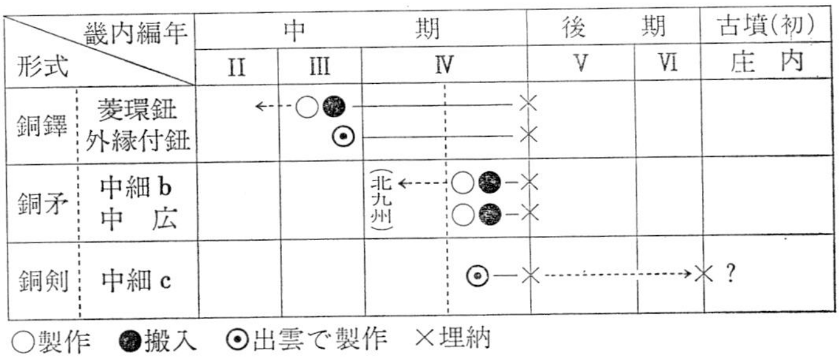

形式＼畿内編年		中期 Ⅱ	中期 Ⅲ	中期 Ⅳ	後期 Ⅴ	後期 Ⅵ	古墳(初) 庄内
銅鐸	菱環鈕	←	○●	——×			
	外縁付鈕		⊙	——×			
銅矛	中細b			(北九州)←○●—×			
	中　広			○●—×			
銅剣	中細c			⊙—×	------	---→×？	

○製作　●搬入　⊙出雲で製作　×埋納

図1　荒神谷青銅器の埋納までの経過予想概念図

このように考えると，銅剣の埋納も銅鐸・銅矛の埋納も共に中期末（第Ⅳ様式後半）以降と考えるべきであり，荒神谷において後期の青銅祭器（突線鈕Ⅱ式鐸以降・広形銅矛）が伴出しないだけでなく，近畿式銅鐸が山陰地方に全く認められないことも中期末の埋納（青銅のマツリの終焉）を示唆する。二者は仮に埋納の前後関係があったとしても，さしたる時間差なく中期末に埋納を完了したとみることが遺構論からの合理的な解釈でもあろう。しかし，逆に剣形祭器は後期には原則として製作を終えていたと考えるので，中細c銅剣が出雲において何らかの事情で某所にそのまま保管され，埋納が後期末に下る可能性も全く否定はできない。島根・隠岐竹田遺跡出土の中細bまたはc銅剣が九重式（後期後半）の土器を共伴していることや銅剣埋納坑上の焼土の熱ルミネッセンス年代が該当年代（A.D 250±80）を示していることもおおいに気になる。今は二つの可能性から史的意義をも模索すべきであろう。

2　山陰弥生社会と青銅器の埋納

ところで次に，荒神谷青銅器群の所有主体者を考えるために山陰地方における共同体の地域的重層性と青銅器の保有状況を概観しておく。紙幅の関係で仔細は大幅に省略せざるを得ないが，従来私が試みた遺跡群把握の方法[14]によってこれを概

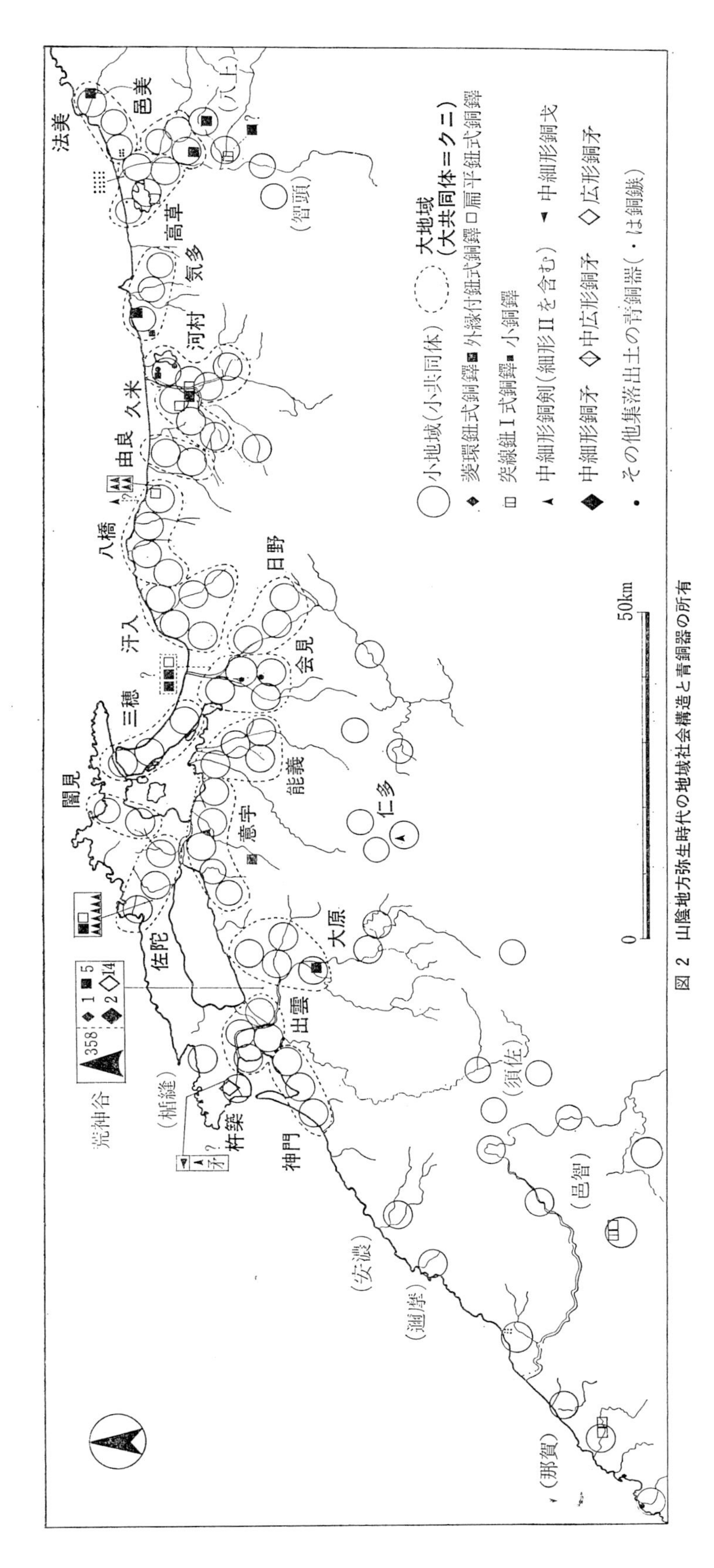

図2 山陰地方弥生時代の地域社会構造と青銅器の所有

念的に表現したのが図2である。以下，主な大地域についてごく簡単に概説する。

出雲 古代神門水海の東岸，斐伊川旧下流に展開する大共同体で，3つの小共同体で形成されると考える。出雲平野の中枢をなすもので，矢野遺跡や天神遺跡は拠点的母集落であり，矢野遺跡では青銅器鋳造の可能性がある[15)]。また，西谷3号墓は45×31mの巨大な墳丘をもつ四隅突出墓で，吉備型特殊器台・壷が搬入，樹立されるが，的場式期（庄内古式併行）に下るものであり，特定家族墓B[16)]の域は出ることはない。

神門 神門水海の南岸に展開する大共同体で3つの小共同体を認める。知井宮多聞院遺跡などが拠点的母集落の可能性があるが，青銅器の保有を含め詳細は明らかでない。

杵築 現在は1小共同体を認めるのみだが出雲大共同体とは別の日本海に西向した大社の小平野の大共同体とみるべきで，原山遺跡は前期前半以来北部九州との類縁性をもつ拠点的母集落であり，青銅器鋳造の可能性がある[17)]。出雲大社摂社命主神社境内の大石下から硬玉製勾玉とともに出土した九州型の中細b銅戈や伝中細c銅剣1，伝矛(?)2のほか，伝出雲大社出土の広形銅矛がある。

なお，出雲平野北方海岸部には猪目遺跡を拠点とする<楯縫小共同体>があり，出土人骨がゴホウラ製貝輪を装着している点でも北部九州との関係が指摘される。以西では大共同体の形成は覚つかないが<那賀大地域>の各小共同体では波来浜遺跡で銅鏃計6本の副葬資料があり，上府町城山では扁平鈕式鐸2個の複数埋納例が，周布川河原では小形仿製鏡の採集がある。また，<邑智大地域>の石見町中野仮屋では突線鈕Ⅰ式鐸と扁平鈕式鐸の複数埋納が知られ，後期前半の順庵原1号四隅突出墓が存在する。

大原　斐伊川中流域をしめる大共同体で4小共同体を復元する。弥生時代の集落内容はほとんど判明していないが，伝木次町出土外縁付鈕Ⅰ式鐸があり，布留1式併行期になって前期古墳である神原神社古墳と松本1号墳がそれぞれの小地域内に出現する。なお，斐伊川上流の〈仁多大共同体〉の山間部の一小共同体では横田八幡宮出土の中細c銅剣が知られる。

佐陀　宍道湖北辺の大共同体で各小河川ごとに展開する小共同体3を確認する。古浦遺跡，佐太前遺跡，西川津・タテチョウ遺跡がそれぞれの拠点的母集落と考えられ，前二者の佐陀川分水嶺付近の志谷奥遺跡では外縁付鈕Ⅰ式鐸，扁平鈕式鐸，中細c銅剣6本の埋納が知られ，佐陀大共同体の集積埋納坑の可能性があろう。タテチョウ遺跡では銅鐸舌らしき石製品の出土がある。

意宇　宍道湖東南辺をしめる大共同体でやはり小河川ごとに5小共同体を認める。欠田遺跡，石台遺跡，布田遺跡などが拠点的母集落であろう。青銅器は意宇川流域小共同体に集中し，㈲竹矢出土の細形Ⅱb銅剣と上流の熊野神社蔵外縁付鈕Ⅰ式鐸がある。一方，忌部川流域小共同体の友田遺跡では中期後半の貼石墓を含む方形墓群が形成されるが，主体部数や土壙墓群を伴うことから特定家族墓Aの域を出るものでない。

能義　飯梨川・伯太川平野の大共同体で4小共同体を想定する。拠点集落を明確にしがたい。荒島丘陵上には仲仙寺古墳群，安養寺古墳群など的場式期以降の四隅突出墓が集中するが特定家族墓Bの域を出ない。

会見　日野川の支流法勝寺川流域に展開する4小共同体からなる大地域で，目久美遺跡，青木遺跡は拠点的母集落。青木遺跡では後期後半の住居跡から四乳鳥文鏡が，上流の別小共同体の土居敷遺跡では青木Ⅱ式期の土坑から円環型銅釧が出土している。埋納青銅器は明確ではないが，米子市出土とされる扁平鈕式鐸を含む3鐸があり，うち1個が辰馬考古資料館蔵の邪視文系外縁付鈕Ⅰ式鐸であるとの説もある。

汗入　大山の西北麓の大共同体で5小共同体で構成されると考えるが，各規模は小さいようでさらに水系ごとの大地域に分割すべきかもしれない。淀江平野の3小共同体が中心で，晩田遺跡，大道原遺跡，馬郡遺跡が拠点的母集落である。

八橋　大山北麓の4小共同体よりなる大共同体で，東縁境界線である東伯町八橋竜湾では扁平鈕式鐸の，イヅチ頭では中細c銅剣4本の埋納が知られるほか，東伯郡内出土とされる中細c銅剣1がある。

久米　天神川左岸の3小共同体を包括する大共同体で北条町米里蔵合屋で扁平鈕式鐸の埋納がある。最上流の後中尾遺跡は環濠をもつ拠点的母集落で，近隣の阿弥大寺遺跡は後期前半の四隅突出墓をもつ特定家族墓Aである。

河村　天神川右岸の3小共同体を包括する。下流の小共同体は長瀬高浜遺跡を拠点とし，小銅鐸と円環型銅釧を出土するほか，長江では漢式三翼鏃が採集されるなど青銅器が集中する。また久米との境界，小鴨川合流付近の小田山樋ノ口では外縁付鈕式鐸と扁平鈕式鐸の埋納がある。

気多　3小共同体からなる大共同体と考えられるが集落の実体は明らかでない。東郷町北福北山では小銅鐸が，小浜池ノ谷では銅舌2を内蔵した外縁付鈕式鐸が単独埋納されている。共にのちの因幡と伯耆の境界にあたる小地域内である。

高草　千代川下流左岸から湖山潟に展開する4小共同体による大共同体を想定する。岩吉遺跡，布勢遺跡，青島遺跡などの拠点集落があり，高住宮ノ谷では扁平鈕式鐸の単独埋納がある。各小共同体で銅鏃の出土が認められ，狐塚遺跡では15本もの集中出土例がある。また，四隅突出墓最大の一辺64mの墳丘をもつとされる西桂見墳墓が形成されるが，青木Ⅲ（古）〜Ⅳ式期（庄内古式）に下るものである。

邑美　千代川中流右岸の3小共同体で構成されると考えられる大共同体で，越路丸山では外縁付鈕Ⅱ式鐸の単独埋納がある。四隅突出の糸谷1号墓は青木Ⅴ・Ⅵ式期に下る。

また，千代川支流八東川流域の＜八上大地域＞には2小共同体が分立するようだが，それぞれ推定突線鈕式鐸（船岡町破岩），外縁付鈕Ⅱ式鐸（郡家町下坂東梶平）を埋納するが，前者には外縁付鈕Ⅱ式鐸の出土も伝承される。

法美　日本海に面した3小共同体よりなる大共同体で直浪遺跡は拠点的母集落である。大地域東縁の但馬との境界に面して新井上屋敷の外縁付鈕Ⅱ式鐸があり，高草に近い千代川に面した浜坂追後遺跡では銅鏃が6点以上採集されている。

以上みてきたような群把握によって，山陰地方の弥生社会はいくつかの小共同体を統合した大共同体（＝クニ）と地形的にも隔離された他のいくつかの独立小共同体群によって構成されることが明らかである。また，青銅器の保有状況や母集落規模，四隅突出墓などに代表される特定家族墓の崩出状況からそのうちでも政治的・社会的に優位な出雲，杵築，佐陀，意宇，能義，会見，八橋，久米，河村，高草，邑美の大共同体の存在が指摘できるであろう。さらにこれらの優位な大共同体を核とする周囲の大小共同体の内容を検討すると，杵築→出雲を中枢とする島根半島西部の，佐陀・意宇→能義を中枢とする島根半島東部，会見を中枢とする日野川流域，久米・河村を中枢とする天神川流域，高草を中枢とする千代川流域の大地域結合体（国）の存在が予測しうる。しかし，それは特定大共同体の階級的優位性に導かれた政治的統一体とは無縁の集合体であり，この「国」の権力構造は有力大共同体間の並存あるいはきわめて流動的なものであったと判断しうるのである。したがって，山陰地方においては弥生時代を通じて大共同体を越える階級関係の成長は緩慢であり，わずかに出雲の西谷墳墓群，高草の西桂見墳墓といった大規模で傑出した特定家族墓Ｂの出現にみられるような的場式期以降の島根半島西部と千代川流域の「国」にその醸成をみるに留まる[18]。このことは，古墳時代になってさえ山陰地方の布留１式段階の前期古墳がさきの優位的な大共同体はもちろんのこと，新たに大原にも松本１号墳，神原神社古墳などを形成しつつも，「国」を越えた突出した古墳が存在しないことからも明らかであろう。

一方，多くの中期後半に相当する銅鐸や銅剣の単数埋納ないしは二個一対埋納例はその出土分布からみて各小共同体の所有のもとに中期的な青銅のマツリに給されていたと考えるべきであり[19]，この傾向は他地域の埋納青銅器の所有原則と異なることはない[2]。ところで，志谷奥の銅鐸２と銅剣６は佐陀の３小共同体の，イヅチ頭の銅剣４は八橋の４小共同体の総体であった可能性があり，それぞれ小共同体境界と大共同体境界に埋納されていることは興味深い。そして，ここで改めて荒神谷の青銅器群もまた出雲と大原の境界の出雲側に埋納されていることを知るのである。以上から，荒神谷青銅器群の埋納行為主体は出雲大共同体または彼らを盟主とする島根半島西部の「国」であったと考えるべきであろう。

3　青銅器の多数埋納と荒神谷

（1）　埋納の意味

そこで，青銅器埋納の意味について従来考えられてきた説には，①土中保管説，②隠匿説，③廃棄説，④呪術・祭祀説があるが，①②が再度埋納物を回収することを前提にしているのに対して，③④は永久に埋納しておくことを前提とする点で差があり，また埋納行為を共同体の日常性に求めるか（①），緊急・突発性に求めるか（②・③）の違いもある。④についてはその相方の理解が存在しよう。

佐原眞は，緊急・突発的誘因であれば，各地で類似した青銅器の埋納方法がとられるてんが不自然であるとして，唯一日常性のなかで理解できる①説を強調し[20]，地的宗儀との関わりから[21]この説に従う研究者は少なくない。この佐原案は確かに②③を普遍化しようとする説への批判としては有効だが，④への批判とはなりえない。一定の埋納法そのものが呪術的・祭祀的意味をもつであろうからである。①についても，1）予想される年毎（あるいは数度）のマツリのたびの土中保管の際の埋納坑の重複や，その周囲で類似坑が検出された例がない。2）知られる限りでの埋納例では粘土または地山精選土で青銅器を被覆した状況が看取され，密閉したの感がある。3）埋納方法が，青銅のマツリで視覚的にも音響的にも重要な役割をはたすべき青銅祭器の銹化を無視している。4）類例として常に掲げられる銅鼓の土中・水中保管は後世の中国南部あるいは東南アジア少数民族の用例であって古代では本来墓への副葬品であった，などの点で従えない。

要するに，私は弥生時代青銅祭器の埋納は原則として回収を前提としない埋納であり，すでに述べたように，中期段階の青銅のマツリが小共同体単位で行なわれ，日常的には拠点的な母集落の祠または水田の傍で管理・保管されていた公算が強いことから，その埋納は共同体の豊穫と安泰を脅す戦争，大災害などのここぞという有事に対して，邪魅山精を払い退けるために行なった禁術的祭祀行為であったと考えるのである[2]。

後期になって，このマツリの内容は青銅祭器の所有主体が各小共同体から大共同体（クニ）規模へと移行するに応じて，青銅祭器じたいもマツリを演出し共同体成員の身辺でより日常的にその安泰を願う呪器から，常に祠（神庫）にあって神と崇め奉つられる巨大な神器へと変化を余儀なくされるが，じつは中期後半段階にあっても大共同体あるいはそれを越える地域社会全体の観念的邪気・悪霊・敵に対しては複数（器種）多数埋納という青銅祭器の集積をもってこの呪禁能力の増幅を達成している。青銅祭器の複数埋納例をみると，2個例がきわめて多いのは対をなして使用された可能性があるとして，以下，数量が増すにつれて埋納例は減じている（図3）。このことは遺跡個々の数量が必ずしも共同体の大きさに対応するものではなかろうが，それが大共同体規模から地域統合体規模を反映するものと考えてよいであろう。それだけではない。広形銅矛段階のトータルとしての多数埋納の集中する対馬，伊予・土佐などの埋納，あるいは銅鐸では数的分布上顕著な数量を示す兵庫・桜ヶ丘遺跡や滋賀・大岩山遺跡例，近畿式銅鐸段階での紀伊でのトータルな集中はさらに北部九州と畿内という広域な観念世界の境界呪禁であったと思うのである[22]。

（2） 荒神谷大量埋納の意義

改めて荒神谷の銅鐸・銅矛埋納坑をみた場合，その埋納諸状況からみても，例外なく土中保管の成りたち難いことが判断される。そして，谷に空を突いてまさに逆茂木を思わせるように敵対的に立つ柱（杭）遺構，さらには銅鐸5個と銅矛16本という数を他の複数埋納例と比較した場合，それはちょうど出雲を中枢とする島根半島西部の「国」規模の呪禁を想定するに足るものなのである。

ところが，銅剣の大量埋納坑はその数量だけからしてももはや以上の観点からは理解できぬ要素をもっており，別の解釈が必要であろう。それは，358本もの銅剣の同一型式性や埋納の入念さからして「隠匿」を考えることが最も合理的であろう。銅剣と銅鐸・銅矛の埋納がほぼ同時期であった場合，二者を恣意的に分離して埋納した最大の理由はこの性格の差にあったと思うのである。358本の銅剣は本来，島根半島西部（おそらく出雲大共同体）の某所の神庫に保管されていたものが有事に際して銅鐸・銅矛埋納坑の横に安置されたのであろう。あるいは隠匿に際してこの銅剣群にも本来の青銅製祭器の機能たる呪禁の意を二義的に託したかもしれない。

さらに言うならば，志谷奥例をはじめとする他の中細c銅剣もすでにこの神庫からの配布を終えた一部であったかとも思うのである。しかし，銅鐸・銅矛の所有主体が埋納主体たる出雲大共同体を優位とする島根半島西部の「国」であることは問題ないとしても，銅剣の所有主体をもそこに求めることは先に想定した地域権力構造からみて無理があろう。358本もの中細c銅剣はその数からみて，本来あるべき扁平鈕式鐸とか中広銅矛とかの分布や総数に対置しうるものなのであって，その分布からすれば少なくとも山陰地方全体を射程においた祭祀の領域背景を想定すべきなのであろう。したがって，その製作と管理がたとえ出雲大

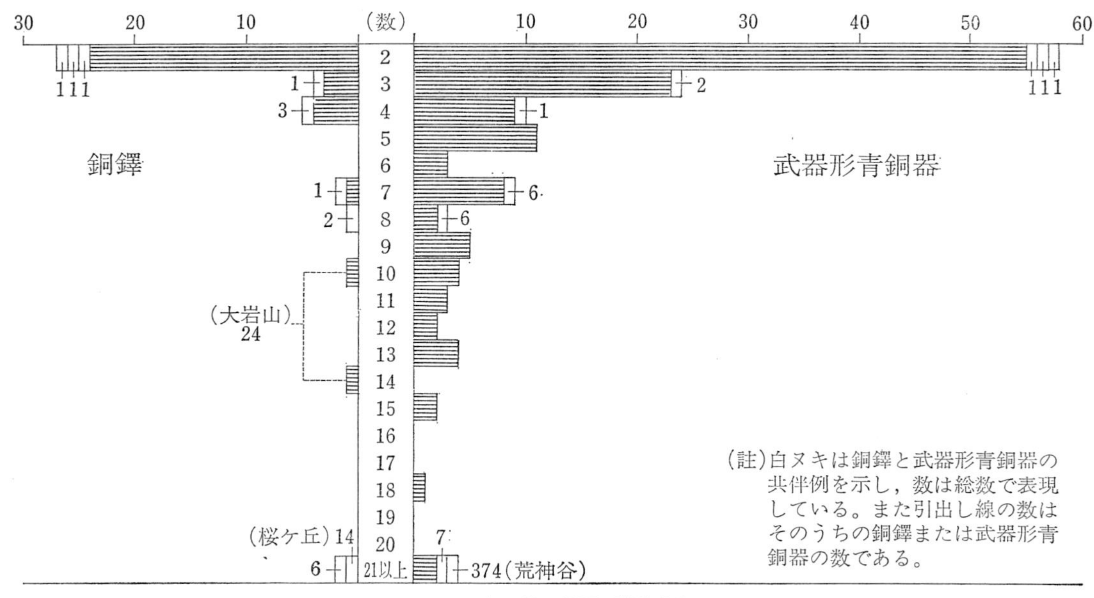

図3 複数埋納青銅器の数的分布

共同体のもとにあったとしても所有はあくまで幻想的に創出された山陰大社会の観念的総意として，実存的にはその各大共同体の共有として存在したと現状では倣しておきたい[23]。

最後に，埋納へとかりたてた史的背景（有事）に言及しておきたいが，それには銅剣群の埋納時期を銅鐸・銅矛とともに素直に中期末あるいはせいぜい後期初頭とみた場合と，後期末〜古墳時代初頭（的場式期）と考えた場合とではその歴史的意味がおのずと変わってこよう。中期後半〜末は北部九州勢力が後漢王朝の威光を背景に政治的関係を強め，東方への伸張をも計ろうとした時期であり，畿内社会のそれへの緊張感として畿内西縁部の兵庫・桜ケ丘遺跡の銅鐸・銅戈，兵庫・古津路（こつろ）遺跡の銅戈，和歌山・山地遺跡の銅鐸・銅戈，徳島・星河内遺跡の銅鐸などの多数埋納や瀬戸内社会の平形銅剣の埋納が位置づけられ，一方北部九州内部においては大共同体あるいはそれを越える政治的結合体の階級的対立のもとに銅矛・銅戈の多数埋納がその境界を中心に行なわれた。しかし，島根半島西部地域は前期以降，地理的にも北部九州と密接な関係をもち，中細c銅剣の製作も中細b・中広銅矛の流入を契機に北部九州勢力を背景に出雲大共同体で行なわれたことも予想される。この点で伝世品とはいえ出雲大社蔵の広形銅矛の存在意義は大きい。何となれば，先にふれた時代情勢と地域分析からみて緊張関係を誘発した対立地域は山陰東部地域とみるよりはむしろ吉備勢力を想定すべきではなかろうか。つまり，中期後半には山陰系の中細c銅剣と瀬戸内系の平形銅剣が相接して分布しはじめるのであり，後期にはそれまでの吉備との類縁性の強い土器様式が変容し，山陰の独自性が発揮され始め，四隅突出墳もまた山陰地方独特の特定家族墓として定着するのであり，吉備とはまさに一線を画し始めていることが理解できるのである。

一方，後説をとる場合，中細c銅剣が出雲大社蔵広形銅矛を除く新しい段階の青銅祭器一切を駆逐排除して後期を通じ君臨したこととなり[24]，ここにおいてはじめて，喧伝された「出雲型銅剣」の名称も意味を持ちえるといえる。そして，埋納直後，出雲大共同体には傑出した巨大な特定家族墓Bたる西谷墳墓群が形成され，吉備で首長権継承儀礼の祭具へと発展した特殊器台・壺によって飾られ，吉備勢力の介在によって出雲大共同体を盟主とする新たな権力構造が顕在化したことが知られる。とすれば，隠匿行為の対象はやはり吉備勢力であったことが考えられよう。さらに遅れて，埋納がこうした事態の以降であった場合，それはすでに大和東南部に都宮を構え，纒向（まきむく）型前方後円墳の造営を開始しつつあった初期ヤマト政権をも背後に見据えていた可能性も浮上してくる。こうした考えは，当然，『日本書紀』崇神天皇60年条の出雲振根と飯入根の争いに吉備津彦が介入しておこる神宝貢上事件との関係が無視できないが，大原大共同体における布留1式期の前期古墳出現時や5世紀以降の意宇大共同体の成長と畿内政権介入の問題もあり，伝承の時期限定は今ひとつ根拠を欠くとするのが正直な立場であろう。この点については荒神谷青銅器群の整理が進み，また，山陰地方の弥生時代の具体的状況が今少し明確になった段階で改めて解決すべき問題であろう。今は，荒神谷青銅器群の大量埋納の考古学的位置づけと将来想定されるべき史的意義を予測し，青銅器埋納の意義に一つの解釈を提示するに留めたい。

註

1) 酒井龍一「銅鐸・その内なる世界」『摂河泉文化資料』10, 1978,「銅鐸（邪気と封じ込めのオブジェ）」『摂河泉文化資料』21, 1980
春成秀爾「銅鐸の時代」『国立歴史民俗博物館研究報告』1, 1982,「銅鐸のまつり」『国立歴史民俗博物館研究報告』12, 1987

2) 寺沢　薫「弥生人の心を描く」『日本の古代』13（心のなかの宇宙），中央公論社，1987

3) 足立克己編『荒神谷遺跡銅剣発掘調査概報』島根県教育委員会，1985
宮沢明久・柳浦俊一・宍道年弘編『荒神谷遺跡発掘調査概報（2）—銅鐸・銅矛出土地』島根県教育委員会，1986

4) なお，調査直後，銅剣埋納年代との関係で自然堆積土中の須恵器片や焼土が一部で取りざたされたが考古学に否定される。ただ黄白色被覆粘質土上の焼土に限っては，その後，AD. 250±80年の熱残留磁気測定結果があるらしく（『山陰中央新聞』1988年3月7日付朝刊記事）後述する埋納時期の後期末案には有利な数値となる。

5) 岩永省三「弥生時代青銅器型式分類編年再考」九州考古学，55，1980

6) 佐賀・姉遺跡Ⅳ区 SK 4004 出土の細形銅矛鋳型が中細c銅剣の鋳型であるとして，これを北部九州製と考えるむきもあるが鋒部のみであるので積極的には支持し難い。共伴土器も須玖Ⅰ式であり，ここでの年代観にはそぐわない。

7）以下，とくに明示しない限り時期の呼称法や併行関係はすべて畿内編年における私案を使用する。編年私案は近く刊行される『弥生土器の様式と編年』（木耳社）の＜河内＞に詳しいが，北部九州との併行関係などについて註 2）文献の対称表に拠りたい。

8）佐原　眞「銅鐸の鋳造」『世界考古学大系』2，平凡社，1960

9）三木文雄「再び横帯文銅鐸について」古文化談叢，20，1988

10）柳田康雄「青銅器の仿製と創作」『図説発掘が語る日本史』6，新人物往来社，1986

11）京都・鶏冠井遺跡鋳型の共伴土器を第Ⅱ様式として菱環鈕Ⅰ式銅鐸の年代が確定したかの論が流布されているが，こと発見時の状況から報告までの操作過程が公けに証明されない限り保留する。ちなみに，菱環鈕Ⅰ式の可能性もあるという福井・下屋敷鋳型は小松式（第Ⅲ様式併行）土器を伴出している。

12）例えば，第Ⅲ様式期に製作が確実な中細 a 銅剣は福岡・須玖岡本遺跡D地点甕棺で中細 a 銅矛や中細 b 銅戈とともに第Ⅳ様式後半の甕棺に副葬されていたし，福岡・立岩遺跡10号甕棺の中細 a 銅矛副葬例，佐賀・久里大牟田遺跡甕棺の中細 b 銅矛副葬例など第Ⅳ様式を通じての使用が確認される。

13）註 2）文献では復元高 22cm の極小扁平鈕式を復元高 32cm の小形外縁付鈕式鐸とともにⅡ a 期（第Ⅳ様式前半）と考えたが，その後の検討で極小～小形の扁平鈕式はⅡ b 期（第Ⅳ様式後半）に下げざるを得ず，外縁付鈕式も古い例は極小形に集中するようである。訂正の上，改めて検討に付したい。

14）地理学の基礎地域概念を援用して，弥生時代の地域社会構造を①基礎地域（小共同体）→②大地域（大共同体）→③大地域結合体として把える方法で，①は地理的な環境と母集落を核とした動的な遺跡群を一括することで約 3～5km の日常生活圏を示し，②では律令の郡規模を目安とした政治性をも内包した圏を示している。また，②をもって外的国家と規定し，便宜的に②を「クニ」，③を「国」と呼称する。小論の前提となるべき総論は別稿を予定しているが，具体的な方法例として下記を参照されたい。

寺沢　薫「大和弥生社会の展開とその特質」『橿原考古学研究所論集』4，1979

15）『毎日新聞』大阪本社，1988 年 5 月 7 日朝刊の報道による。

16）既応の「特定集団墓」概念をさらに厳密化して使用し，BはAに比べて規模だけでなく墓域の隔絶性の高い類型。拙論「青銅器の副葬と村落支配」『日本村落史講座』4（雄山閣）として近刊される予定。

17）細形銅剣の鋳型が採集されている（『朝日新聞』大阪本社，1989 年 1 月18日朝刊の報道）。前期以来の北部九州との関係性は単なる交通関係以上のものであったと思われる。

18）この点で，例えば前期末段階でいち早く大共同体間の階級的格差を生みだし，中期後半の外的国家の階級的結合体（部族国家）形成にむかって次々と部族的王を輩出していった北部九州諸国に比べると畿内同様その階級構造の成長度には大きな差を認めざるをえない（註 16 文献）。したがって，前代未聞の青銅器大量出土をもって，共同体間の階級分化を不問にした「山陰地方連合体」論や逆に共同体内の階級分化を前提とした「出雲王国」論はあたらない。

19）したがって基本的には銅鐸なり銅剣が少なくとも小共同体の数だけ存在し，多くはいぜん未発見であると考えている。

20）佐原　眞「銅鐸の祭りと埋納」『銅鐸』講談社，1979

しかし，正しくは青銅器の配列法の差や埋納坑の形状の差など細部にその事例差が認められていると考えてよいのではないか。

21）三品彰英「銅鐸小考」朝鮮学報，49，1968

22）この点で，白川静が中国古代の大鏡の埋納を異族に対する圧服儀礼としての「望」（対象に対する支配，呪詛）の呪儀とみる見解は興味深い（『中国の古代文化』講談社，1979）。

また，福岡・原町遺跡では48本，小倉新池遺跡では27本の中広銅戈の一括埋納があり，北部九州の大共同体境界にも数量的に卓越した例があるが，戈である点で北部九州では矛と同様の意義はもたせ難い。

23）鍵は出雲大共同体の今後の考古学的成果が握っている。その階級的・政治的突出性が将来指摘しうるのであれば改めて検討に付したい。今は，仮に畿内の銅鐸保管神庫が存在した（発見された）場合も同様の評価がなしえることを強調しておきたい。

24）この場合，後期 100 余年の長きにわたっていぜん銅剣 358本もが配布されずに残った事情は常識的には理解に苦しむ。

＜付記＞　紙幅の関係で個別考古学的資料の典拠・文献の多くは割愛せざるをえなかった。記してお詫び申し上げたい。

東アジアの最近の動向

東アジアでは青銅器文化はいつどのように始まり，発展していっただろうか。その特徴や日本への伝播はどう考えられるだろうか

中国の青銅器文化／朝鮮の青銅器文化

中国の青銅器文化

京都大学文学部助手
岡村秀典
（おかむら・ひでのり）

遅くとも龍山文化において中国の各地で初現的な銅器の生産が始まり，次第に錫や鉛を多く含む複雑な形の青銅器を生みだしていった

1 青銅器のはじまり

中国の古代文明を最も代表する殷周青銅器の起源は，二里頭（アルリトウ）第3期（前1500年前後）まで確実に遡る。河南偃師二里頭遺跡において，のちの青銅祭器（彝器）に直接つながる爵（しゃく）（酒器）のほか，武器，工具，鈴，装飾具類がまとまって出土している（図1）。このなかで武器や工具類は比較的簡単な鋳造技術でできる偏平な形態をとるが，中空の形に作った爵や鈴は内型と外型を組み合せて用いた，より複雑な鋳造技術によるものである。その技術をみる限りでは，これが中国で最初の青銅器であったとは考えられない。

中国新石器時代に属する仰韶（ヤンシャオ），龍山（ロンシャン）文化の遺跡でも銅器の出土がいくつか報告されている。仰韶文化では，陝西西安半坡（バンポー）遺跡から20％前後のニッケルを含む白銅片，陝西臨潼姜寨（チャンチャイ）遺跡から25％の亜鉛を含む黄銅片が，前3千年紀の甘粛馬家窯（マチャヤオ），馬廠（マチャン）類型の遺跡からは単笵鋳造による青銅片が出土している。龍山文化では，河北唐山大城山（ターチョンシャン）遺跡から紅銅の鍛造製垂飾，山東膠県三里河（サンリホウ）遺跡から20％以上の亜鉛を含む黄銅錐，河南登封王城崗（ワンチョンカン）遺跡から7％の錫を含む青銅片，河南臨汝煤山（メイシャン）遺跡からは紅銅の付着した坩堝（るつぼ）が出土している。また龍山文化の後半，前2千年ごろにはじまる斉家文化の甘粛武威皇娘娘台（ホワンニャンニャンタイ）遺跡や永靖秦魏家（チンウェイチャ）遺跡，青海貴南尕馬台（カマタイ）遺跡などでは，鍛造による小刀，錐，鑿，垂飾，単笵鋳造による小刀や斧，合笵による鏡や斧など多種多様な銅器が出土し（図2），工具類は紅銅，鏡は10％ほどの錫を含む青銅と分析されている。ちなみに二里頭遺跡の青銅器は銅が平均90％余り，二里岡（アルリカン）期の青銅器は平均80％余りという。

安志敏は，紅銅から青銅へと発展したという前提にたち，仰韶文化や龍山文化における白銅や黄銅などの存在を疑問視する。彼は斉家文化における紅銅の存在は認めるが，その青銅鏡の文様に殷墟婦好墓の鏡との関連を推測し，年代の上で殷文化と一部平行すると考えている。そして二里頭第1・2期に小量ながら銅滓や坩堝があることをもって，青銅器時代の本格的な開始は二里頭期にあると主張している[1]。このような慎重論に対し，厳文明はこうした事例を積極的に評価し，仰韶文化を銅石併用時代の前期に，龍山文化をその後期に位置づける[2]。

厳文明の主張する銅石併用時代という概念は十分に検討する必要があるが，西アジアでは新石器時代からの銅器の使用が周知の事実になっている

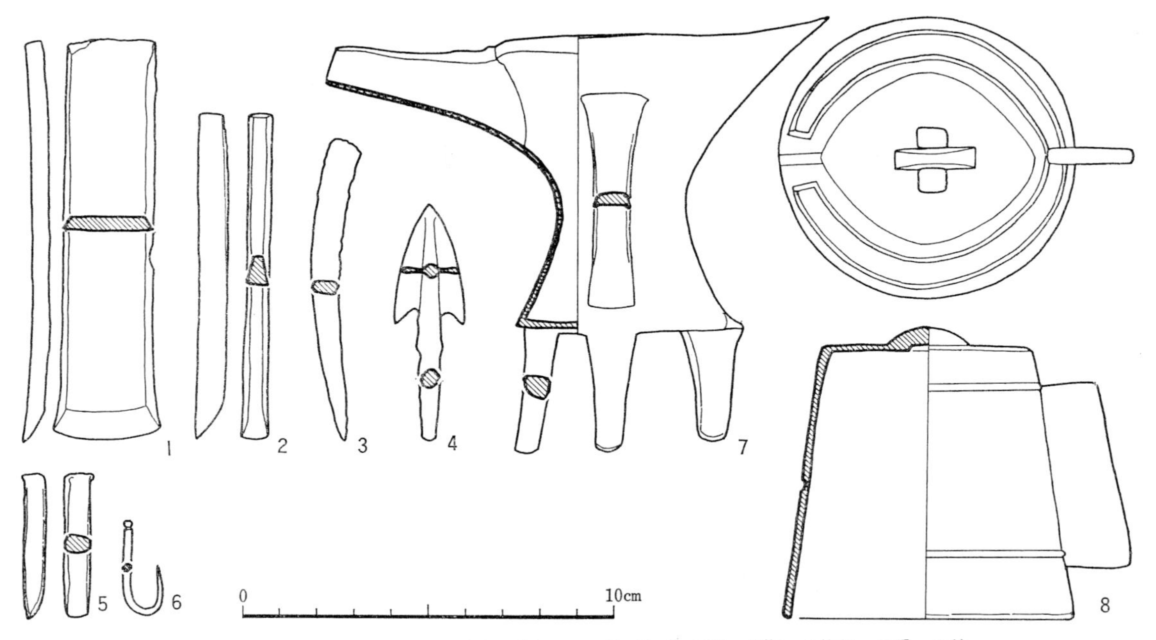

図 1　二里頭遺跡出土青銅器（縮尺 1/2）　1斧，2・3・5鑿，4鏃，6釣針，7爵，8鈴

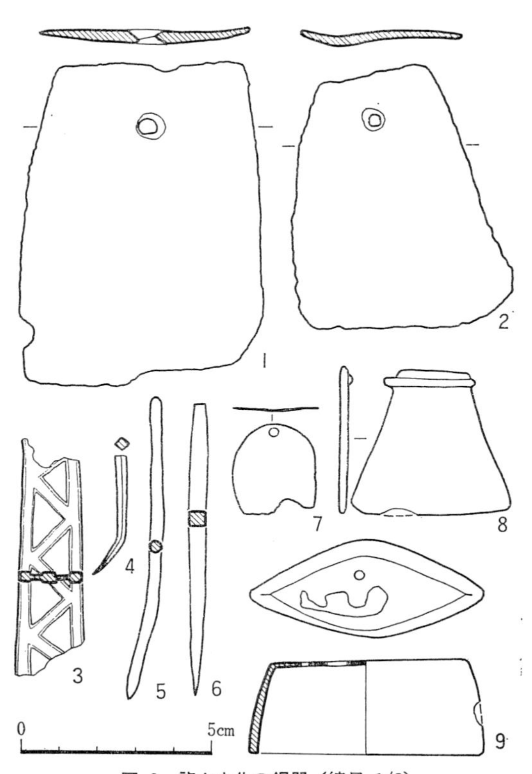

図 2　龍山文化の銅器（縮尺 1/2）
1・2 河北唐山大城山，3〜5 甘粛武威皇娘娘台，6〜8 甘粛永靖秦魏家，9 山西襄汾陶寺

こと，中国における以上の例は不純物を多く含む自然銅と考えられ，ほとんどが初現的な鋳造技術を示していることから，層位的に疑問のある例は除外しても，仰韶・龍山文化において銅器が存在したという厳文明の考えは支持できよう。とくに龍山文化においては，近年，少しずつ銅器の出土が増加し，なかでも山西襄汾陶寺（タオスー）3296号墓から出土した鈴形銅器は，銅 98% という純度の高い紅銅で，二里頭期の例のように外型と内型を組み合わせて鋳造したものである[3]（図 2）。銅の純度が高いために湯まわりが悪く，各所に不整形の孔があいていることからみると，錫や鉛などを加えて融点を下げ，湯まわりをよくする銅合金の特性がこの段階ではまだ体得されていなかったことがわかるが，その想定される鋳型の構造からは，龍山文化のなかでの技術的な発展が読みとれる。また最近，遼寧牛河梁（ニュウホーリャン）遺跡の紅山（ホンシャン）文化層（仰韶文化平行）から銅器鋳造に関する遺物が発見され，浙江の良渚（リャンツ）文化（龍山文化平行）遺跡からも銅器鋳造遺構が発見されているという。詳細は明らかでないが，銅器鋳造の場が判明した意義は大きい。このようにのちに殷文化を生みだした中原のみならず，浙江や山東，遼寧，河北，さらには甘粛など中国の広い地域に初期の銅器がみられることから，銅器の出現が多元的に起こったか否かは別にして，二里頭期以降に中原からの一元的な伝播で

各地に青銅器が出現したのでないことは少なくとも明らかである。

要するに，中国における青銅器は，遅くとも龍山文化において，中国の各地で自然銅を主とする初現的な銅器の製作がおこなわれ，構造的により複雑な形態の器種を創造しつつ，その鋳造を容易にするために，次第に錫や鉛を多く含む青銅に移行していったものと思われる。龍山文化の時代は，張光直が龍山ホライズン *Lungshanoid horizon* と呼んだ[4]ように，地域間交渉が活発になって，より大きな文化圏に統合していく動乱の時代であり，城壁の出現や武器の増加にみる戦争あるいは人間の供犠といった社会的暴力の出現，墳墓の格差の拡大，陶窯の改良やロクロの普及といった専門的手工業者の出現などが考古学的に確かめられる。龍山文化における銅器の普及と発達は，このような文脈のなかで理解すべきであり，わが国の文化と比較してみるならば，およそ弥生文化との社会的類似を示していよう。

青銅器を指標とする中国の古代文化の大きな特徴は，祭祀的，宗教的な青銅器が異常に発達した反面，農工具などの生産用具への青銅器の導入が未発達で，石器などが依然として用いられていたことである。しかし二里頭期以前の銅器は，垂飾や鏡，鈴などのほかに斧，鑿，錐，小刀などの工具類が主体となり，この時点では世界史的な発展段階に符合している。二里頭期でもそのような工具類が少なくなく，とくに斧や鑿が石器をそのまま踏襲した形態になっていることも，工具の自然な発展を示すものといえよう。このような一般的な発展過程を特異な方向に進めた第一歩が，二里頭第３期における青銅製爵の出現であった。複雑な器形を作る鋳造技術の異常なまでの発達がその背景にあり，青銅器の発展のなかでの画期であっただけでなく，それは中国の古代社会のなかでも大きな意味をもつものであった。すなわちこの時期は，大規模な宮殿，祭祀的な陶器，玉器が出現し，のちの二里岡・殷墟期の殷文化と連続する内容が整う，古代王権の形成過程における画期的な時期であり，青銅器が支配者のための祭器として用いられはじめた第一歩であったのである。文化や社会の発展段階からみれば，わが国の古墳時代初頭に対比でき，伝説上の夏王朝をめぐる論争がなにかと邪馬台国論争に類似していることも面白い。

2　殷周青銅器の生産と流通

二里頭文化に属する青銅祭器の出土は，現在のところ偃師二里頭遺跡に限られ，それ自体の文化圏もその遺跡を中心とする河南北部の狭い範囲であったと思われる。しかし続く二里岡期，とくにその上層段階から殷墟期のはじめにかけて，この中原に生成した殷文化は大きく拡大する[5]。殷系統の青銅器の出土は，北は北京から内蒙古東部にかけての夏家店下層文化圏や内蒙古オルドスの朱開溝文化圏，東は山東や長江下流域の湖熟文化・馬橋文化圏，南は江西から湖南にかけての地域，西は関中から四川盆地にかけての地域にまで広がっている。そのほとんどの地域では，中原の殷で製作した青銅器とともに，その器形や文様を模倣した在地的な青銅器が出土している。その在地の青銅器は地域ごとに異なる特色をもつと同時に，いくつかの共通する特徴もみられる。第一に殷の青銅器の器形や文様を模倣したものが多いが，拙なく，器種が限られ，第二に鋳造技術が殷のものに比べて劣り，第三に内蒙古東部や江蘇北部の青銅容器，長江中・下流域の青銅鉦（鐃）などは著しく大型化し，第四に支配者の墓に副葬されるのではなく，共同体の祭器として土坑などに埋納される，などの点が指摘できる。これらは文化の周辺地域で往往にみられる現象であり[6]，おそらく殷文化の影響のもとに，銅の採鉱から精錬，鋳造までを独自に一貫しておこなっていたものと思われる。事実，内蒙古東部の昭盟地区では大型の青銅鼎のなかに50%の錫を含む結晶体の鉱石が詰っていた[7]し，夏家店上層文化（西周一春秋平行）に下るが，その林西大井古銅鉱では，採坑，精錬炉，坩堝，ふいごの羽口，銅滓などが出土している[8]。採鉱遺跡にはほかに春秋・戦国時代の湖北銅緑山古銅鉱が有名であり，最近では銅録山の南方にある陽新港下や湖南西部の麻陽でも同時代の古銅鉱が発見されている。また江蘇南部の鎮江地区では，西周から春秋時代のいくつかの墓に40%前後の鉛を含む不整形の青銅塊（インゴット）が数百 kg も供献されていたという[9]。このほか鋳造関連遺跡の数は枚挙にいとまがないほどであり，各地で独自の青銅器生産がおこなわれていたことは間違いない。

いっぽう二里岡期の殷都とされる河南鄭州には，城壁外の北と南との２カ所に大規模な青銅器の鋳造工房があり，それぞれ坩堝や銅滓のほか多量の土製鋳型が発掘されている。青銅祭器の鋳型など両方に共通するものがあるが，南側の工房では鏃や農具の鋳型が多く，北側の工房では刀や戈の鋳型が多いことから，ある程度の分業がなされたと考えられている。また北側の工房付近から大きな銅鉱の塊が発見されたと伝えるが，鄭州から出土した青銅器の成分分析の結果では，微量成分であるアンチモンの割合が個体によって大きく異なるため，各地から銅の鉱石が集められたと推測する説がある[10)]。しかし，精錬の具体的な証拠は乏しく，銅のインゴットという形で運ばれ，青銅器の鋳造を中心におこなわれた可能性が高い。

安陽殷墟でも小屯の東南方の苗圃（ミャオプウ）北地と西方の孝民屯（シャオミントン）の2カ所で青銅器の鋳造工房が発掘されている。苗圃北地は規模が大きく，溶解炉，坩堝，銅滓，木炭のほか青銅祭器を主とする大量の鋳型が出土したのに対し，孝民屯は比較的小規模で，溶解炉などが発見されているが，鋳型は農工具，武器類が中心である[11)]。鄭州より進んだ分業体制になっているが，ここで精錬をおこなった形跡はない。苗圃北地から出土した短冊形の小さな銅塊は，銅97％と純度が高く，インゴットと思われる。もっとも解放前に小屯の宮殿遺跡から18.8 kgの孔雀石1個が出土しており，この地で銅の精錬がおこなわれた可能性もある。

二里岡期以降の青銅器の主要な文様となる饕餮（とうてつ）文は，長江下流域の良渚文化に源流があるという有力な説があり，殷墟からは，婦好墓の鏡のような西方との関連を推測させるものや，北方系の刀やソケットをもつ武器類など外来的な青銅器が出土している。青銅器のほかにも二里頭期以降，玉器や印文陶，あるいは石庖丁のような生産用具までも不断に周辺地域からもたらされ，王都と周辺地域との相互の交渉は想像以上に頻繁であった。すでに示したように周辺地域でも銅の精錬がおこなわれているから，インゴットの形で銅素材が王都に運ばれてきたことも十分考えられよう。

西周時代の成周，洛陽でも青銅器の鋳造遺跡が発掘され，やはり溶解炉，坩堝，銅滓，木炭などが出土している。その溶解炉の残片にはふいごの口が確認され，炉の構造がかなり明確になっている[12)]。ここでも精錬の形跡は認められない。

このように殷周時代の王都では，青銅祭器をはじめ各種の青銅器の鋳造が盛んにおこなわれた。それは王権によって支配されていたと思われるが，経営形態の実際についてはよくわからない。しかし西周青銅器の鋳造は，王室工房と諸侯工房との双方でおこなわれ，後者の製品は技術的に拙劣で，銘文が意識的に省略されている，という説が松丸道雄によって主唱されている[13)]。その金文の解釈上の問題に対しては厳しい批判が寄せられている[14)]が，金文の研究と考古学的な分析とを総合的に進めていこうとする姿勢は評価できる。現状では，殷・西周の中心的地域の青銅器と周辺地域のそれとの識別がはじめられたばかりだが，鋳造遺跡やそこから出土する鋳型の分析をより精緻に進め，松丸の仕事を再検討していくことがわれわれ考古学の側の課題であろう。

註

1）安志敏「中国早期銅器的幾個問題」考古学報，1981—3

2）厳文明「論中国的銅石併用時代」史前研究，1984—1

3）中国社会科学院考古研究所山西工作隊・臨汾地区文化局「山西襄汾陶寺遺址首次発現銅器」考古，1984—12

4）Kwang-chin Chang, *The Archaeology of Ancient China*, 4 th ed., Yale Univ. Press, 1986

5）浅原達郎「蜀兵探源—二里岡インパクトと周・蜀・楚—」古史春秋，2，1985

6）岡村秀典「呉越以前の青銅器」古史春秋，3，1986

7）蘇赫「従昭盟発現的大型青銅器試論北方的早期青銅文明」内蒙古文物考古，2，1982

8）遼寧省博物館文物工作隊「遼寧省林西県大井古銅礦1976年試掘簡報」文物資料叢刊，7，1983

9）劉興「談鎮江地区出土青銅器的特色」文物資料叢刊，5，1981

10）河南省文物研究所・鄭州市博物館「鄭州新発現商代窖蔵青銅器」文物，1983—3

11）中国社会科学院考古研究所編『殷墟発掘報告1958～1961』中国田野考古報告集考古学専刊丁種，31，1987

12）葉万松「我国西周前期青銅鋳造工芸之研究」考古，1984—7

13）松丸道雄編『西周青銅器とその国家』東京大学出版会，1980

14）伊藤道治『中国古代国家の支配構造—西周封建制度と金文—』中央公論社，1987

朝鮮の青銅器文化

徳島大学助教授
岡内三眞
（おかうち・みつざね）

最近の朝鮮の青銅器文化の発見は紀元前300年ごろから紀元前後にかけての例が増加しており，また論文にもみるべきものが多い

東アジアの青銅器文化は，中国中原の青銅器文化と，中国北方のオルドス青銅器文化とのふたつの大きな流れがある。前者は華北の畑作地帯に広がった農民の青銅器であり，後者はオルドス以北の草原地帯に広がった牧畜民の青銅器である。朝鮮の青銅器文化は，前記したふたつの青銅器文化が結合してできた遼寧青銅器文化を導入して成立している。

このために初期の青銅器は，扇形銅斧や銅鑿，銅刀子，ボタン，遼寧式（A式）銅剣など遼寧青銅器文化からの輸入品が多い。間もなく朝鮮独自の多鈕粗文鏡や扇形斧，細形銅剣などを作り始め，青銅器文化を発展させてゆく。やがて防牌形銅器やラッパ形銅器，剣把形銅器，八鈴銅鈴，A式車馬具など他の地方には分布しない地域性の強い青銅器を各地域ブロックごとに製作し，使用する。青銅器が最もバラエティーに富んだ様相をみせる段階といえる。

やがて鉄器が普及しはじめ，しだいに銅剣，銅矛，銅戈は，鉄製品に移ってゆく。多鈕鏡は前漢鏡にかわり，やがて後漢鏡へと続いてゆく。A式車馬具はB式車馬具に，やがて明器へと移る[1)]。その背後には，楽浪郡を頂点とした中国の鉄器文化の普及があったと考えられる。おそくとも紀元前100年頃からは，完全な鉄器化の段階に入っていたと推測している。しかし，紀元後100年頃までは細々と青銅器が作られ，土器もその頃まで無文土器が作られ続ける。そこでこの段階までを青銅器文化の範囲に，いまは含めておきたい（表1）。

1 研究資料

次に，最近までに発掘・発見された資料のうち代表的な例について検討してゆこう。

○忠清南道扶餘郡九龍面九鳳里（クボンリ） 出土品[2)]。

1985年3月に九鳳里の共同墓地で新墓を造成中に石棺墓を発見した。南北約180cm，東西約100cmの土壙の中に，粘板岩の板石と花崗岩の割石とを用いて石棺を築いている。

遺物は，細形銅剣11口（BⅠ式7口，BⅡ式4口），銅戈2口，銅矛1口，銅斧2個（鋤状斧1，方形斧1），多鈕鏡2面（粗文1，細文1），銅鑿1個，銅鉇1個，太型蛤刃石斧1個，砂岩製砥石1個，黒色磨研長頸壺1点，黒色磨研扁球形壺1点が出土している（図1〜3）。

石棺墓は，海抜約25mの丘陵南斜面に立地し，南城里[3)]や東西里[4)]の立地と類似している。

青銅器では，BⅠ式とBⅡ式銅剣，鋤状斧と方形斧，多鈕粗文鏡と多鈕細文鏡とが伴うという過渡的な様相を示している。とくに銅剣は，BⅠa式からBⅠb，BⅠc，BⅡa，BⅡb，変形品まで各種のタイプがあり，型式変化を知る上で興味深い[5)]。また11口という銅剣の数量は，従来にない多量一括副葬の例で，錦江流域地方の青銅武器副葬を研究する上で新たな資料を提供したものといえよう。

土器は，黒色磨研の長頸壺が出土しており，南城里，東西里，飛下里などに類例がある。ただし，九鳳里からは粘土紐を口唇部にめぐらす甕形土器は出土していない。また，黒色磨研扁球形壺は初出例であり，今後の資料増加がまたれる。

青銅器に古いタイプを含むものの，BⅡ式剣，矛，戈，多鈕細文鏡，方形斧などがあり，時期は朝鮮青銅器文化第Ⅳ期前半（BC220〜BC150）に属する（表）。鉄器を伴出していない点も，錦江流域地方の青銅器文化を考える上で注意を要する。

○全羅南道咸平郡羅山面草浦里（チョポリ） 出土品[6)]

1987年2月に草浦里沙村部落で道路の採土作業中に発見され，国立光州博物館が調査を行なった。遺跡は，標高20〜30mの丘陵地帯に立地し，東に平野が開けている。

墓壙は，長さ260cm，幅90cmで，頭部側がやや幅広である。その中に割石を積み上げて長さ190cm，幅55cmの石室を構築している。墓壙の床面に黒褐色の腐蝕土があり，木棺の痕跡と推定される。

遺物は，採土作業中に取り出された16点と，発

表　青銅器文化の地域区分と青銅器の地域別組合せ

期	モデル	鴨緑江	大同江	咸鏡道	漢江	錦江	栄山江	洛東江	慶州付近	江原道	前 700
Ⅰ	AⅠ式剣 ナイフ ボタン 鑿 扇形斧	ナイフ ボタン 鑿 扇形斧	AⅠ式剣 ボタン	ボタン	AⅠ式剣	AⅠ式剣 鑿 (扇形斧)	AⅠ式剣	AⅠ式剣		AⅠ式剣	前 475
Ⅱ	AⅡ式剣 AⅢ式剣 ナイフ 扇形斧 鑿 多鈕粗文鏡		AⅡ式剣 AⅢ式剣 ナイフ 扇形斧 多鈕粗文鏡	(斧) (ボタン)	AⅡ式剣	多鈕粗文鏡		A系剣			前 320
Ⅲ	BⅠ式剣 扇形斧 鉇 多鈕粗文鏡 多鈕細文鏡 銅鐸 防牌形器 剣把形器 ラッパ形	明刀銭	BⅠ式剣 扇形斧 鑿 鉇 多鈕細文鏡 東周式剣 秦の戈	BⅠ式剣	AⅣ式剣 BⅠ式剣 鑿 鉇	BⅠ式剣 多鈕粗文鏡 銅鐸 防牌形器 剣把形器 ラッパ形 東周式剣	BⅠ式剣 多鈕粗文鏡		BⅠ式剣	BⅠ式剣	前 220
Ⅳ	BⅠ式剣 BⅡ式剣 矛 戈 方形斧 鉇 多鈕細文鏡 A式車馬具 銅鐸 八銖銅鈴 笠頭筒形		BⅠ式剣 BⅡ式剣 矛 戈 方形斧 鉇 A式車馬具 銅鐸	BⅠ式剣 BⅡ式剣 矛 戈 多鈕細文鏡 A式車馬具	BⅠ式剣 BⅡ式剣	BⅠ式剣 BⅡ式剣 矛 戈 方形斧 鉇 多鈕細文鏡	BⅠ式剣 BⅡ式剣 (矛) (戈) (方形斧) 鉇 多鈕細文鏡 東周式剣 八銖銅鈴 笠頭筒形	BⅠ式剣 BⅡ式剣 鉇 八銖銅鈴 笠頭筒形	BⅠ式剣 BⅡ式剣 矛 戈 多鈕細文鏡 銅鐸 八銖銅鈴 笠頭筒形	BⅠ式剣 BⅡ式剣 戈 多鈕細文鏡	前 108
Ⅴ	BⅡ式剣 BⅢ式剣 BⅣ式剣 矛 戈 方形斧 前漢鏡 B式車馬具		BⅡ式剣 BⅢ式剣 BⅣ式剣 矛 星雲文鏡 B式車馬具				BⅡ式剣 BⅣ式剣	BⅡ式剣 矛 戈 方形斧 星雲文鏡	BⅡ式剣 矛 戈 方形斧 昭明鏡		後 8
Ⅵ	CⅠ式剣 CⅡ式剣 矛 後漢鏡 仿製鏡 帯鉤		CⅠ式剣 矛 方格規矩鏡 帯鉤					CⅡ式剣 矛 方格規矩鏡 仿日光鏡 帯鉤	仿日光鏡 帯鉤		後 100

掘調査で検出した10点とがある。発掘調査で出土した副葬品は，割石と墓壙壁との間，内部堆積土中，墓壙の床面の３カ所から検出されている。床面からはアマゾナイト製飾玉２個，剣把頭飾り付銅剣２口，多鈕鏡３面が出土し，棺内副葬品と考えてよい。とくにアマゾナイト製飾玉は左右一対で出土し，耳飾りとして着装していた状態をよく示している。

内部堆積土からは，細形銅剣１口が検出された。木棺の蓋の上に副葬していたのであろう。

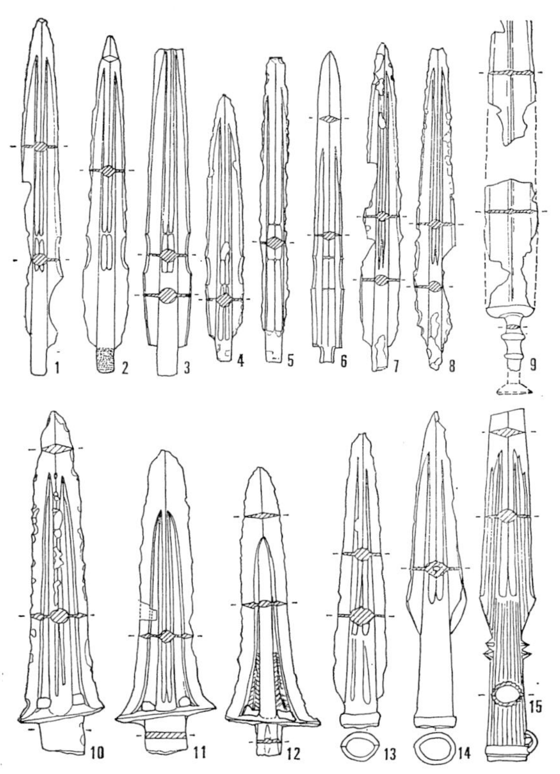

図 1　銅剣，銅戈，銅矛（1・3～5・7・8・10 九鳳里，2・9・11・13・14 草浦里，6・12・15 竹東里　縮尺不同）

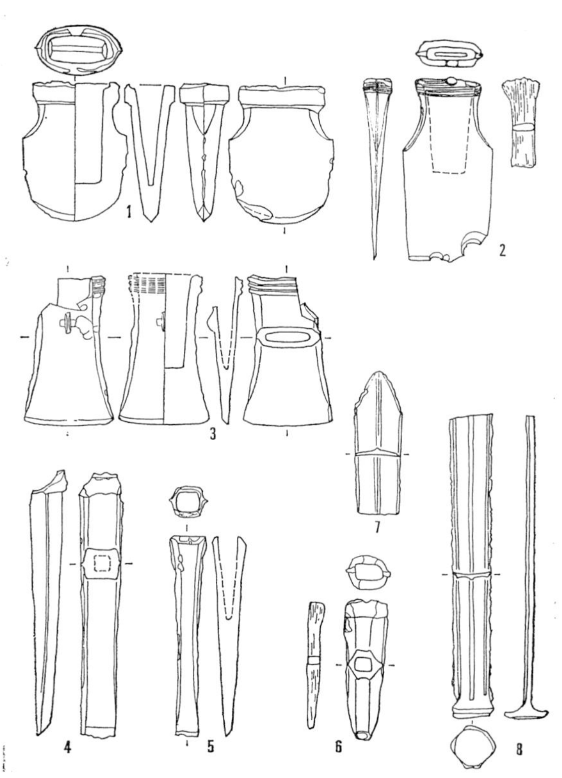

図 2　銅斧，銅鑿，銅鉇
（1・3・5・8 九鳳里，2・4・6・7 草浦里　縮尺不同）

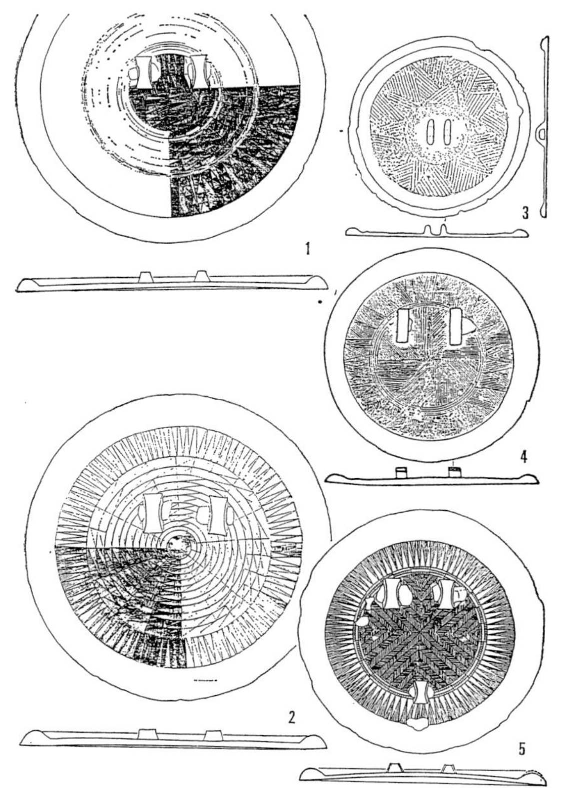

図 3　多鈕鏡（1・2・5 草浦里，3・4 九鳳里　縮尺不同）

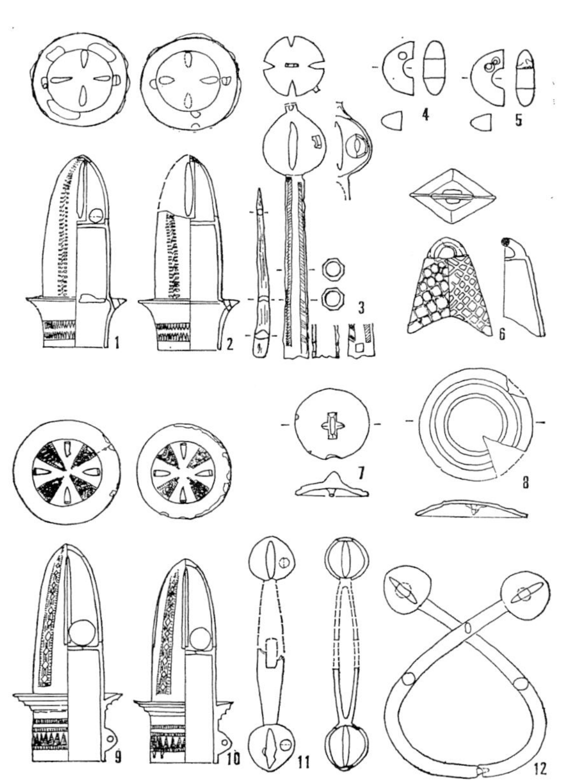

図 4　笠頭筒形銅器ほか（1～5・11・12 草浦里，6～10 竹東里　縮尺不同）

割石と墓壙との間からは，双頭鈴と柄付銅鈴とが出土している。このような出土状態から，埋葬儀礼に伴って順番に棺内副葬品や棺外副葬品が納められていった様子を推測することができる。

出土遺物は，細形銅剣4口（2口は剣把頭飾りを伴う），東周式銅剣1口，銅矛2口，銅戈2口，方形斧1個，銅鑿2個，銅鉇1個，多鈕細文鏡3面，笠頭筒形2個，双頭鈴1個，組合式双頭鈴1個，柄付銅鈴1個，アマゾナイト製飾玉2個，砥石2個である（図1～4）。

細形銅剣はＢⅠ式2口，ＢⅡ式1口が伴出している。剣把頭飾りを伴った銅剣は，ＢⅠ式とＢⅡ式との両タイプがあり，茎に有機質の紐をまいたあとが残っている。

細形銅剣のほかに東周式銅剣が伴出したことは注目される。報告者の李建茂氏は，草浦里出土の東周式銅剣は，気泡が多く粗質であること，柄部断面が横長のレンズ形であることなどから，朝鮮での仿製品とみなしている。

方形銅斧，銅鑿の銎部内には，木柄の一部が遺存していた。銅鉇を含めた銅製工具が実用品であったと判断できる。

多鈕鏡は3面出土しているが，そのうちの1面は3鈕で文様構成が従来のものとやや異なっている。これらの鏡は，木製の箱に納められて銅剣とともに棺内に副葬されていた。棺内には，鏡，剣，玉が揃っていたことを知る。これら三種のセットは，日本だけの現象ではないようだ。

そのほかに笠頭筒形銅器や双頭銅鈴が出土しており，洛東江流域地方や慶州地区との関連が予想される。

年代はＢⅡ式銅剣，方形斧，多鈕細文鏡，笠頭筒形銅器などの組合せからみて，朝鮮青銅器文化Ⅳ期（BC220～BC108）に属するものであろう（表）。

○慶尚北道月城郡外東面竹東里（チュクトンリ）一括遺物[7]

個人の収集品であるために，発見の詳細は不明である。

遺物は，細形銅剣1口，銅製剣把頭飾り2個，銅矛1口，銅戈1口，銅鐓（どうとん）1個，馬鐸1個，銅製革金具28個，笠頭筒形銅器2個である（図1，4）。

銅剣は典型的なＢⅡ式であり，十字形剣把頭飾りを装着していたものであろう。銅矛は，袋部に刺状突起をそなえ，慶州入室里出土品と酷似している。銅戈の樋には綾杉文があり，慶州地区に類例の多いタイプである。銅鐓は，矛につけたか戈につけたかは不明であるが，いずれにしろ長い柄の下端につけた実用の石突きである。2個1対の笠頭筒形銅器は，文様構成は同じであるが，同笵ではない。類例は入室里や新川洞の例をあげることができる。馬鐸は内部に鉄銹が付着しており，鉄舌をつり下げていたと考えられる。銅製革金具は，大型品と小型品とがある。入室里，永川漁隠洞，大邱坪里洞などに類例がある。

竹東里の青銅器は，剣，矛，戈ともに新しいタイプであり，馬鐸や笠頭筒形銅器などの後出遺物を含んでいる。このため朝鮮青銅器文化のⅣ期後半（BC150～BC108）に属するものであろう。

○慶尚南道義昌郡東面茶戸里（タホリ）出土品[8]

1988年2月に土壙木棺墓を発掘した。墓壙内には割石を積みあげて，頭部側を幅広くしている。墓壙の中央に腰坑を穿ち，その中に竹籠を納めていた。竹籠の中には，鞘や把のついた銅剣2口，鉄剣1口，星雲文鏡1面，五銖銭3枚，馬鐸1個があった。

棺は長さ231cm，直径約80cmの割竹形で，くぬぎ製である。棺内と棺外から，筆，銅鏃，漆器，鉄器など69点が出土している。地下水が多いため有機質の材料がよく残り，漆塗高杯や木製品，竹製品，紐などまで遺存している。また柄のついた鉄斧や手斧，鉄鍬，鉄鋤，さらに鉄刀，鉄矛などの武器類も遺存していた。

星雲文鏡は保存がよく文様は鮮明で，直径9cmの典型的な前漢鏡である。五銖銭は，レントゲン撮影で，1枚が穿上横文五銖銭であることが確認された。写真でみるかぎり，字体は前漢代のものとしてよい特徴をそなえている。

このように茶戸里の資料は，紀元前1世紀の段階に，洛東江流域一帯にも慶州朝陽洞[9]とよく似た青銅器文化が存在したことを示している。朝鮮青銅器文化Ⅴ期（BC108～AD8）を代表する遺跡となろう。

以上のように最近の代表的な青銅器出土例を紹介した。朝鮮青銅器文化は，個別の資料を加えるとⅢ期からⅤ期にかけての例が増加している。

2 研究論文

資料が増加している割には，研究論文の数は少ないように思われる。そんな中でまず取り上げられるのは，尹武炳氏の『韓国青銅器文化研究』[10]であろう。韓国青銅短剣の型式分類にはじまる8

章で構成されている。青銅器のほか支石墓，住居址，無文土器についても各章をたて，青銅器文化を立体的に再構成することに努めている。既発表の論文が多いが，日本では入手し難い論文を一書にあつめており，また尹武炳氏の青銅器文化研究の基本姿勢を知る上でも有用な書といえる。

また『尹武炳博士 回甲紀念論叢』[11]には，青銅器文化関係の論文が多い。趙由典「全南和順青銅遺物一括出土遺跡」や李健茂「伝益山出土の円形有文青銅器」，李康承「漢鏡と伴出した細形銅剣の一例」など報告や紹介がある。また後藤直「韓半島の青銅器副葬墓」，岡内三眞「東北アジアにおける青銅器の製作技術」などの論考がある。

和順大谷里例は，石室内で木棺が出土した例で，青銅器の組合せにバラエティがあり，発表が待たれていたものである。栄山江流域にも八銖銅鈴，双頭銅鈴が分布し，多鈕細文鏡や方形銅斧と伴う例として重要である。後藤論文は，銅剣を副葬する墓をとりあげて，無文土器社会の発展をとらえようとしている。支石墓，石棺墓，石槨墓，土壙墓，木槨墓，甕棺墓を扱い，時間的な変遷とともに地域差も顕著になった事実を指摘している。岡内論文は，遼西，遼東から朝鮮にわたる東北アジアの青銅製品と鋳型とを用いて，東北アジアの青銅器生産の変遷を明らかにしようとしている。東北アジアでは，紀元前1100年ごろには早くも遼西地区に青銅製品が出現し，しだいに東方へと拡散してゆく。朝鮮では，紀元前8世紀ごろまでに青銅製品が伝わり，朝鮮青銅器文化Ⅱ期のはじめ（BC5世紀中葉）からは青銅器の生産を開始している。そして紀元前150年ごろを境に鉄器化がはじまり，紀元前100年ごろには実用の利器は鉄器にかわったとみなし得る（表）。

次は，『三佛 金元龍教授停年退任紀念論叢』[12]を挙げよう。この中には，先に資料紹介した扶餘九鳳里や月城竹東里などの報告のほか，林炳泰氏の「霊岩出土青銅器鎔笵について」がある。はじめて全部の鋳型について実測図と写真とが公表された。筆者は1980年に写真と実測図をとらして戴いたことがある[13]。こうして研究者が利用できるようになったのは，誠によろこばしい。

この論文集にはほかにも貴重な論考が多い。とくに本題の青銅器文化に関連しては，李健茂氏の「青銅遺物の鋳掛け技法」を挙げねばならない。

青銅器の補修方法である鋳掛けは，遼寧式銅剣文化の導入とともにはじまり，朝鮮の青銅器製作の全期間を通じて行なわれたと指摘している。また鋳掛ける部分を事前に加工する処理法で4種類に分類している。そのうち半円形の穴をあけて足がかりとする方法は，近藤喬一氏が注目した日本の銅鐸や平形銅剣に認められる特殊な技法である[14]。また凹凸を作って鋳掛けの足がかりとする方法も存在する。そこで李氏は，日本の鋳掛け技法の源流は朝鮮南部にあると示唆している。

上述のように大韓民国での調査研究は活気にあふれているが，朝鮮民主主義人民共和国での研究は盛んとは言えない。1986年から『朝鮮考古研究』という雑誌が発刊されているが，発掘報告や資料紹介は，数年前の例が含まれている。論考もほとんど変わりばえしない内容がくり返されているのは，残念なことである。

日本での研究は，日本での青銅器文化や弥生文化に関連して，朝鮮の青銅器文化や無文土器文化がとりあげられることが多い。

たとえば，西谷正「朝鮮半島と弥生文化」[15]，藤口健二「朝鮮無文土器と弥生土器」[16]，田村晃一「弥生文化と朝鮮半島」[17]などである。日本の考古学研究が進めば進むほど，地域的な細分化，精緻な分析とともに，対外的な関係の追求，あるいは世界のなかの弥生文化といったとらえ方も必要になってくるだろう。そのためには，朝鮮の考古学研究もより精緻に，また各地域の特色を把握した上での比較検討が必要となろう。日本の青銅器文化と朝鮮の青銅器文化との対比といった茫漠とした研究ではなく，より細分化された地域ごとの比較や分析が検討されねばならない。

そうした点で後藤直氏の「朝鮮半島青銅器文化の地域性」[18]は，有用な論文である。青銅器の分布状態と自然地理的条件にもとづいて11地域に区分し，そのいくつかをさらに細分している。「朝鮮半島の青銅器文化を総体としてとらえるのではなく，地域性をふまえた上でみてゆく」ことに筆者も賛成する。ただ，地域と時期区分とで，後藤氏とやや異なる見解を持っている。とくに，自然地理的な条件では，筆者は河川流域と標高を重視している。櫛目文土器文化と無文土器文化とでは，集落や生産地の立地で差異があったと考えるからである。また，地域間の交流は海や川の水運をかなり利用したと想定できる。とくに，鴨緑江流域は，細形銅剣の出土が少なく早くから中国文化の

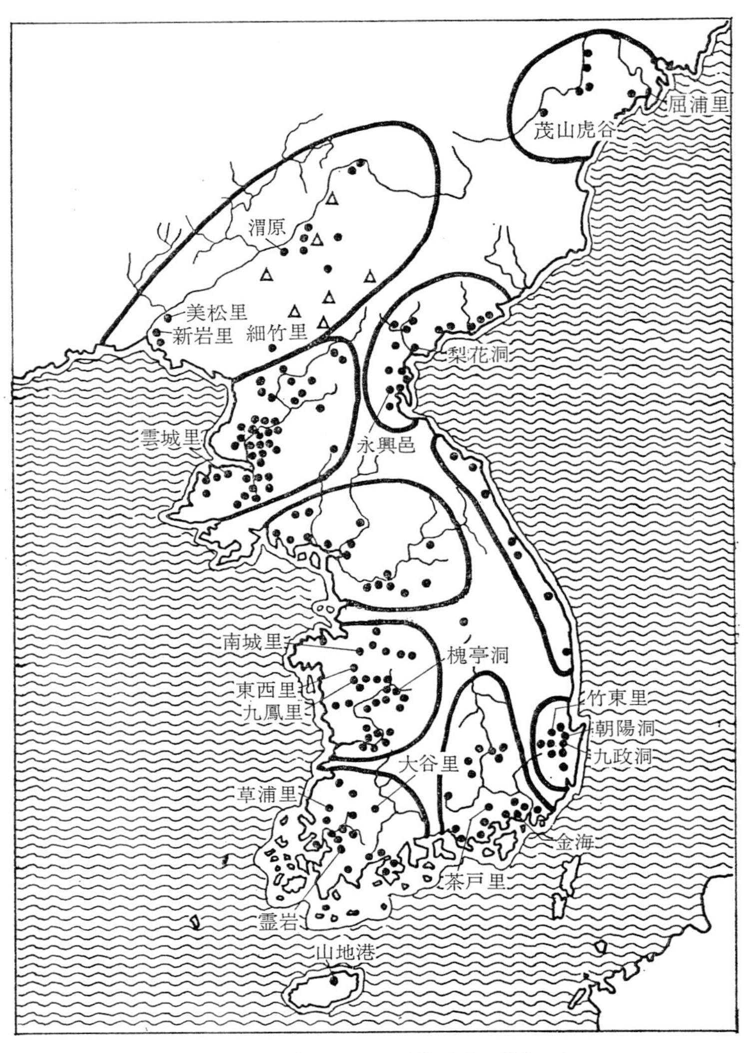

図 5 青銅器の分布と青銅器文化の地域区分

影響下に入り，明刀銭を出土する段階からは他の地域と異なった展開をしている。また洛東江流域は，下流域に金海発見の広形銅矛，固城貝塚の中広銅矛，中流域では大邱晩村洞の中広銅戈など日本製品が分布する。これらは海を越え，河川を遡ってもたらされたものであろう。やはり水運を使っての交流を想定できる。海上の交流については，錦江流域と遼東地方の青銅器の類例から，海上交通を想定したことがある[19]。

朝鮮の青銅器文化の編年については所論が多いが，筆者の地域区分と青銅器の時期別，地域別組合せを示しておこう（図5）。研究がこうした方向にものびて行ってほしいものである。

今回はほとんど触れられなかったが，墓制，集落，生産用具などについての研究も，精密な研究と総合化とが期待される状況である。

註

1) 岡内三眞「朝鮮古代の馬車」震檀学報，46・47合併，1979
2) 李康承「扶余九鳳里出土青銅器一括遺物」『三佛 金元龍教授停年退任紀念論叢』一志社，1987
3) 韓炳三・李健茂『南城里石棺墓』国立中央博物館，1977
4) 池健吉「礼山東西里石棺墓出土青銅一括遺物」百済研究，9，1978
5) 岡内三眞「朝鮮における銅剣の始源と終焉」『小林行雄博士古稀記念論文集』平凡社，1982
6) 徐聲勳・李健茂『咸平草浦里遺跡』国立光州博物館，1988
7) 韓炳三「月城竹東里出土青銅器一括遺物」『三佛 金元龍教授停年退任紀念論叢』一志社，1987
8) 茶戸里の資料は未報告である。1988年12月に調査者の李健茂氏が来日した時，ご教示戴いた。また定森秀夫氏に資料を提供して貰った。記して感謝します。
9) 崔鍾圭著・定森秀夫訳「慶州朝陽洞遺跡発掘調査概要とその成果」古代文化，35—8，1983
10) 尹武炳『韓国青銅器文化研究』芸耕産業社，1987
11) 尹武炳博士回甲紀念論叢刊行委員会『尹武炳博士回甲紀念論叢』通川文化社，1984
12) 三佛 金元龍教授停年退任紀念論叢刊行委員会『三佛 金元龍教授停年退任紀念論叢』一志社，1987
13) 岡内三眞「中国・朝鮮における青銅器の鋳造について」『シンポジウム 青銅器の生産・終末期古墳の諸問題』学生社，1989
14) 近藤喬一「平形銅剣と銅鐸の関係について」古代学，17—3，1970
15) 西谷 正「朝鮮半島と弥生文化」『弥生文化の研究』9，雄山閣，1986
16) 藤口健二「朝鮮無文土器と弥生土器」『弥生文化の研究』3，1986
17) 田村晃一「弥生文化と朝鮮半島」『八幡一郎先生頌寿記念考古学論集』六興出版，1985
18) 後藤 直「朝鮮半島青銅器文化の地域性」『三上次男博士喜寿記念論文集』吉川弘文館，1985
19) 岡内三眞「朝鮮の異形有文青銅器の製作技術」考古学雑誌，69—2，1983

萩の平地区全景　調査区ほぼ全域に礫・遺物が分布。集石，円形・方形配石遺構，住居跡，長方形配石遺構などを検出。

縄文早期の集石・配石遺構

熊本県瀬田裏遺跡

熊本県菊池郡大津町瀬田裏の瀬田裏遺跡で縄文時代早期から弥生，古墳時代にかけての複合遺跡が発見された。とくに縄文早期の遺跡は大規模なもので，台地の東側に位置する萩の平では集石（石組み炉）84基，竪穴住居跡２軒，円形・方形・長方形の配石遺構などが発見された。また土器には押型文土器を主体として撚糸文土器，条痕文土器などがある。

構　成／勢田廣行
写真提供／大津町教育委員会

小判型の竪穴住居と周囲の集石

熊本県瀬田裏遺跡

集石（石組炉）

集石の下部構造
中央，外周石は熱を受けて石材の表面が剥離している

円形配石遺構

方形配石遺構

長方形配石遺構

長方形配石遺構の南西コーナー部

多くの骨角器が出土した

北海道
コタン温泉遺跡

昭和62年からの調査で，縄文時代前期から晩期に形成された大規模な集落遺跡であることが明らかになりつつあるコタン温泉遺跡（山越郡八雲町浜松）で，貝塚3ヵ所が昭和63年の調査で検出された。貝塚はいずれも段丘平坦面から南東のブユウヒ川へ向かう傾斜面に形成されたもので，このうち中期末もしくは後期初頭と考えられる天祐寺式土器の時期に形成された貝層からは，漁具，装身具などの多くの骨角器が出土した。

構　成／三浦孝一
写真提供／八雲町教育委員会

第3貝塚第1貝層出土骨角器
（スケールはすべて5cm）

櫛（表）

櫛（裏）

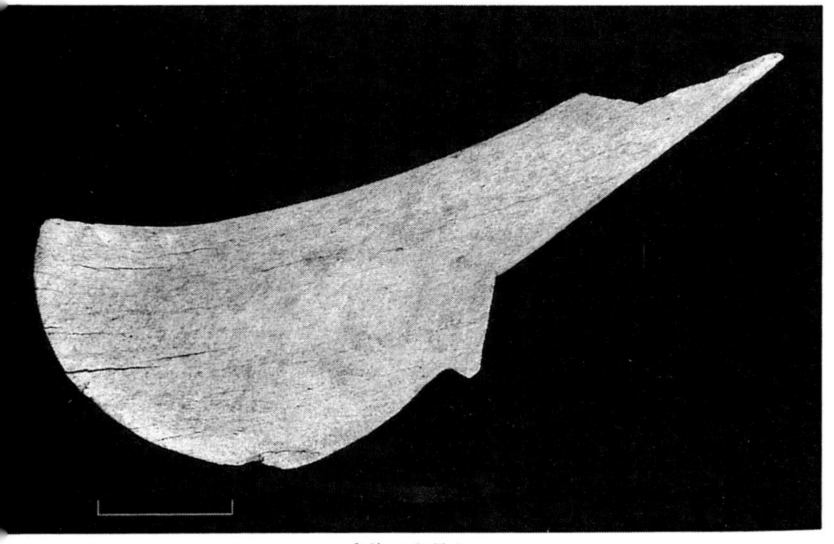

青龍刀形骨器

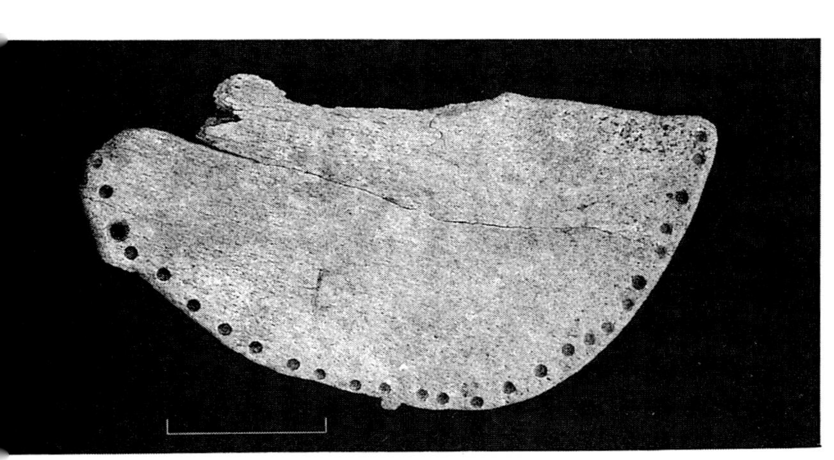

青龍刀形骨器

ヘラ状骨器

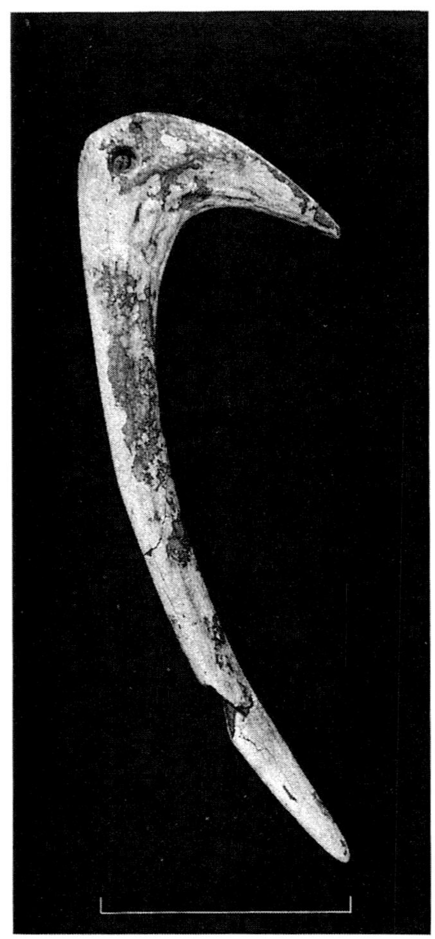

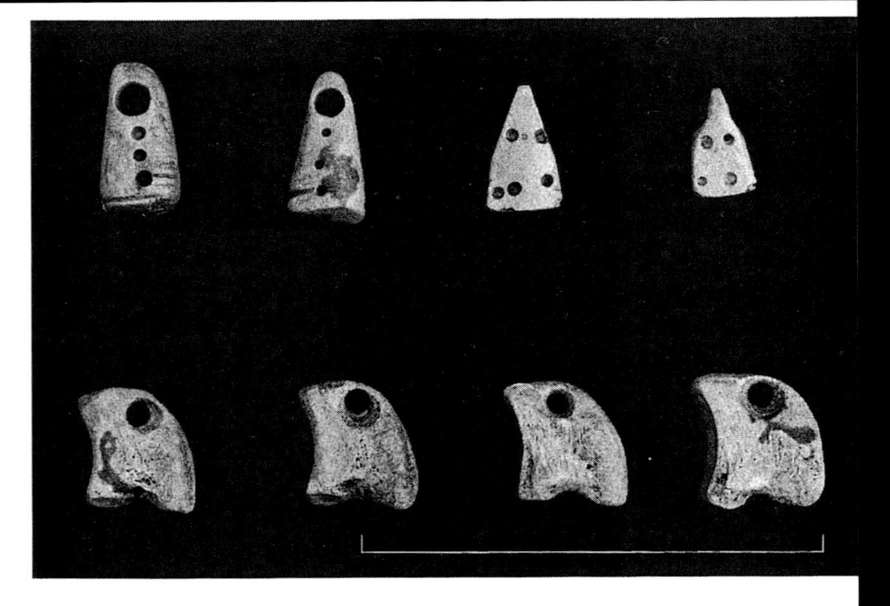

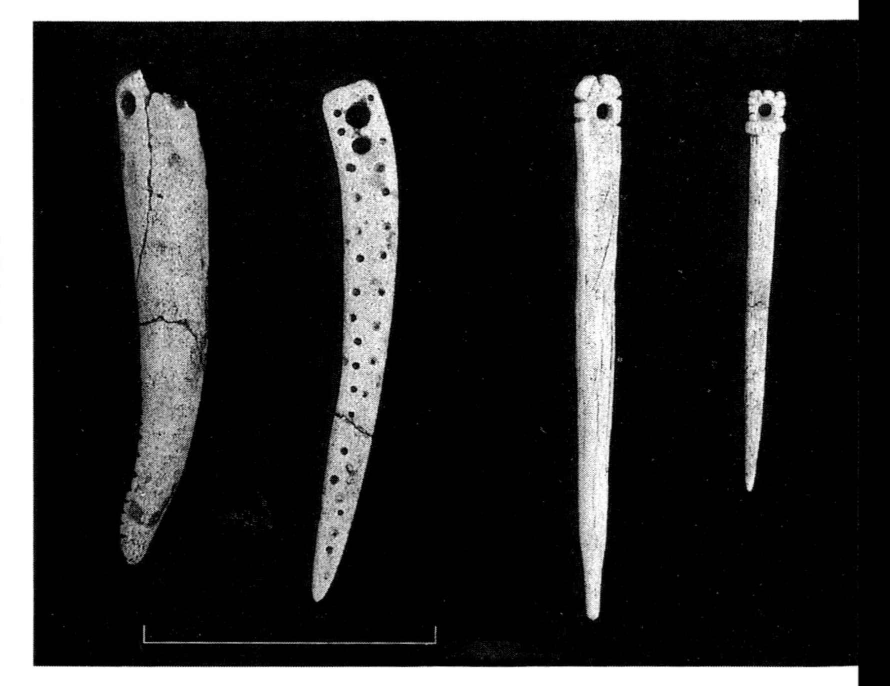

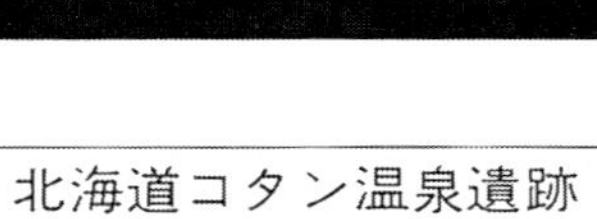

第３貝塚第１貝層出土骨角器
装身具類（スケールはすべて５cm）

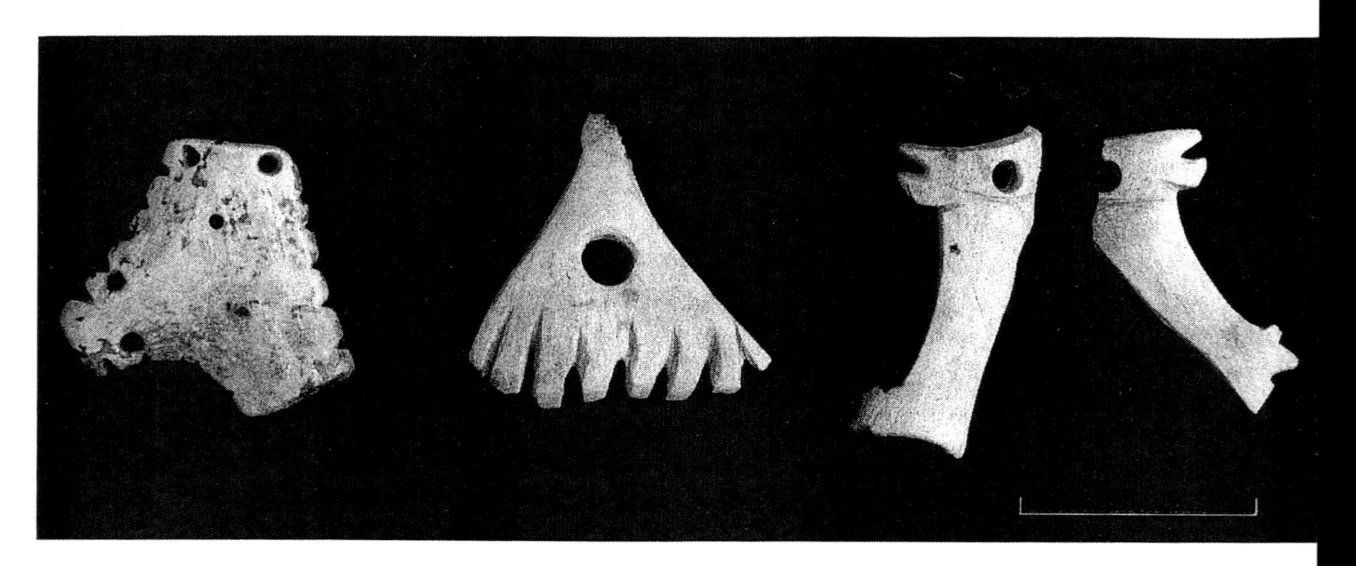

縄文早期の大遺構——熊本県瀬田裏(せたうら)遺跡

勢田廣行　大津町教育委員会瀬田裏遺跡調査団

熊本県大津町教育委員会は1988年5月よりゴルフ場の造成に伴う埋蔵文化財の調査を実施している。本遺跡は縄文時代早期から弥生・古墳時代にかけての複合遺跡である。とくに縄文時代早期の遺構は残存状況が良好であり，変化に富んでいる。本稿では主に検出した縄文時代早期の遺構について概略を述べることにする。

1　瀬田裏遺跡の位置および環境

遺跡は行政区画の上から熊本県菊池郡大津町大字瀬田裏に属し，林道を隔てて萩の平，山の神の小字に分かれている。

大津町は熊本市の東，阿蘇山との中間に位置している。すなわち，鞍岳（1,118m）より派生した山塊の一つの矢護山（516m）より東南に延びる丘陵の裾の瀬田裏原野にある。瀬田裏遺跡の所在するあたりは標高約 307m で，東西 200m，南北 70m の平坦面を形成しており，遺跡の東西両側には比高差約 40m の谷があり，谷川には湧水が流れている。

熊本県北における縄文時代早期の主要遺跡は菊池郡大津町，旭志村および阿蘇郡西原村の阿蘇外輪山の西斜面の台地上に分布している。大津町ではこの時期の遺跡が14遺跡[1)]の多きにのぼり，無田原遺跡[2)]，中後迫遺跡[3)]では発掘調査により集石，配石，炉穴などの遺構が検出されている。

2　調査の状況

遺跡は林道を隔てて二分され，東が萩の平，西が山の神遺跡で調査対象面積は約 14,000m² である。

台地の東端に位置する萩の平では昨年5月以来約 4,000m² を発掘し，遺構分布状態の概略を確認することができた。検出した遺構は集石（石組み炉）84基，竪穴住居2軒，円形配石遺構1基，方形配石遺構1基，長方形配石遺構1基および炉穴4基であり，それぞれの遺構については今なお調査中である。

山の神は林道の西側約 10,000m²，台地の平坦面の大部分を占めている。縄文時代早期の包含層の上位（第Ⅳ層）に竪穴住居65軒（弥生時代後期5軒，古墳時代後期60軒）を検出し，現在（1989年1月）なお調査を継続中である。この地区では竪穴住居の床面が縄文時代早期の生活面と重なり，また住居壁面に押型文土器が発見されるなど遺構の重複が顕著である。下位の文化層の試掘により遺跡の範囲を確認した結果，押型文土器を伴う文化層の範囲は東西約 160m，南北約 60m の 9,600m² に極めて密な状態で分布するものと推測することができた。

3　瀬田裏遺跡の土層層序

第Ⅰ層　表土，約 20～30cm

第Ⅱ層　黒色土（黒ボク），約 20～40cm

第Ⅲ層　暗褐色土，約 15cm，土師器包含層

第Ⅳ層　黄褐色土，約 30cm，上面にアカホヤ火山灰土がブロック状に堆積し，アカホヤ火山灰の上位より縄文時代前・中・後・晩期などの遺物を包含。層上面より弥生時代後期および古墳時代後期の竪穴住居を確認。

第Ⅴ層　暗褐色土，約 20cm，Ⅳ層よりⅥ層への漸移層，下位より塞ノ神(せのかん)式土器検出。

第Ⅵ層　黒色土，約 35～70cmで南になるほど層が厚くなる。層上面より約 10cm 下位から押型文土器，礫などが出土。各種の遺構もこの面より検出され，押型文土器を伴う文化の生活面となる。

第Ⅶ層　茶褐色土，約 75cm，無遺物層で炉穴や竪穴住居（縄文時代早期）の床面が確認される。

4　検出遺構の概略（萩の平地区）

遺構・遺物（土器・石器）は標高 306～307m にあり，調査区のほぼ全域に分布している。しかし，調査区の南端は台地の縁にあたり礫や遺物の出土は少なくなる傾向を示している。礫や遺物は調査区東より中央部にかけて集中的に発見され，主要な生活の場であることを物語っている。

集石（石組み炉）遺構　集石遺構は84基検出し，目下調査継続中である。集石遺構の分布は礫群の分布と重なり，中央部では調査区の南端まで確認される。集石遺構の平面形は径約1m の円形または楕円形を呈し，拳大の礫を数石積み重ねて構築している。用いられた礫の多くは火を受け，赤く変色している。

集石遺構はその下部構造の有無により，外周部に偏平石を傾斜させ円く配石し，中央部に単～複数の偏平石を据え，上部に拳大の礫をもった石組炉と，下部構造のない単に拳大の礫を数石積み重ねたものに分けることができる。

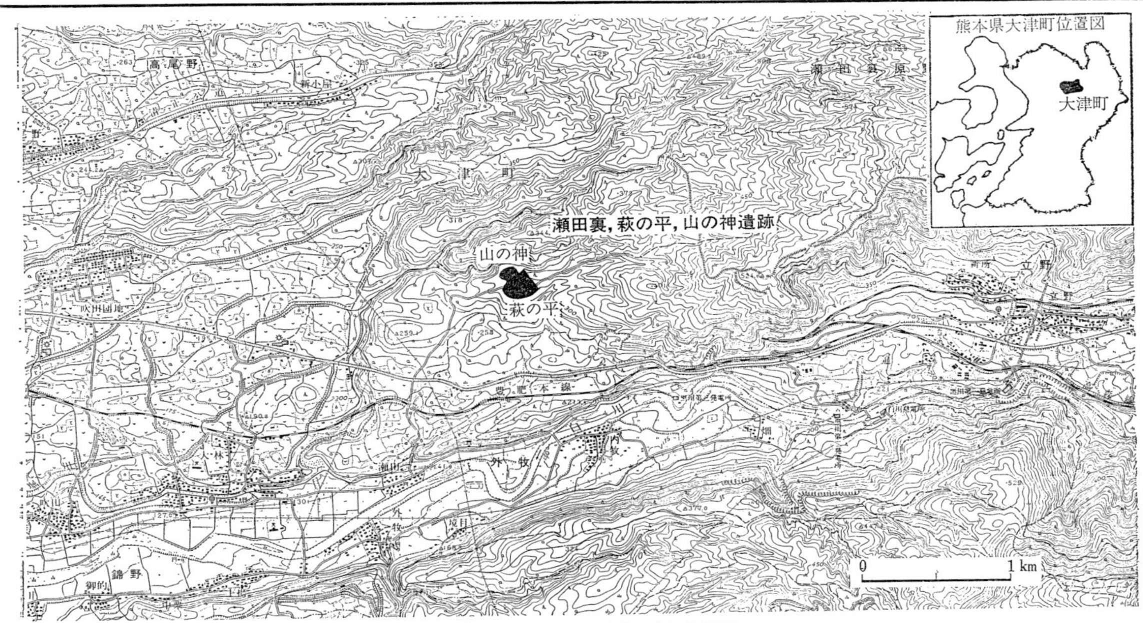

瀬田裏（萩の平，山の神）遺跡位置図

竪穴住居—SI 03・04　竪穴住居は調査区の中央より西南側の台地の端で2軒検出した。2軒の住居は約 8m 離れ，主軸は両住居ともほぼ南北にとる。住居の平面形はそれぞれ 1.9×3.2m，2.2×3.4m の小判形をしている。柱穴は長軸方向に2個，床面までの深さは 35～40cm である。この住居の検出部分には礫はほとんどなく，周囲からは数基の集石遺構が検出されている。SI 03 は埋土に焼土粒，炭化物が混在し，西壁に焼土塊が，床の直上からほぼ完形の小型の楕円押型文土器が出土した。

円形配石遺構—SX02，方形配石遺構—SX03　円形配石遺構は調査区の中央部，北側の林道よりのところから発見された。遺構は偏平な安山岩石を円形に配置したもので，内径およそ1.3m で東の三石が円よりはみ出し，西側は隙間がある。この遺構の周りには礫および集石が散在するが，内側には集石などの遺構はなく，礫も疎らである。

方形配石遺構は円形配石遺構の南約 17.4m にある。遺構の約1/2は林道により破壊されている。偏平な安山岩を用い方形（一辺約 2.25m）に配置している。東壁は石材を垂直に立て，南壁は石材が外側に傾斜している。しかし，南壁の石材は東壁同様に垂直に立っていたものとみられる。これらの遺構の性格については調査中で，結論を得ていない。

長方形配石遺構—SX 04　この遺構は調査区の西端から発見された。遺構は幅約 7m，長さ約 21m の長方形に石を配置したもので，主軸の方向は N-50°-W である。遺構の特徴として集石などの遺構と異なり，数石の安山岩板状石の小口を揃え，8～9石積み上げ平面形が長方形になるように構築している。遺構の残りは北と西側が良好で，南と東の石材は幾分流れている。とくに西北隅は直角に構築されている。遺構内側の礫，土器などの遺物は他のグリッドに比べて少なかった。長方形配石遺構の性格・機能については現在調査中で，内部の発掘を含め今後の検討を待つことになろう。

炉　穴　炉穴は林道の堀切りの断面に4基確認されている。断面形はU字形で底部に焼土があるのも県内発見の他の事例と同様である。土層断面での炉穴検出の状況から，この地区における炉穴の確認には，集石その他の遺構を取り除き，全面を掘り下げる必要がある。

5　おわりに

このように萩の平地区では各種の遺構を検出し現在調査中である。さらに，これらの遺構は北側の山の神地区にも確実に広がることも確認され，各遺構の総数も増えるとともに別形態の遺構も検出される可能性がある。出土遺物も土器は山形，楕円，格子目文の押型文土器を主体とし撚糸文土器，条痕文土器などがあり，石器は石鏃，石斧，削器，磨石，台石などでこれらの量はコンテナ100箱にもあたる。これらの事項より総合的に判断すれば，この台地一帯を調査することは縄文時代早期の社会構造を解明する基礎資料を提供するものと思われる。

註

1）富田紘一『大津町史—原始，古代』大津町，1988
2）註1）に同じ
3）松村道博・西田道世・勢田廣行ほか『中後迫遺跡発掘調査報告』中後迫遺跡発掘調査団，1987

特殊な骨角器を出土した貝塚—北海道コタン温泉(おんせん)遺跡

三浦孝一 八雲町教育委員会

1 調査の概略

コタン温泉遺跡は，北海道山越郡八雲町浜松289番地に所在し，JR 八雲駅から南東約 4km の内浦湾に面した段丘上に位置している。本遺跡の所在する八雲町は，北海道南西部に位置する渡島半島中央部の内浦湾に面した町で，内浦湾沿いに発達した海岸段丘の先端部に数多くの縄文時代の遺跡が点在している。

遺跡地は，北西と南東の両側が沢で区切られた幅約180m の舌状をした標高 20〜25m の海岸段丘面先端部で，海から約100m の距離の所に所在している。遺跡の南東沿いには，幅約2m のブユウヒ川が南西から北東方向に流れている。

今回の調査（第2次調査，昭和63年6月1日〜10月22日）は，広域関連農道の整備に伴う緊急発掘調査で，遺跡の最も南東側沿いを北東から南西方向に幅約18m，長さ約272m にわたって調査したものである。第1次調査（昭和62年6月1日〜9月11日）は 800m² の面積の調査が行なわれ，縄文中期〜後期の住居址13軒，縄文中期〜晩期の土壙46基，柱穴 301ヵ所，炉址4基，焼土26カ所の遺構と，円筒式土器上層 a 式土器の捨て場2ヵ所が検出された。出土遺物は，縄文時代前期末葉から晩期，擦文時代の土器約15万点，石器約2万点に及ぶ多量の遺物が出土した。なお，擦文時代の出土遺物は数点で，主体は縄文時代の遺物である。

今年度の調査は，昨年度調査区域の北東側に相当する段丘面の平坦地と，段丘面からブユウヒ川にいたる斜面および南西側平坦面の調査で，1,000m² の調査が実施された。検出された遺構は，縄文中期〜後期の住居址7軒，縄文中期〜晩期の土壙58基，焼土16カ所であった。また，この他に貝塚3ヵ所が検出された。

出土遺物は，縄文前期〜晩期の土器約25万点，石器1万5千点，骨角器 315 点の多量の遺物と，貝塚より出土した貝，魚骨，獣骨などの動物遺存体 640kg，人骨1体の一部分が出土した。

当遺跡の調査は後2ヵ年度の調査が残っており，整理作業がまだ十分ではないが，今回骨製櫛，腰飾り，青龍刀形骨器など特殊な骨角器が出土したので，取り急ぎ調査が行なわれた貝塚について述べさせていただく。

2 貝塚について

貝塚は3ヵ所確認され，いずれも段丘平坦面から南東のブユウヒ川に傾斜する，斜度20から30度にかけての斜面上に形成されたもので，第1・2・3貝塚と呼称して調査を実施した。調査は，1×1m 単位で貝層を取り上げ，5mm，2.5mm，1mm のフルイを用いて水洗したが，調査途中で1mm のフルイについては骨などの抽出に効果が見られないため途中で中止した。なお，一部貝層ごと取り上げて水洗いできなかった部分もあった。

第1貝塚　斜度約 20° の斜面に形成された貝塚で，後期の大津式土器および十腰内(とこしない)式土器を包含するⅢ層下にあり，混貝土層である。貝層の厚さは約 10cm で，貝層が分布していた面積はおよそ 3m² である。

貝層中の動物遺存体は，魚骨，獣骨の比率が高く，貝類の量は小量で形状をとどめないくらい破損しており，貝の形状を保っているものは数点であった。ウバガイ，ヒメエゾボラが認められる。

貝塚の形成時期については，貝層中より出土した土器1,114 点の内，後期初頭の涌元(わきもと)式に相当する土器が97%を占めていることから縄文後期初頭に位置づけられる。

第2貝塚　斜度約 35° の斜面に形成された貝塚で，第1貝塚同様Ⅲ層下に認められた。層厚は約 10cm で，混貝土層である。貝層の分布範囲は約 0.5m² で，非常に小さな貝塚である。貝層中の動物遺存体は，魚骨，獣骨が多く，貝類の比率は非常に少ない。貝は，第1貝塚同様で形状をとどめないくらい破損している。骨角器は認められず，層中から出土した数点の土器片から縄文後期初頭に位置づけられ，第1貝塚と同時期である。

第3貝塚　斜度 25° の斜面上の下部に形成された貝塚で，この地点は，本遺跡を形成している縄文時代前期から後期にかけての遺物が多量に廃棄されている部分に当り，その堆積量の層厚は，最深部で約 2.5m にもおよんでいる。

貝層は，この包含層中に2層認められた。第1貝層は，地表面下約 1.5m の所で，後期初頭に相当する十腰内式土器，大津式土器，涌元式土器の包含する③層と，中期中葉のサイベ沢Ⅶ式，見晴町式，榎林式土器を包含する④層の間に認められた。層の堆積は，斜面途中より始まり，斜面下に行くにしたがって厚く堆積している。平均層厚は 30cm で，最も厚い部分は 50cm に及んでおり，純貝層に近い混貝土層である。第1貝層の範囲は調

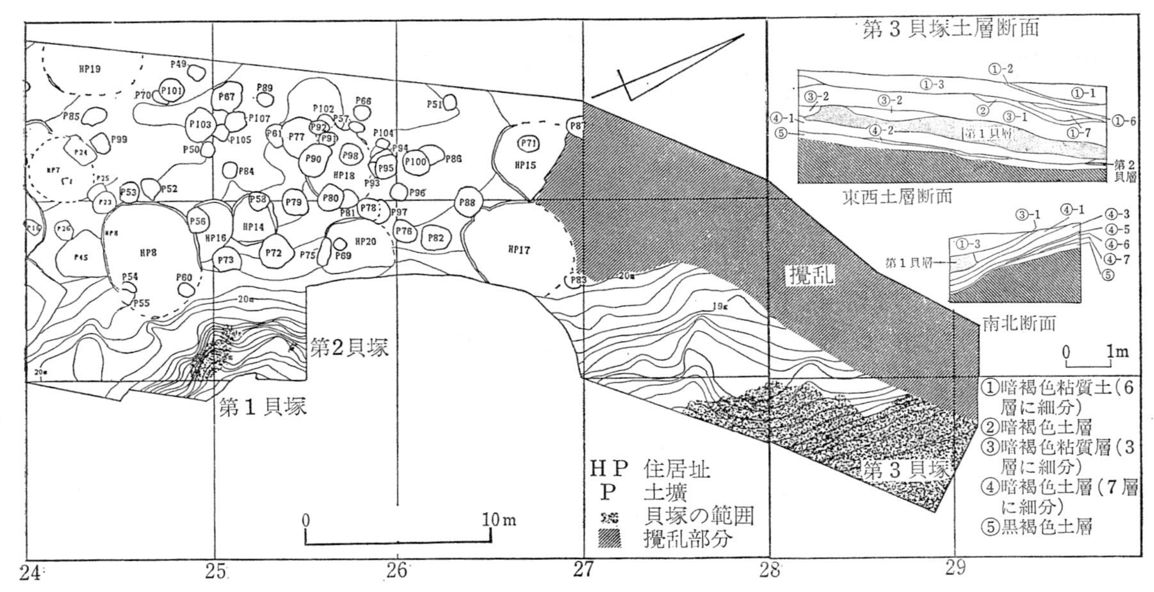

調査区内貝塚分布図

査区域外にも及んでいるため，その広がりは明らかではないが，今年度調査区域内では約50m²に及んでいた。

貝層中の動物遺存体は，ウバガイ，イガイ，エゾタマキビ，ホタテガイ，ミルクイガイ，カキなどの貝類，クマ，シカ，イヌ，キツネ，クジラ，アザラシ，イルカ，オットセイ，ウミガメ，サケ，マグロ，イトウ，サメ，ニシン，ホッケ，ソイなど多種多様の陸獣骨，海獣骨，鳥骨，魚骨が認められている。人工遺物は土器が10,573点出土した。このうち道南部の中期末もしくは後期初頭と考えられている天祐寺(てんゆうじ)式土器相当の土器が99.4%を占め，他は円筒土器上層式など中期前葉の土器がわずかに認められるだけであったので，本貝層は天祐寺式土器相当の時期に形成されたものである。

第2貝層は，地表下約2.2mの包含層の最も下の部分に所在し，円筒式土器下層d式を包含する④―3層と，⑤の層間に認められた。層厚は約 2cm で薄く，混土貝層である。層の広がりは，第1貝層同様調査区域外に広がりを見せているため規模は不明である。今調査区の範囲は 3m² ほどである。

層中の動物遺存体については，小さな破損破片が主である。また人工遺物については，今調査では検出されていないが，堆積土層の状況から縄文前期末の円筒土器下層d式に形成されたものである。

3 骨角器

骨角器は第1貝塚の貝層より12点，第3貝塚の第1貝層より283点，他の包含層より23点の計318点が出土した。器種は漁具や装身具が大半を占めている。漁具には，銛頭，単式釣針，結合釣針が認められ，銛頭はすべて開窩式で33点出土し，1点を除いて尾部に穿孔が認められる。結合釣針は針，軸の双方が出土しているが，セットとして出土したものは認められない。

装身具としては，櫛，髪針，垂飾，腰飾りが出土しており，この内櫛は第3貝塚第1貝層より検出され，長さ10cm，幅5.2cmで，鯨骨で製作されたものである。頭部には透し彫りの彫刻が施されており，櫛歯は7本である。しかし，この内の2本は根元より損失している。髪針は12点出土し，その大半は頭部に装飾とみられる刻みが施され，穿孔されている。垂飾は数多く出土し，獣類の歯牙を利用したもの，魚骨の椎骨を利用したもの，獣類の下顎骨を切断して利用したもの，骨を切断して穿孔したもの，鹿角を利用したものなどさまざまなものが認められる。腰飾としては，鹿角の叉状を利用してつくられた叉状具が出土している。

漁具および装身具以外の骨角器としては，青龍刀型骨器，へら状骨器，大小の針，刺突具，棒状角製品，未加工品などが出土している。このうち青龍刀型骨器は鯨骨製で2点あり，いずれも第3貝塚第1貝層上面より出土したもので，2点とも柄部が破損している。2点の内1点には，直径5mmの刺突が刃部側面に沿うように表裏に施されており，突起部の刺突は貫通している。

なお，第3貝塚については，平成元年度に行なわれる第3次調査で引き続き発掘が行なわれることとなっており，今後さらに数多くの骨角器の検出が期待されている。

* 動物遺存体の同定については，平成元年度に実施の予定であり，本稿に記載の動物遺存体の種類については，国立歴史民俗博物館の西本豊弘氏に御教授していただいた。

連載講座

縄紋時代史

1．研究の流れ(1)

北海道大学助教授
林 謙作

今年はエドワード=S=モース（1838～1925）の大森貝塚の調査報告書の出版（1879）から，ちょうど110年目にあたる。縄紋時代の研究の歴史は，1世紀をこえたわけである。この歴史をくわしく点検しようとすれば，それだけで一冊の書物を書き上げることになるだろう。ここでは，研究の成果そのものよりも，研究の方法の変化をたどってみることにしよう。

佐原眞・赤沢威両氏には文献の閲覧や複写にあたってお世話になった。永峯光一・佐原眞・藤本強・鈴木公雄・春成秀爾・大塚達郎の各氏は草稿を読み，適切な助言をくださった。ここでお礼申し上げたい。

1．モースと坪井

大森貝塚の調査以前にも，新井白石（1657～1725）や伴信友（1773～1846）のように，たまたま目に触れた石器時代の遺物を人工品であると考え，その素性を考証した人びともあった[1]。また木内石亭のように「奇石」の一種として，石器を収集した人びと（弄石家）も多かった。しかし遺物の素性を考証しようとした人びとは，積極的に遺物を集めて観察しようとはしなかったし，弄石家たちは，「奇石」の素性を詮索しようとはしなかった。遺跡や遺物を，神々や妖怪変化の残したものでなく，人間が残したもので，人間の歴史を理解する資料となるという考えが普及するためには，「進歩」を前提とするものの見方，古典にとらわれずに遺物そのものを観察することが必要であった。しかし，大森貝塚調査以前の日本の社会には，このような条件はととのっていなかった。遺物が神々や妖怪変化ではなく，人間が作ったものであるという考えが普及するのは，モースの大森貝塚の調査からのちのことである[2]。モースは，新興国アメリカで「進歩」を前提とするものの見方と進化論を身につけて来日し，大森貝塚を調査した。

大森貝塚の調査の結果，日本にも「石器時代」の住民が住んでいたことが確認された。それからのち，1907年に名古屋市熱田貝塚で弥生土器を作った人びとも石器を用いていたことが確認されるまで[3]，「石器時代」は「縄紋時代」と同じ意味で用いられる。そしてその当時の言葉でいえば「日本石器時代人」――の素性をめぐる論争が，半世紀ちかくつづく。いわゆる「人種論争」[4]の時代である。「日本石器時代人」はアイヌであるかどうかをめぐって議論の応酬がつづく。いずれにしても，「日本石器時代人」を「先住民」というイメージでとらえていることに変わりはない。

モースは，「世界各地の貝塚は，共通する多くの特徴をもつ一方では，それぞれ他と違う特徴をそなえて」おり，「その類似性は，そもそも貝塚が，（中略）海辺に住んで，軟体動物や魚など手に入れやすい食物を得ていた野蛮人のごみすて場である，という事実による」ことを指摘し，つづけて，世界各地の貝塚から出土する石器・骨角器・土器に共通性がみられることを指摘したのち，デンマークとニューイングランドの貝塚の出土品，大森貝塚の出土品の特徴を指摘する[5]。モースは世界各地の貝塚の一つとして，いい変えれば普遍的な発展段階としての石器時代の遺跡として大森貝塚をとらえようとしている。これにひきかえ「人種論争」のなかでは，日本の石器時代人の素性だけが問題となる。

モースは，世界各地の貝塚はそれぞれ固有の特徴をもっているが，それとともに貝塚を残した人びとの同じような暮らしぶりに由来する共通性がある，と考えている。この「それぞれ他と違う特徴」とともに「共通する多くの特徴」がある，というとらえ方は，生物学の二命名法の原理――共通の特徴をもつ仲間の名称（属名）と，そのなかでの固有の特徴をあらわす名称（種名）を与える――とおなじことで，動物学者であるモースにとっては，ごく当り前の手続きを踏んだまでのこと，といえる。しかし，このように一つの秩序や手順にしたがって，観察した事実を整理する方法は，日本の研究者には引き継がれないでしまう。

モースにとっては，大森貝塚を残した人びとの人種や種族を詮索することよりも，彼らがデンマークやニューイングランドの貝塚を残した人びとと同じく，新石器時代の人びとである，ということの方が大きな意味をもっていた。この考えを発展させれば，日本の石器時代がどのような時代だったのか，という方向に研究が進む可能性があった。しかし『大森貝塚』以後の議論は，べつの方向――いわば「先住民族」の種族や人種の詮索――に流れてしまった。坪井正五郎（1863～1913）の考えと方法がつよく影響している。

坪井は，人類学は自然科学で，過去の問題をあつかうにしても判断の根拠は現在の資料に求めるべきだと考えていた[6]。コロボックルの風俗を推定する手がかりとして，アイヌの口碑・石器時代の遺物・未開人の習俗をあげ，そのなかでも未開人の習俗は決定的に重要であるという[7]。それにひきかえ，遺物の観察や吟味はあまり重視しない。遺物は「歴史的材料」で，それを扱う「歴史的方法」には解釈や判断は曖昧さがつきまとう。現在の材料をあつかう「人類学的方法」にはそのような曖昧さがないから「人類学的方法」は「歴史的方法」よりも優れているというのが坪井の考えである[8]。

坪井は，遺物をこまかに観察したり比較したりする前に，たまたま目についた表面的な特徴だけを「現存未開民ノ行為」と結びつけて解釈する。坪井は，このやり方を「通例ノ人種調査ニ要スル順序」[9]と呼び，表面にあらわれた特徴のかげに隠れている事実を見逃していることには気づかない。この弱点は「遮光器」や「唇飾」[10]の解釈によくあらわれている。鳥居龍蔵もこの考え方と方法を受けついでアイヌ説を主張する。「人種論争」のなかで，遺物を取り扱う原理と方法はまったく問題とならなかった。坪井の「人種調査ノ順序」がその原因となっている。

坪井はイギリス留学から帰国したその年，1892年12月23日の西ヶ原貝塚の調査を皮切りとして，1893年から1894年にかけて，若林勝邦・八木奘三郎・大野延太郎（雲外）・鳥居龍蔵・下村三四吉・佐藤傳蔵などを動員して集中的に貝塚を調査する。坪井はモースの業績に追いつき，追い越すことを目標としていた。この雰囲気のなかで，「坪井正五郎氏ガ西ヶ原貝塚ヲ発掘セラレテヨリ，本邦石器時代ノ研究ハ大ニ精密ヲ加フルニ至リ，殆従来ノ面目ヲ一新セリ」という評価[11]，あるいはモースや飯島魁・佐々木忠次郎の報告には「貝塚内部ノ積層，遺物トノ関係如何等ハ絶エテコレヲ記スルナシ」[12]という批判がうまれる。

坪井が帝国大学教授に就任した1893年前後は，東京市内の家庭用配電の開始，東海道本線の開通，北里伝染病研究所の創設，下瀬式火薬の開発，国産機関車の製造開始，東北本線全線開通など，明治政府が進めてきた工業化政策の具体的な効果があらわれた時期にあたる。人びとのあいだに，技術的・経済的発展に対する自信がひろがる。坪井は，学生のころから渡辺洪基や菊池大麓など大学首脳部の特別な配慮をうけ，帝国大学教授に任命されるとともに，学問の分野でこのような意識をかきたてねばならぬ立場にたった。「材料蒐集にのみ忙しかった時期は過ぎ」，「或事実の概括をも企てるようにしたい」[13]という発言もこのような事情と無縁ではなかろう[14]。

このような条件のなかで，坪井は「我我日本人ノ祖先ハ如何ナル生活ヲシテ居タカ（中略），他ノ人民トハ如何ナル関係デ有タカ，此日本ノ土地ニハ我我ノ先祖ガ第一ニ住居シタノカ，或ハ其前既ニ何物カ住居シテ居タカ，若シ居タナラバ如何ナル人種デ（中略）今デハドウ成タカ」[15]という問題を取り上げ，「コロボックル説」を主張する。その一方で「欧羅巴二三ノ地方ニ三時代変遷ノ跡アルハ，単ニ是等ノ地方ニ於テ偶マ斯カル変遷有リシヲ証スルノミ」で「利器原料ノ如何ハ未ダ以テ之ヲ使用スル者ノ開非ヲ判断スルニ足ラザルナリ」[16]と断言する。

坪井は，日本では石器・青銅器・鉄器という時代区分がそのまま適用できないことに気づいていた[17]。おなじく石器を使っている人びとのあいだにも「開化ノ度」の違いがあることも知っていた[18)]。彼は三時期区分のような一般的な原理，石器時代のような普遍的な段階を持ち込んでも，日本の石器時代人という個別の問題を解決することはできないと考えた。その判断が間違いだとはいえないが，「石器時代人民相互ノ関係」をあきらかにする手段として「通例ノ人種調査ニ要スル順序」を選んだ間違いは取り返しがつかない。鳥居龍蔵も，おなじあやまちまで引き継ぐほど，坪井の学問に忠実であった。こうして日本の考古学は，山内清男のいう「五十年の遅れ」[19)]をとることになる。

2. 縄紋土器の編年——経過と反響

「人種論争」は「石器時代の遺物を残したのはだれか」という素朴な，しかしある意味では根本的な，謎をめぐる応酬である。そのあいだ，もう一つの，「石器時代はいつごろなのか」という謎はあまり議論にならなかった。

石器時代の年代を割りだそうとする人がまったくいなかったわけではない。19世紀の末には，まったく素朴なものではあるが，数値による年代（いわゆる絶対年代——「計量年代」というべきだろう）も，序列による年代（いわゆる相対年代——「序列年代」というべきだろう）も発表されている。ジョン＝ミルン（1850～1913）は東京の古地図の海岸線を比較して，大森貝塚の年代を2600年前後と推定し[20)]，山崎直方は，そのころただ一つの沖積平野のなかの貝塚として問題となっていた東京都中里貝塚の立地と層序を検討して，東京周辺の貝塚の年代を洪積世の最後から沖積世のはじめと推定した[21)]。

土器型式の編年のめばえがまったくなかったわけでもない。モースも大森貝塚の遺物のなかに時期の違うものがふくまれている可能性を認めており，佐々木忠二郎も陸平(おかだいら)の土器を大森より新しいと考えていた[22)]。1890年代のなかばには，「石器時代土器」（「貝塚土器」）に大森・陸平・諸磯(もろいそ)の３種類の違いがあることは確認されていた。しかし年代が違うから土器の顔付きも変わるのだ，と公言したのは八木奘三郎・下村三四吉だけだった[23)]。鳥居龍蔵は，新郷貝塚での体験にもとづいて，遺物の時間的な変遷を真っ向から否定する[24)]。大部分の人びとは，そのあいだで右顧左眄していたというのが実情だろう[25)]。坪井を頂点とする19世紀末の日本の考古／人類学界は，八木・下村の指摘した遺物の時間的な変遷という解釈を避けつづける。

貝塚から出土する遺物の変遷は，層序の確認，型式の設定，層序と型式の関係の確認，という手続きをふんで確認できる。鳥居の調査した貝塚村（新郷）貝塚を皮切りとして，椎塚・阿玉台(おたまだい)・浮島[26)]などの報告には，貝層断面の見取図がそえてあり，簡単ながら層序の説明もある。大森・陸平・諸磯の区別は，おおまかではあるがタイポロジカルな区分にはちがいない。原資料にあたってたしかめる必要はあるが，時期差をとらえることができなかった原因は，層序と型式の関係を確認できなかったところにあるのだろう。もっと具体的にいえば，型式差をとらえる手がかりが層序のなかで見当たらなかったか，手がかりとなる特徴に気づかなかったか，どちらかだろう。

層位[27)]を区分し，その序列のなかで型式差をあらわす特徴の変化を確認する作業は，松本彦七郎（1887～1975）の宮城県宝ヶ峯遺跡の調査[28)]ではじめて実現する。ここで松本は下層には斜行縄紋がおおく，上層では羽状縄紋が増えてゆくこと，年代が新しくなるにしたがって，薄手の土器が増えること，を確認した。宝ヶ峯ではおおむね20cmごとに区切りをつけて遺物を取り上げているが，その直後の宮城県里浜貝塚の調査[29)]では，堆積物の特徴にもとづいている。アメリカ流の分層発掘から，いま日本で主流となっている方法への転換である。

山内清男(1902～1970)は，八幡一郎(1902～1987)・甲野勇（1901～1967）などとともに，縄紋土器の編年に着手し，編年網の完成に生涯をかける。山内は松本編年の枠組[30)]を組み替えたばかりでなく，型式の中身も入れ替えた。松本は，器種および器形・紋様帯の特徴・縄紋の施紋手法・厚さ・底部の特徴・土器のサイズ（底径）などの要素を取り上げ，一枚の層のなかでの比率を観察し，「式」を設定する[31)]。ここではいくつかの要素の比率が変化した場合に「型式」を設定することになるから，その「型式」は資料の量的な側面に目をむけた型式だ，といえる。山内は，松本の型式を，特定の要素があるかないか——質にもとづく型式——に作り替える。その違いは，山内編年の成立する過程——とりわけ「繊維土器」の分類と編年のいきさつ——から読み取れる。

山内の作業は，漠然と諸磯式と呼ばれてきた土器が，胎土に繊維を含むものと含まぬものに区分される，という事実の発見から始まる。そして，外見のうえではまったく諸磯式と似ていない東北地方の円筒土器にも繊維が混入されているものといないものを区別することができ，「繊維土器」は繊維を含まぬ土器よりも下層から出土することを確認した[32]。その後，ひきつづいて「繊維土器」を「内面に条痕のある型式」と「内面に条痕のない諸型式」に[33]，尖底・丸底の土器を「内面に条痕をもつ型式」と「縄紋以前・繊維以前」の型式[34]へと「細分」をつづける。

山内らが作りあげた「編年網」に，当時の学界は反発，あるいは当惑をしめす。喜田貞吉は，縄紋土器は東日本でも西日本でもほぼ同じ時期に終末をむかえている，という山内の発言を真っ向から否定し，山内はこれに反論する[35]。浜田耕作は「その煩にたえず」と切り捨てたという[36]。山内とおなじ世代の人びとも，中谷治宇二郎のように否定的な態度[37]，あるいは宮坂英弌のようなふたつの立場の「調和」をはかるような態度[38]をとる。また赤木清（江馬修）のように編年の意義は評価しながらも「型式的事物学よりの脱却が見られ」ぬことを批判する声もあがる[39]。結局のところ，山内らを支持したのは，芹沢長介・鎌木義昌・吉田格・江坂輝彌などの若者たちであった。

佐原眞は「山内先生の編年ができあがる前に，たとえば坪井先生や鳥居先生の時代に，いまのような勢いで開発が始まっていたら，考古学は目茶苦茶になっていた！」という。山内編年が今日の縄紋研究のかけがえのない土台となっていることを端的に指摘している。それだけに，われわれにとって山内・八幡・甲野らの指摘の正当さを確認し，その仕事を評価することはたやすい。むしろ山内らの仕事を認めようとしなかった人びとの論理を正確に分析することのほうがむずかしいし，山内らの仕事を正確に批判することはもっとむずかしい。しかし考古学の研究を進めるには，このふたつの作業はどうしても必要となる。

山内は喜田との議論は「夫々別なルールで戦っている様なものである」[40]と述べている。この言葉は事態を正確にとらえている。この論争のなかで，山内は喜田の「調査」や「事実」の論理的な欠陥を指摘する[41]が，喜田の信念は動かなかった。喜田の提唱する「常識考古学」[42]は，日本書紀・続日本紀などの記事は歴史的事実である，という信念を土台としている。その「常識」が通用する範囲では，喜田の意見は「合理的」である。したがって，その「常識」を批判しないかぎり，山内が喜田の主張を論破することはできない。1930年代なかばの日本の社会のなかで，そのような批判が許されるわけもなかったし，山内は文献史学の研究者でもなかった。山内は「各地方別に年代的調査を行ひ，その結果を対比し，地方間の連絡を確かめて行かねばならない」という戦略的な見通し[43]と，その方針のもとで確認された事実をあらためて述べ[44]，議論は並行線のままに終わった[45]。ただし，この論争が論理的な性質のもので，主観的な動機がまったく含まれていない，という点は注目してよい。

鳥居龍蔵の目には，山内らの仕事は「誰も彼もただ土器の破片のセクションや（中略）輪郭についてのみに走り（中略）大切なる部分を忘れている」[46]としかみえなかった。鳥居は松本の編年にも不満であったらしく，いずれあらためて批判するという趣旨の発言をしているが[47]，実現はしていない。この場合も「大切なる部分」の中身には一言も触れない。

おそらく鳥居は若手の研究者の仕事からは「人間」のすがたが消えている，といいたかったのだろう。彼は1930年代の縄紋研究にとって，編年を確立することが，正当に「人間」のすがたをとらえるただ一つの方法だ，ということが理解できなかった。「人間」の中身を鳥居自身が限定できない以上，あるいはその中身が「土器型式部族説」でしかない以上，鳥居の発言は「人間」を隠れみのとして，自分の主張したアイヌ説が坪井のコロボックル説とおなじ運命をたどろうとしていることへの不安とあせりのなかで悶えている，としか理解できない。

赤木清も「人間不在」を指摘する。赤木の発言にも鳥居とおなじくあせりが含まれている。ただしこの場合は，「編年」を土台として，新しい「人間」のすがたを描かねばならない――「彼らが生活した経済的社会構成の発展段階を辿らずにいられなくなる」[48]――というあせり，である。赤木の発言に対して，甲野勇は編年に熱中せざるをえない理由を低姿勢で説明し[49]，八幡一郎は高姿勢で編年の意義を主張する[50]。山内清男はおわりまで沈黙を守る。

ここで，もはや「材料蒐集にのみ忙しかった時期は過ぎ」たという坪井正五郎の発言を思いだそう。坪井は，遺物の分布や編年の見通しさえ立っていない時期に，この発言をした。赤木は縄紋土器編年の見通しがようやく立った時期にこの発言をしている。事態はあきらかに変わっている。しかしどちらにしても，その陰にあせりがあることには変わりがない。坪井は国家の政策を実現しようとしてあせり，赤木は国家の政策に抵抗しようとしてあせっている，という違いはある。日本の考古学が，たえず国家の力でつき動かされてきている，という事実，そしてそのなかで，研究者がどのような立場を採るにしても，研究の現状を正確にとらえることができなくなっている，という事実は読み取っておく必要がある。

「いつまで編年を続けるのか」という藤森栄一の発言[51]は，赤木とおなじ現状のとらえ方，研究の進め方の見通しが根を断っていないことを証明している。その発言は「土器型式の細別，その年代地方による編成，それに準拠した土器自身の変遷史，これによって排列されたあらゆる文化細目の年代的及び分布的編成，その吟味……等の順序と方向」によって「縄紋土器の文化の動態」を解明しようとする山内の戦略[52]を批判したことにはならない。

赤木にしても藤森にしても，現在研究がどこまで進んでいるか，ということだけを問題とし，現在はもう編年以外に目を向ける余地があるはずだ，という。とすれば，もっと土器型式の細分が進まなければ，そんな余裕はない，と切り返すこともできる[53]。この種の発言は，見掛けのうえでは編年研究を批判するようにみえても，もっとも素朴に編年に熱中している研究者の熱を冷ますことさえできるはずがない。なぜなら，いわゆる編年批判は，編年作業そのものと，まったくおなじ次元に立っており，ただ現状の判断だけが喰い違っているからだ。

今日から見ると，喜田と山内が編年をめぐる論争の当事者であったことは，不幸なことであった。二人の論争では，日本書紀などの記事を事実と認めるかどうか，という点が事実上の争点となっている。しかし治安維持法（1925年公布）によって拘引され，最悪の場合には死刑を宣告される覚悟がなければ，公然とその問題にふみこむことはできなかった。山内が編年研究の大まかな原理を述べるだけで，その土台となる型式を設定する原理・具体的な方法に触れていないのは，論争の相手が考古学の専門家でなかった，という事情もはたらいているにちがいない。

しかし，1930年代の日本に考古学の専門家がどれだけいただろうか。すくなくとも専門的教育がおこなわれていたのは京都帝国大学考古学教室（1906年創設）だけであったし，専門的知識を必要とするポジションも，東京・京都両帝国大学，国学院大学などの私大，それに帝室博物館鑑査官など，きわめて少数であった。専門家・権威と認められていたひとびとにしても，自己流の学習と体験のつみ重ねのほかには拠りどころを持たぬ人の方が多かった。

このような事情のもとでは，論争の相手が考古学の研究者であっても，事態はさほど変わっていなかった，という見方もできるかもしれない。八幡一郎と大場磐雄は，亀ヶ岡文化が東北地方で成立するのか，東北より南の地域で成立して東北地方に波及するのか，対立する意見を発表する[54]。しかし，ここでも資料の解釈の喰い違いが問題となるだけで，解釈をひきだす前提や論理は噛みあわぬままに放置されてしまう。まして資料を操作する方法などはまったく問題にもならない。

1930年代の編年をめぐる論争は，タイポロジー・クロノロジーの原理・方法・目的をあきらかにするうえで，絶好の機会だった。しかしこの機会を活かすには，思想と言論の統制はきびしすぎたし，考古学の研究者のあいだに，組織だった研究法の必要性はほとんど自覚されていなかった。むしろ山内清男の意識があまりにも前衛的であった，という方が正確かもしれない。こうして編年をめぐる論争は，人種論争のときと同じく，論理的な解決がつけられぬまま，「時間」と「事実」に解決がゆだねられてしまう。

註

（＊印は複数の刊本がある場合，引用した版を示す）

1）新井白石は，佐久間洞巌宛書簡のなかで，佐久間から送られた石鏃を，粛慎の石砮にあたるものと考証しており（「白石先生手簡」『新井白石全集』5：51-62，図書刊行会，1906），伴信友は「比古婆衣」のなかで，石棒を古事記歌謡にみえる「伊斯都々伊」と考証している（『伴信友全集』4：331-32，国書刊行会，1907）。

2）大森貝塚調査以前の遺物の考証・収集は，中谷治宇二郎『日本先史学序史』（岩波書店，1935），清野謙次『日本考古学・人類学史』（岩波書店，1950・1951），斎藤　忠『日本考古学史』（吉川弘文館，1974）pp. 2-92 にくわしい。

3） 鏈谷徳三郎「尾張熱田高倉貝塚実査」(『東京人類學會雑誌』23：275-283，1908）
4）「人種論争」は，工藤雅樹『研究史・日本人種論』（吉川弘文館，1979）にくわしい。
5） モース・近藤／佐原（訳）『大森貝塚』 pp. 23-28（岩波書店，1983）
6）「人類學の實躰と人類學なる名稱」p. 634・635(『東洋學藝雑誌』10：633-637，1893）
「事物變遷の研究に對する人類學的方法」p. 33（『太陽』1：31-33，1895）
7）「コロボックル風俗考」p. 51（『風俗画報』90•91•93•95•99•102•104•106•108, 1895，斎藤 忠(編)『日本考古学選集・坪井正五郎集 上』* pp. 50-100，築地書館，1971）
8）「事物變遷の研究に對する人類學的方法」p. 33
9）「コロボックル風俗考」p. 51
10）「貝塚土偶の 面貌の奇異なる 所以を説明す」(『東洋學藝雑誌』11：125-130，1894，「コロボックル風俗考」pp. 63-64）
「日本石器時代人民の口邊裝飾」(『東洋學藝雑誌』13：114-119，1896，「コロボックル風俗考」p. 54）
11） 八木奘三郎・下村三四吉「常陸国椎塚介墟発掘報告」p. 341（『東京人類學會雑誌』8：336-89，1893）
12） 鳥居龍藏「武藏北足立郡貝塚村貝塚内部ノ状態」p. 72（『東京人類學會雑誌』* 9：72-5，1894，『鳥居龍藏全集』2：514-516，1975）
13） 坪井正五郎「本會創立第十一年會にて為したる演説」p. 4（『東京人類學會雑誌』11：1-6，1896）
14） 文部大臣森有礼は 1888 年（？）に帝国大学の教官に，大学の教育を日本の実情にそったものとする必要があることを指摘している（大久保利謙(編)「森有礼全集」1：614，大久保・海後(監)『近代日本教育資料叢書 人物篇 1』宣文堂，1972)。渡辺洪基は，「帝国大学令」の公布とともに更迭された加藤弘之にかわって，総長に任命された人物である（三宅雪嶺『同時代史』2：265-266，岩波書店，1952)。その渡辺が森の方針を無視するとは考えられない。渡辺が，坪井の任命にあたって，日本の実情に即した人類学の教育・研究の必要を指摘した可能性はきわめて高い（林「鳥居龍藏—その『修業』時代」p. 91『北方文化研究』17：77-102，1985）
15）「日本考古學講義（東京英和學校ニ於テ)」p. 18（『文』2-8•9，1889，『日本考古学選集・坪井正五郎集 上』* pp. 15-29）
16）「石器時代總論要領」p. 45（『日本石器時代人民遺蹟遺物發見地名表』1897，『日本考古学選集・坪井正五郎集 上』* pp. 43-48）
17）「太古と雖も 日本種族の 石器を實用に 供したる證跡無し」(『東洋學藝雑誌』16：175-177，1899）
18）「石器時代總論要領」p. 45
19） 伊東信雄は，山内編年の骨子が完成したのは，1929年の 5 月から11月のあいだであるという証言を遺している（「山内博士東北縄文土器編年の成立過程」 pp. 164-165 『考古学研究』 95•96：164-170，1977)。これから逆算すると『大森介墟古物編』 の刊行は，ちょうど50年前のことになる。
20） 鳥居龍藏は，坪井正五郎はミルンの割りだした年数の端数を切りすてて，石器時代の年代を三千年前としたという（鳥居龍藏「ジョン・ミルンの大森貝塚年代考察に就いて」p. 599『武蔵野』26—1, 1939，『鳥居龍藏全集』* 2：597-600，1975)。そのような出来事があったのは事実だろう。ただし，ヴォーソー（1821～1885）も初期の著作のなかではデンマークに石器時代人があらわれたのをおよそ3000年前と考えており，坪井がヴォーソーの考えをも取り入れている可能性がある（Worsae, J. J. A., *Primeval Antiquities of Denmark*. p. 35；transl. Thoms., W. J., John Henry Parker, 1849)。
Milne, John, Notes on Stone Implements from Otaru and Hakodate, with a few general remarks on the prehistoric remains of Japan. *Transactions of Asiatic Society of Japan*. 9：389-423，1880
21） 中里貝塚の位置は永峯光一の教示をうけた。山崎直方「貝塚は何れの時代に造られしや」(『東京人類學會雑誌』9：220-225，326-330，1894）
22） ともに佐原眞の教示による。『大森貝塚』図版10•第 5 図，同・「解説」p. 206，佐原 眞「日本近代考古学の始まるころ＜モース，シーボルト，佐々木忠二郎資料によせて＞」p. 176（『共同研究モースと日本』247-277，小学館，1988）を参照されたい。
23） 八木奘三郎・下村三四吉「下總國阿玉臺貝塚探究報告」pp. 281-282（『東京人類學會雑誌』8：254-285，1894）
24） 林「鳥居龍藏論—“土器型式部族説”成立をめぐって—」pp. 164-166（『縄文文化の研究 10 縄文時代研究史』pp. 162-170，雄山閣，1984）
25） 坪井正五郎は，西ヶ原貝塚の資料にもとづいて，把手の変遷を推定している。しかし八木と鳥居の対立する意見のどちらに傾いていたのか，明らかではない。坪井自身も右顧左眄組の一人だったのだろう（「異地方発見の類似土器」pp. 176-179『東洋學藝雑誌』13：173-179，1894）
26） 佐藤傳藏・若林勝邦「常陸國浮島村貝塚探究報告」(『東京人類學會雑誌』11：106-115，1894）
27） 土壌学では，土層を構成する物質の違いにもとづく単位を「層理」，ひとつの層理のなかの区分を「層位」と呼ぶ（菅野一郎『土壌調査法』pp. 117-118，古今書院，1970)。ここでは両方をあわせて「層位」と呼んでおく。
28）「陸前国宝ヶ峯遺跡分層的小發掘成績」(『人類學雑誌』34：161-166，1919）
29）「宮戸嶋里浜介塚の分層的發掘成績」(『人類学雑誌』34：285-315，331-344，1919）

「宮戸嶋里浜及気仙郡獺沢介塚の土器　付特に土器紋様論」(『現代之科学』7：562-594，696-724，1919)

30) 松本編年と山内編年のもっとも目につきやすい違いは，時間の刻み・型式の分布範囲が粗いか細かいかという点だ，といえる。この違いは二人の編年の目的の違いによるもので，山内の観察眼が松本より鋭かった，というようなことではない。

林「考古学と科学」pp. 124-126（桜井清彦（編）『論争・学説日本の考古学』1：101-143，雄山閣，1987)

31) 「宮戸嶋里浜介塚の分層的發掘成績」pp. 340-341 「宮戸嶋里浜及気仙郡獺沢介塚の土器」pp. 716-720

32) 「關東北に於ける繊維土器」pp. 50-53（『史前學雑誌』2：117-146，1929，『山内清男・先史考古学論文集』* 49-74，佐藤達夫(編)『日本考古学選集・山内清男集』26-56，築地書館，1974)

33) 「関東北に於ける繊維土器」pp. 60-72

34) 「繊維土器について一追加一」p. 75(『史前學雑誌』2：271-272，1929,『山内清男・先史考古学論文集』* 74-75『日本考古学選集・山内清男集』57-58)

「繊維土器について 追加第二」pp. 77-78（『史前學雑誌』3：73-75，1930，『山内清男・先史考古学論文集』* 75-78，『日本考古学選集・山内清男集』58-61)

35) 江上波夫・後藤守一・山内清男・八幡一郎・甲野勇「日本石器時代文化の源流と下限を語る」pp. 36-38（『ミネルヴァ』1：34-46，1936)

喜田貞吉「日本石器時代の終末期に就いて」(『ミネルヴァ』1：93-101，1936)

山内清男「日本考古學の秩序」(『ミネルヴァ』1：137-146，1936)

喜田貞吉「『あばた』も『えくぼ』，『えくぼ』も『あばた』一日本石器時代終末問題一」(『ミネルヴァ』1：175-180，1936)

山内清男「考古學の正道一喜田博士に呈す一」(『ミネルヴァ』1：249-255，1936)

36) 甲野　勇『縄文土器のはなし』p. 71（世界社，1953)

37) 中谷治宇二郎『日本石器時代提要』pp. 355-398（山岡書店，1929)

38) 「長野縣東筑摩郡中山村古墳發掘調査報告㈡」pp. 134・136-137（『史前學雑誌』2：130-140，1930)

「宋錢發掘記」(『ミネルヴァ』1：265-268，1936)

39) 赤木　清「江名子ひじ山の石器時代遺蹟（その十一完)」pp. 32-33（『ひだびと』5―3：26-33，1937)「考古學的遺物と用途の問題」(『ひだびと』5―9：1-4，1937)

40) 「考古學の正道一喜田博士に呈す一」p. 249

41) 「日本考古學の秩序」pp. 144-146,「考古學の正道一喜田博士に呈す一」pp. 251-255

42) 「日本石器時代の終末期に就いて」p. 101

43) 「日本考古學の秩序」p. 139

44) 「日本考古學の秩序」pp. 138-143

45) この論争のいきさつは，工藤雅樹「ミネルヴァ論争とその前後」(『考古学研究』20：14-40，1974)にくわしい。

46) 「日本先住民研究に対して私の感想」pp. 51-52（『ドルメン』4-6, 1935,『鳥居龍蔵全集』*12：51-56, 1976)

47) 『武蔵野及び其周圍』(『鳥居龍蔵全集』2：1-152)に収録されるときにはこの部分は削除されている。「石器時代に於る關東と東北の關係一殊に土偶に就て一」p. 201（『人類學雑誌』38：196-201，1923)

48) 「江名子ひじ山の石器時代遺蹟（その十一完)」p. 32

49) 甲野　勇「遺物用途問題と編年」(『ひだびと』5―11：1-7，1937)

50) 八幡一郎「先史遺物用途の問題」(『ひだびと』6―1：7-9，1938)

51) 「いつまで編年をやるか」(『考古学ジャーナル』35：1，1969)

52) 『日本遠古之文化』p. 3（先史考古学会，1939,『山内清男・先史考古学論文集』* 1-44,『日本考古学選集・山内清男集』180-224)

53) 山内は『日本遠古之文化』のなかで，打製石斧・土偶・抜歯などの変遷を簡単に述べ，埋葬法・装身具などにも時期による変化を観察できることを指摘している。「編年学派」が土器の観察ばかり重視する，と発言する人びとは，自分でこれらの変化の意味を考えようとはせずに，もっとくわしい解釈を与えてもらうことを期待したか，あるいはこの記述を読み飛ばしたか，どちらかだろう（『日本遠古之文化』同前)。

54) 甲野　勇「埼玉県柏崎村真福寺貝塚調査報告」(『史前學會小報』2，1928)

八幡一郎「奥羽文化南漸資料」・「奥羽文化南漸資料㈡」・「奥羽文化南漸資料㈢」(『考古学』1：18-21，97-100，185-187，1930)

山内清男「所謂亀ヶ岡式土器の分布と縄紋式土器の終末」(『考古学』1：139-157，1930)

大場磐雄「関東に於ける奥羽薄手式土器(上)」(『史前学雑誌』3：219-224，1931)「同(下)」(『同前』4：1-10，1932)

書評

川西宏幸 著

古墳時代政治史序説

塙書房
Ａ５判　530 頁
9,800 円　1988年10月刊

戦後も40年以上が過ぎ，皇国史観から解放されて久しい日本考古学界は，古墳研究に関するかぎり相変わらず蒲生君平の整理した『山陵志』に源を発する時代区分を変えようとしない。それは敏達天皇陵をもって前方後円墳の築造が終了するという把え方に一端を見ることでも理解できる。

1959年に刊行された『世界考古学大系３』に発表された「古墳の変遷」は多くの若手研究者に支持された。その中の一節に次のような文章がみえる。「六世紀末の欽明天皇陵や敏達天皇陵を最後として，天皇陵は前方後円墳の墳制をすて，用明天皇陵のように方墳がおもんじられる時期をむかえた……」。この延長線上に1966年刊行の『日本の考古学Ｖ』がある。そこには「西暦 571 年に没した欽明天皇の陵と伝えられる古墳は主軸 140 メートル。天皇陵で最後の前方後円墳は敏達陵であり，敏達天皇は，西暦585 年に没しているので，もし陵墓の治定にあやまりがないとすれば，日本の古墳のなかでも代表的なしかも独特の規模をもつ前方後円墳は畿内の地方では，六世紀後半期で消滅したことになる」と述べている。

尊王攘夷思想から生まれた陵墓の修陵に関する研究書の一部である山陵志が，日本の古墳研究に果たした役割は大きい。しかし，前近代的な時代であればまだしも，戦後40年を過ぎた現在，考古学が独立した学問であるなら，これを脱して，天皇陵を基準としない編年区分を完成させることが何よりも必要なことである。

これから紹介しようとする本書は，古墳時代の研究が新しい段階に入ったことを示す好著である。

近年，蒲生君平以来の研究法を打破しようとする試みは若手研究者によってすすめられて来た。それは須恵器や円筒埴輪の研究にみられる。とくに円筒埴輪の研究に先鞭をつけたのは近藤義郎・轟俊二郎そして川西宏幸らである。

本書は川西が1977年以降円筒埴輪を中心に古墳時代を論じたものを一書に編んだもので，以下の構成からなる。

自序で川西は，「考古学が歴史学であると主唱されてきた学史の経緯を念頭におくならば，その主旨を体して，古墳時代の全史を考古学から構想し，これを古代史のなかに位置づけようとする歴史学的な体系の志向は，細分化の進展とともに，かえって阻害されつつある」と述べている。

このことは，本書の章立てによって明らかである。これらのすべてを本誌で紹介することはあまりに紙幅が狭い。ここでは序章と第四章を中心に紹介しておきたい。

序章では「古墳時代研究史抄」と「政治史論への視角」を整理している。前節では明治・大正・昭和の三代にわたる古墳時代の研究成果を短い中で適格に整理されている。とくに小節にある「時代論の展開」は見るべきものがある。

後節では，畿内の大型古墳を中心に独自の立場で七期編年が可能であることを整理している。それによると，０期〜Ⅱ期を前期，Ⅲ期，Ⅳ期を中期，Ⅴ期，Ⅵ期を後期とされる。

川西論文の中心は第四章にある。本書の出発点がこの章であり，最近の若手研究者に支持されている論文である。

これは円筒埴輪の製作技法からその変遷を整理されたもので説得力がある。とくに外面の二次調整にみられるヨコハケに着目した点が注目される。轟俊二郎は下総型円筒埴輪を追求する際，外面のタテハケは未消化であったが，川西は，ヨコハケに注目して三種に分類することに成功した。さらに焼成上に起こる無黒斑と有黒斑から野焼きと窖窯の関係を明らかにしたことが，川西の研究を進展させることになったといえるだろう。こうした観察を踏まえて，円筒埴輪を中心に，副葬品を加味して「畿内，瀬戸内，九州，東海，北陸，関東，東北」の編年を紹介している。

この区分は，それぞれの地域で完全とはいえないかも知れない。しかし考古学が一人立するためにはある程度のミッシングリングはそれぞれの地域で埋める努力が必要であると私は考える。古墳時代研究が新しい時代を迎えるためにも円筒埴輪を中心としたこの編年研究が定着することを願って，本書を古墳時代を追究する仲間たちに推薦したい。

（茂木雅博）

書評

藤　則雄 著

考古花粉学

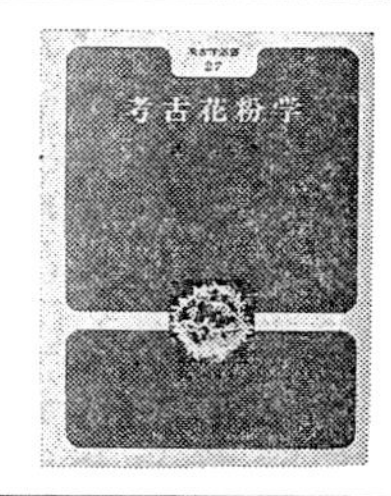

雄山閣出版
A5判　251 頁
3,200 円　1987年12月

花粉分析の本格的な概説書は，中村純氏の『花粉分析』(1967)が刊行されて以来，久しく出版されることがなかった。著者の藤則雄氏は日本の考古学的遺跡の花粉分析に本格的に着手したパイオニアである。縄文時代晩期の稲作を花粉分析から初めて立証した。さらに琵琶湖の湖底堆積物の花粉分析によって，日本の花粉学を国際的レベルにまで高めた。評者が花粉分析の重要性に目ざめたのも，著者の「道守荘旧耕土の花粉学的研究」(1968)を読んでであったことが，昨日のように思い出される。

本書は基礎編と応用編からなっている。

基礎編第2章では花粉の植物学的な生理，形態が概説される。とくに主要な花粉の形態の記載は，著者が力点を置いた点であると思われる。花粉形態の記載と口絵の花粉の顕微鏡写真との対応がはかられていると，読者にはもっと理解しやすかったのではないかと思われる。

第3章と第4章では花粉分析の具体的な処理行程，検鏡のプロセスが，わかりやすく解説されており，花粉分析を始めようとする人に便利なように配慮がなされている。

第5章では花粉分析の結果の解釈の方法が述べられる。古環境解析の一つの手段として花粉分析が明白に位置づけられている。

以上が花粉分析の具体的な方法についての基礎的な概説であるが，基礎編の中に，第6章過去の植物界の変遷がとりこまれている。この章は考古花粉学という書名とは，一見かけ離れているように思える。しかし，おそらく著者の到達した科学哲学の一端がここに示されているものとみられる。著者は考古学的遺跡の花粉分析とともに，第三紀以降の植生変遷史を記録する琵琶湖の深層ボーリングコアの分析にもとりくんできた。考古花粉学がカバーする時代は，第四紀と呼ばれる主として人類が出現して以降のことである。しかし，第四紀の植生変遷史の解明には，それ以前の第三紀あるいは白亜紀以降の植物進化史の解明が必要である。第四紀の植生変遷史や人類文明の発展は，地球進化史の中での一局面にすぎないのである。著者はこの点を前著『日本先史文化入門』(1979)の中で指摘した。おそらくこのことを考慮して，本著の中では，人類の誕生と進化の章が省略されているものと思われる。しかし，第6章に人類進化の章が付加されていたら，読者には著者の意図がより理解しやすかったのではないか。

応用編では，実際の具体的な事例研究にもとづいて，花粉分析による古植生，古気候，古地形の復元方法が述べられている。第2章と第3章では，著者がこれまで精力をかたむけてきた古気候の解析が述べられている。

琵琶湖底より採集した200mコアの解析から明らかとなった過去60万年間の気候変化，あるいは気候変化と地磁気変化との対応関係，そして完新世の気候変化が，平易にわかりやすく解説されている。

第4・5・6章では，個々の具体的な遺跡の古環境の解析結果が述べられている。第4章では埼玉県大宮市の寿能泥炭層遺跡が，第6章では石川県能都町の真脇遺跡の古環境の解析結果が取り上げられている。第5章では花粉分析からみた稲作農耕の起源が，著者がこれまで分析を実施してきた金沢市近岡遺跡や岡山市津島遺跡などの事例を紹介する中で，解説されている。

基礎編に比して応用編はやや編集上の工夫が必要ではなかったかと思われる。第4章と第6章で，縄文時代の遺跡の古環境の解析が扱われているのに，第5章で稲作農耕の起源が扱われているのは，やや不自然に思える。また応用編では植物のラテン名に和名が付加される機会が少なく，入門書，概説書としては，ややむずかしすぎるのではないかと思われる。書き下しの単行本ではなく，いくつかの論文を集積した場合には，記述のスタイルの統一にこころがけるよう，努力いただきたい。

「体系化は学問にとって欠くべからざる本質的なものであり，体系化のない研究は学問とは言い難いのである」と著者はあとがきで述べている。本書によって考古花粉学が体系化されたことはまことに喜ばしい。概説書のスタイルをとっているために，花粉分析の専門家には，いささかものたりない点もあるかもしれないが，専門外の人には理解しやすい内容となっている。本書を読んで花粉分析を志す若い研究者が一人でも増えることを期待したい。

＜文献＞

中村　純（1967）『花粉分析』古今書院

藤　則雄（1968）「福井市南西郊の東大寺領道守荘旧耕土の花粉学的研究」第四紀研究，7

藤　則雄（1979）『日本先史文化入門』雄山閣出版

（安田喜憲）

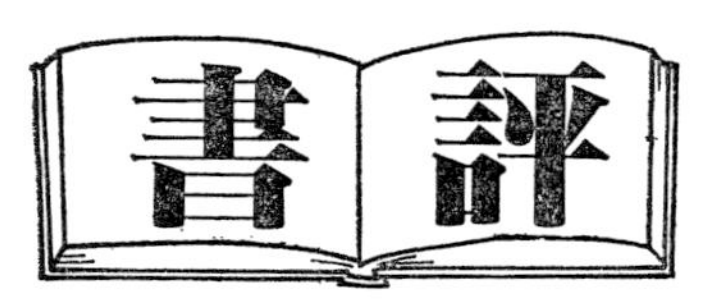

書評

桐原　健著

『縄文のムラと習俗』

雄山閣出版
A 5判　318 頁
3,500円　1988年12月刊

桐原さんは，やさしい人である。そして非常に真面目な方である。県に勤務されていた時も，また高校につとめられる今日でも少しも言動のかわらない人である。心安らかにつき合える方であり，学問を楽しみ，楽しみの中から学ぶ目を拓かれていく，いまどき珍しいタイプの研究者，詩人である。

桐原さんは，信州に生まれ，大学こそ東京であったが，肌合いの適いもあってか，以後，信州に生き信州を通じて学問されている。彼は師である藤森栄一先生が東京・京都といった都市の中で生まれる考古学に強い憧憬をもち，中央・学界を強く意識し遅れまいと幻影におびえ，わが身を信州に置かざるを得ない環境に常に焦燥を感じて居られた前半生と開悟されたのち，鋭く暖かく信州を見すえる目からすばらしい独自の研究が進展し，やがて藤森学へと進む。死を見つめつつ必死にその深化をはかられる後半世，そうした師の2相の揺れ動きを，傍らにあって凝視して来られた。それだけに，桐原さんの信州に根を据え，信州を見つめ，信州を通しての尨大な語りは，その師の軌跡を踏まえ師の軌跡と重ねてはじめて理解される一面をもつと言えるのである。

こうした桐原さんが『縄文のムラと習俗』と題した大部の一冊を雄山閣出版の考古学選書の1冊として刊行された。人柄のにじみ出た23編の論文が5章に章立てられて収められている。第1章は，本書の書名と同じ「縄文のムラと習俗」を章名とする。本書のための書下し稿であり，序章として自からの意のある所を述べられている。直接，研究の方法論や方法，研究の来し方，赴く先をことごとしく記さず淡々と集落の様相や集落の誕生に当っての選地，生活領域や縄文人の気質，民俗学の援用，日本の民俗中に継承される縄文文化の要素が説かれている。第2章から5章に至る詳論を承けての序章であろうが繙くに当り，全体を展望するものとして書かれたというより，それ自体一つの語りに当てられている。こうした場合，各章をつなぎ融合させる意味で各論が何故書かれ，何故各章に配置されたのか，そうした経緯が提示されれば，本書を読むキイが与えられたのではないかと思われる。

第2章は，「縄文のムラ」に宛てられ5編の論文が並ぶ。成稿順に，昭和39，46，52，55，61年の論考が連なるだけに桐原さんの意識の動き，ひらめきが読みとれて興味ぶかい。南信八ヶ岳山麓における縄文中期の集落構造では，この地域の勝坂期の集落と加曽利E期の集落間には高所に集約立地し規模大きい前者と低位に分散立地し小規模な集落を構成する後者といった2相が指摘され，そのよってくる原因と惹き起される諸現象が挙げられている。その具体的な2相の差が土器や土偶，石棒，住居址など9個の要件から説明され，その変化が寒冷化現象に伴う血縁共同体の分解一単婚家族単位の小グループ化現象に基づくものであることを説いて居られる。一方，縄文集落の集落構造と相関させて八ヶ岳山麓の縄文時代中期の人口を推計する試みがとり上げられ，最近の精度の高い遺跡地図を利用し，併せて一時席捲したセツルメントパターン手法を駆使して集落個々の人口を推測，縄文銀座と呼ばれる八ヶ岳山麓の人口を導き出そうとする。方法の妥当性，推計の成果ともに興味深く，適切の想いを抱かせる。

第3章は「縄文の営み」と題して堅果加工や河川漁撈といった生業に係わる2編と縄文時代の石器をめぐる2編を配している。千曲川流域の河川漁撈の占める位置を遺跡立地から問い，この地方に華ひらく強大なエネルギーをもつ中期の文化は堅果茎根といった植物に基盤があり漁撈はその彩りを語る。

第4章は3編の論文を「縄文の住まい」と題して並べる。吹上パターンと呼ばれる土器廃棄パターンを信州で追求，その例が意外に乏しく極めて特殊なケースとし，その実態を具体的に物語っている。

第5章は，桐原さんの独壇場，「縄文の習俗」として10編の論文をまとめる。縄文住居の性別分割や埋甕習俗，底部穿孔土器の系譜とつづき，土偶や石鏃など，信州にあって嘱目される縄文時代の民俗や信仰に関わる考古資料を楽しげに，また桐原流にさらりと記した意味深い論文がひしめいている。本書中，著者として最も意をつくし，得意とする分野だけに，その全力投球ぶりが読みとれる。この諸論文に通じて見られる方法は考古学的な事象と民俗学的事象が桐原さんの意識では何の抵抗もなく融合し相互に補完し合って，あたかも囲炉裏の脇で昔語りを聴き入る内に，いつしか今の話に結びつくといった観がある。桐原さんの海容，海会の性格がこうした方法を生み出し，比類ない語り口となるのである。

桐原さんは自からの学問を僻目の考古学と称している。正統派と自認する人々もあろうし僻目派を自称する人々もあろうが，要はすばらしい視座と体現しうる古代観，古代感覚を創出することであろう。本書はそうした苦しみを経た語りの一書なのである。

（水野正好）

論文展望

選定委員（敬称略）（五十音順）
石野博信
岩崎卓也
坂詰秀一
永峯光一

金山喜昭

礫群の機能と用途

古代文化　40巻8号
p.1〜p.20

旧石器時代研究の情報の一つに礫群と呼ばれる，礫が1地点に集中した状態をもつ遺構がある。昭和24年の岩宿遺跡の調査以降その存在はよく知られてきたが，研究の動向はむしろ石器を対象とした編年や地域性などの問題に比重がおかれ，真剣な取組に欠けていた。

筆者は昭和50年頃から礫群研究に着手し，南関東の遺跡調査を通じて考古学データの蓄積をはかり昭和59年にその指針を打ち出し（「武蔵野・相模野両台地における旧石器時代の礫群の研究」神奈川考古19），昭和62年の『古代文化』39巻7号誌上で礫群の特集が組まれ，筆者を含めた鈴木忠司，辻本崇夫，保坂康夫の諸氏によってその研究上の重要性を指摘したところ，各研究者から好意的な評価を受けた。

本稿は前回の『古代文化』誌上で筆者が発表したその研究史から浮かび上がった課題の一つで，機能や用途の問題について論考したものである。従来は，「ミルクストーン説」「祭祀遺構説」などや，近年では本来料理用施設だとも言われ，筆者も同じ見解を述べたことがある。考古学研究にとって，「それはいったい何のために存在したのか」という疑問は重要なテーマであるために，今回はさらに情報量を増し，かつ民族学という新たな角度からもこの問題の解決を試みた。まず考古学情報を基本データとして，その構成礫の完形礫と破損礫との割合，礫面タイプ，法量や，全体の水平分布，同密度，深さなどから，礫群を2分類（A，B型）し，次に自然科学的分析によって得られた礫の被熱の検証や付着物の成因などの情報と照らし合わせたり，民族調査にみられる石焼き法の類型を参考にして検討してみた。その結果，A型は食物を石蒸し，石焼きにする「料理用施設」，B型は焼けて割れて不用になった礫の「廃棄場」と推定することが現状では最も妥当な見解と言えるだろう。　（金山喜昭）

原田昌幸

花輪台式土器論

考古学雑誌　74巻1号
p.1〜p.49

縄文文化の研究において，縄文人たちが日常使用した土器が持つ情報の抽出は，当時の社会構造や集団領域を復元するための有効な手段である。その中で縄文時代早期前半，関東地方に明確な分布圏を形成した撚糸文系土器は，縄文土器の型式構造と変化の特質をよく示す土器群の一つである。本稿はこのうち撚糸文系土器終末期，東関東地方に分布した地域性の強い土器型式“花輪台式”に着目し資料の集成的検討からその型式変化の諸段階について述べた。

まず標式遺跡である茨城県花輪台貝塚出土遺物を呈示し，これを他遺跡の類例と比較しながら，花輪台式土器の型式学的要素を把握し，次に文様要素の分析を行なって“石神式”“金堀式”“木の根式”土器との関連性を考察した。その結果，これらの土器は花輪台式土器という一つの型式枠の中に収まる，時間差を持った文様バラエティーであることが判明した。そして花輪台式土器は大旨次の4段階の変遷過程を辿る土器型式として理解された。

a期＝古段階　<縄文タイプ>および少量の<撚糸文タイプ>の土器がほぼ単純に存在する段階。

b期＝中段階その1　<縄文タイプ>の土器に加えて，口縁部直下に刺突文を施す<刺突文タイプ>の土器が盛行する段階。

c期＝中段階その2　<縄文タイプ>の土器とともに絡条体圧痕文を使って頸部にジグザグ文様を描く<絡条体圧痕文タイプ>の土器が盛行する段階。

d期＝新段階　<縄文タイプ>の土器はその量が減り，代わって沈線文で幾何学文様を描く<沈線文タイプ>の土器が盛行する段階。

撚糸文系土器を持つ文化は，竪穴住居の普及や土偶の発生など，縄文文化の画期となる文化事象を多く含む。本稿で行なった花輪台式土器の分析は，こうした諸文化要素の展開を，より細かなタイムスケールで把握するために不可欠な作業として位置づけられる。

（原田昌幸）

溝口孝司

古墳出現前後の土器様相

考古学研究　35巻2号
p.90〜p.117

筑前地方における古墳出現前後の土器群の推移は四つの期にまとめられた。属性水準から様式水準にいたる土器群構成要素個々の動態の探究から各期はそれぞれ，土器様式における異質文化要素に対する社会的規制内の段階的低下が進行するⅠ，Ⅱ期，移入者集団の保有する土器に関する情報が，その象徴的意味により在地土器製作者の範型に侵入し，それを急激に変質させるⅢ期，そして，在地土器製作者の範型が畿内地方のそれとほぼ等質化するⅣ期，という意義づけができ，「様式」と呼びかえ得る特質を持つことが判明した。

Ⅲ期の動態には共時的な跛行性が認められ，遺跡単位で認められる土器相の差異により，四つの類型にまとめることができた。そして，このような差異の発現の要因を，移入者の目的的侵入と，在地人集団の質的差異に基づく対応様態の複合にもとめ，とりわけ，在地人集団の積極的対応がⅣ期への様式構造の急激な「畿内化」を促したと考えた。外来系土器群，なかでも畿内系土器群の筑前地方への進出は，畿内地方を中心とする勢力の構造拡大運動の象徴的側面の一つであり，本地域におこった土器様式の構造的変動は，この地方の人々が半ば自発的に，半ば強制的に，この構造に編入されてゆく過程の，１個の表現形態であった。本論は，土器の有する象徴的・構造的脈絡の解明を意図して書かれた。この試みが，土器に発現する諸変異の歴史叙述への応用の，一つの事例研究として位置づけられるならば，私の目指したところは達せられたこととなる。

（溝口孝司）

白石太一郎

伊那谷の横穴式石室

信濃　40巻7号・8号
p. 1〜p. 19，p. 45〜p. 55

この論文は，横穴式石室の東国への伝播を考えるうえに重要な，東山道ルートの拠点下伊那地方の初期横穴式石室について考察したものである。この地域に横穴式石室が出現するのは6世紀の初頭ないし前半で，最初から複数の系統の石室がみられる。a類は飯田市御猿堂古墳例，同馬背塚古墳後円部例，同上溝天神塚古墳例など大型の自然石塊を用いた無袖式の石室で，立面の上で天井を下げて玄室から羨道を区分している。b類は飯田市馬背塚古墳前方部例，同上溝おかん塚古墳例などやはり大型の自然石塊を用いた両袖式石室であるが，これは6世紀後半に降る。c類は飯田市姫塚古墳例や上郷町雲彩寺古墳例など河原石を用いた有袖式の石室。d類は飯田市高岡１号墳例や同畦地１号墳例など下段に平石をたて，上段には扁平な石材を一段だけ平積みにして壁面を構成した石室である。

これらのうちa類の無袖式石室は，美濃の東部にみられる無袖式の石室と同系統のものであり，b類の両袖式石室は畿内地方の石室の影響を受けた可能性が大きいと思われる。一方，北関東の上毛野地方で最も遡る時期の安中市簗瀬二子塚古墳，前橋市正円寺古墳，同王山古墳などの横穴式石室には明らかに下伊那地方のc類の石室との共通点が見られることも注目されよう。

このような下伊那地方の初期横穴式石室にみられる多様性は，東山道ルートの拠点としてこの地域がはたした歴史的役割と密接に関連するものであろう。この天竜川ぞいの南北10km足らずの小地域には，20基あまりもの後期の前方後円墳が見られ，それらが８グループに別れて営まれている。これは当時の畿内政権を構成する畿内の有力豪族がそれぞれ，東国支配の大動脈である東山道の最も重要な中継地であるこの地に拠点を求め，在地勢力と提携した結果と思われる。こうした畿内政権の東国支配の特異なメカニズムが，下伊那の初期横穴式石室の多様性を生み出すことになったものであろう。

（白石太一郎）

花田勝広

横穴墓の造墓技術
—河内の横穴墓を中心に—

ヒストリア　120号
p. 1〜p. 16

群集墳研究において，横穴墓の形態・構造・墓道の共通性は特異であり，群研究に貢献する要素は多大である。ところが単位群の摘出にあたって未完成横穴が含まれ墓と混同される場合が多く，この問題の解明が型式編年・群構成の基礎と考えた。

河内地方の高井田２支群13号をモデルとし，工具痕をA・B・Cの３種に分類，その加工方向・順序を把握することにより，１次掘削具に手斧，２次掘削具にU字形鍬，細部調整に平ノミを使用したものと推定した。工具痕は，北九州・山陰・北陸地方のものと共通しており，使用順序も同様とみなした。そして，未完成横穴を集成・分析し，その工程に共通する特徴から，造墓の諸段階を設定した。１段階はトレンチ状に墓道を掘削，２段階は羨道の掘削，３段階は玄室を円弧状に掘削し内部を整える段階とし，未完成横穴の工程を図表化した。各工程は順次に掘削→調整が繰り返されており，常に仕上げ状態である。さらに，造り付け石棺においても初葬棺と追葬棺の区別が造墓段階の中で把握することが可能となった。河内の未完成横穴を削除し，完成墓をA・B・Cタイプに分類し型式編年を行なった。従来の安福寺編年を再考し，方形プランで家屋模倣の著しいA_1タイプ，方形でドーム天井をA_2タイプとし，この２系統が河内横穴墓の初現期のタイプであり，B→Cタイプへの変化はこれらの省略・形骸化であると理解した。また，一連の造墓技術は家形石棺の技法と共通する部分が多く，２〜３人の工人が最少単位とみなした。

河内の初現期横穴墓は，６世紀前葉（陶邑TK10型式）に大和・山城地方の横穴墓より先行し出現・展開しており，その系譜・成立過程を異にするものと考えた。そして河内横穴墓が畿内の横穴式石室を模倣していないことや線刻画のモチーフから，その系譜を北九州（豊前）地方に求めた。

（花田勝広）

●報告書・会誌新刊一覧●

編集部編

◆桔梗2遺跡　北海道埋蔵文化財センター刊　1988年3月　A4判　323頁

函館市の北部，石川右岸の標高30mの段丘上に位置する。旧石器から続縄文時代の遺物が出土している。遺構は住居跡19軒，土坑93基，焼土2ヵ所である。住居跡は縄文時代中期15軒，時期不明4軒，土坑中45基のTピットの時期は縄文時代中期以前である。所産時期不明の楕円形の土坑からは，雌の馬1頭と胎児の骨が出土している。遺物は旧石器時代のものとして剝片・接合資料13点を含む1,362点，縄文時代では多量の土器・石器以外に動物形土製品や土偶なども出土している。

◆茶毘館遺跡　青森県教育委員会刊　1988年3月　B5判　264頁　図版75頁

青森県の西部，岩木山北東麓に位置する縄文時代・古代・中世にわたる複合遺跡で，中世城館の茶毘館を含む。竪穴住居跡30軒，掘立柱建物跡15棟，井戸跡6基，土坑96基，堀跡3本などが検出され大部分が平安時代のものである。平安時代中頃から後半にかけての土師器が多数出土したほか，13～15世紀代の陶磁器などが検出されている。茶毘館跡は従来から中別所館跡の一部に含まれており，付近に中世の板碑が分布していることなどから，在地の豪族との関連が窺われる。

◆小申田横穴群　いわき市教育文化事業団刊　1988年3月　B5判　150頁　図版38頁

福島県いわき市二ツ箭山麓に位置する北群28基，東群15基からなる横穴墓群。直刀，鉄鏃，金銅装飾弓，青銅製釧，須恵器，土師器，手斧，鎌などが出土しており，7世紀代を中心に営まれたものと考えられる。付篇として人骨の分析を載せる。

◆寺谷戸遺跡　横浜市埋蔵文化財調査委員会刊　1988年3月　B5判　365頁

神奈川県横浜市に所在する縄文時代早期(稲荷台期)～古墳時代前期(五領期)に及ぶ複合遺跡。検出された遺構は竪穴住居跡72軒，土坑26基，環濠，溝状，小竪穴状遺構，掘立柱建物跡などがある。出土土器，住居跡の展開をI～VIII期に区分しており，稲荷台期(I期)の住居跡が52軒検出されている。

◆稲荷山第1号墳　下依知大久根遺跡調査団刊　1988年2月　B5判　127頁

相模川西岸の河岸段丘上，神奈川県厚木市下依知に所在する前期古墳の調査報告。周溝が検出されているものの遺存した東半分のみの調査であり，正確な墳形・規模は不明であるが円墳と推定されている。遺物としては周溝から出土した土師器のみであるが，大正8年の工事の際に出土したと伝えられる小型の仿製鏡も報告されている。また相模川西岸の前期古墳についての集成がなされている。

◆甲斐国の板碑1―郡内地方の基礎調査　持田友宏著　1988年11月　B5判　63頁

甲斐国は郡内地方と国中地方に分かれる。本報告は郡内地方における板碑に関する報告である。現在の市町村区分ごとに概観し，さらに所在地別目録・編年図録も同時に掲載されている。郡内地方の板碑はすべて緑泥片岩製の武蔵型板碑であり，14世紀後半が造立の最盛期である。特徴的な図柄として弥陀三尊迅来迎板碑・双碑・釈迦三尊結衆板碑などがある。

◆伊川津遺跡　渥美町教育委員会刊　1988年3月　B5判　本文編450頁　図版編168頁

愛知県渥美半島のほぼ中央部に位置し，台地末端の崖下に発達した旧浜堤上に立地している。本遺跡は縄文時代晩期を中心とする墓地を伴う貝塚遺跡である。出土遺物は，土器・石器・骨角器など多数検出されている。また，今回発掘された44体の人骨は，盤状集積葬，大型集積葬，合葬など埋葬形態が著しく変化に富んでいる。大正時代より発掘された人骨は183体となり，当時より人類学的にも重要な資料を提供している。

◆富来町福浦港ヘラソ遺跡発掘調査報告II　能登ダイヤモンド・ゴルフ場（予定地）内埋蔵文化財調査委員会刊　1988年9月　B5判　54頁

北陸では例数の少ない縄文中期配石遺構を中心とする報告。丘陵鞍部に直線距離にして約27mの弧状に連なる集石群で，最も形状の整った例は長さ約3.9m，幅2.4mの平面卵形を呈する。いずれも土壙その他，墓の証拠となる遺構・遺物は検出されていない。

◆大阪城三ノ丸跡III―大手口における発掘調査報告書　その2　大手前女子学園考古資料室刊　1988年4月　B5判　224頁

大阪市東区大手前之町，大阪城大手口の西側に位置する地点の調査報告。遺物は陶磁器，炮烙，焼塩壺などの土師質土器，瓦，ミニチュア製品，石製品，金属製品などが検出されている。遺物の年代は18～19世紀が主体をなす。遺構は昭和初期の井戸，石列など，明治時代の土管列，江戸時代の土坑，炉跡などが検出されている。

◆能峠遺跡群II（北山・西山・前山編）奈良県立橿原考古学研究所刊　1987年3月　B5判　312頁

奈良盆地南東部に接する，宇陀盆地を北流する宇陀川と芳野川の合流地点に所在する遺跡群の発掘調査報告。本遺跡群南山編に続く第2分冊である。それぞれ丘陵末端部で接近し，台状墓・古墳・山城・中世墓群・近世墓などが検出されている。後半には当地域の丘陵性遺跡・古墳群の分析，瓦器の考察などが収載されている。また

20基の埋葬遺構からの出土人骨の分析も行なわれている。

◆**出雲岡田山古墳**　島根県教育委員会刊　1987年3月　A4判　334頁

島根県の東部，意宇平野の奥部に所在する岡田山古墳の調査報告。本古墳は三段築成の前方後円墳であり，内部主体は横穴式石室を採用するものである。出土遺物は「各田部臣□□□素□大利□」の銘文を有する円頭大刀・鏡・馬具・装身具・須恵器が検出されている。古墳は6世紀後半の築造であり，銘文大刀の確認は出雲古代史研究の重要な資料である。

◆**伊相田C遺跡**　福岡県教育委員会刊　1988年3月　B5判　本文64頁　図版31頁

北東側を三郡山地，南側を脊振山地から延びる丘陵に挟まれた低地に位置する遺跡である。遺構は古代から中世にわたり，奈良・平安時代の遺構として掘立柱建物2棟・竪穴住居4棟・井戸2基・土坑6基・溝5条など，鎌倉時代では土壙墓1基，室町時代では溝2条・池・水田などが検出されている。遺物では土器・木製品以外に室町時代の池から出土した笠塔婆・笹塔婆・法華経を書写した柿経などの墨書木札類があり，庶民信仰資料として注目され別冊として所載されている。

◆**越来城**—沖縄市文化財調査報告書　第11集　1988年3月　沖縄市教育委員会刊　B5判　235頁

沖縄本島中央部に所在する越来グスクの発掘調査報告書。遺構としては掘立柱建物跡・柱穴群・焼土面などが検出された。遺物は陶磁器が主体で，舶載の青磁・陶器を中心に，白磁・本土産陶磁器・沖縄産陶器が検出されている。他に金属製品・銭貨，貝類・炭化粒などの自然遺物が検出されている。15世紀中葉以降，沖縄本島中部の要地として有力な王子や按司が封じられていたグスクである。

◆**考古学雑誌**　第74巻第1号　日本考古学会　1988年8月　B5判　136頁

花輪台式土器論…………原田昌幸
東国須恵器の一様相……坂口　一
先周文化陶器の再検討…飯島武次
群馬県勢多郡新里村入ノ沢遺跡出土の前期旧石器………関矢　晃

◆**人類学雑誌**　第96巻第3号　日本人類学会　1988年7月　B5判　278頁

西日本縄文時代人5集団の頭蓋非計測形質の出現頻度…毛利俊雄

◆**古代**　86号　早稲田大学考古学会　1988年9月　A5判　232頁

三重県の前方後方墳…伊勢野久好
岐阜県西濃地方の前方後方墳…………………中井正幸
岐阜県東濃地方の前方後方墳…………………長瀬治義
愛知県尾張地方の前方後方墳…………………服部哲也
愛知県三河地方の前方後方墳…………………贄　元洋
岐阜県西濃地方の前方後方(円)墳の測量調査……東海古墳文化研究会
東海の前方後方墳………赤塚次郎
福井県の前方後方墳……中司照世
伊勢湾地方と琵琶湖地方，あるいは東西の結節点………石黒立人
宮之脇遺跡第2号住居跡出土土器について………………宮腰健司
愛知県岩倉市小森遺跡出土の土器……加納俊介・浅野清春・北村和宏
元屋敷式と神明式の間………………川崎みどり
最後の台付甕……………赤塚次郎

◆**中世城郭研究**　第2号　中世城郭研究会　1988年8月　B5判　195頁

戦国期城館遺構の史料的利用をめぐって……………………松岡　進
東金酒井氏の居城………遠山成一
武田氏の遠江侵略と大井川城塞群…………………八巻孝夫
丹波における織豊系城郭…………………福島克彦
堀内部障壁の一形態について…………………池田光雄
小笠原領域の山城と武田氏…………………三島正之
村の城について…………井上哲朗
瀬戸内の港津都市と中世城郭…………………池田　誠

◆**信濃**　第40巻第7号　信濃史学会　1988年7月　A5判　82頁

伊那谷の横穴式石室(一)………………白石太一郎
縄文人のコピー感覚……桐原　健

◆**信濃**　第40巻第8号　1988年8月　A5判　84頁

縄文時代における柄鏡形住居址の研究(一)……………本橋恵美子
伊那谷の横穴式石室(二)………………白石太一郎

◆**信濃**　第40巻第9号　1988年9月　A5判　90頁

樽式土器編年の再構成…飯島克巳
縄文時代における柄鏡形住居址の研究(二)……………本橋恵美子

◆**三河考古**　創刊号　三河考古刊行会(豊橋市東雲町9　贄元洋方)　1988年9月　B5判　128頁

東三河における縄文時代中期中葉の土器について………岩瀬彰利
縄文晩期終末期における土偶の変容………………………前田清彦
細頸壺形土器の型式学的研究…………………贄　元洋
山中様式三河型（寄道様式）…………………鈴木敏則
愛知県における横穴式石室出土土師器について…………伊藤厚史
東三河の横穴式石室……須川勝以
新城市摩訶戸1号墳石室実測検査…………愛知大学日本史専攻会考古学部会
伊勢湾周辺における須恵器の地域性………………………小林久彦
三河の板碑(1)…………野澤則幸
西三河の有舌尖頭器……荒井信貴

◆**福井考古学会会誌**　第6号　福井考古学会　1988年8月　B5判　112頁

東播系須恵器を焼いた越前宮谷窯…………………荻野繁春
丹生郡織田町浄秀寺遺跡出土の越前瓶子…………………田中照久
波多野氏と城と館………青木豊昭
朝倉兵庫助景綱の館と城…………………青木豊昭
円筒形埴輪の成立………古川　登

◆**古代文化**　第40巻第7号　古代学協会　1988年7月　B5判　52頁

東九州の石刃技法の変遷
……………………柳田俊雄
九州大学所蔵の高句麗系瓦・塼について……………………今津啓子

◆古代文化　第40巻第8号　1988年8月　B5判　50頁
礫群の機能と用途………金山喜昭
古式陶質土器に関する若干の考察(上)……………宋桂鉉・安在晧
来し方の記(5)…………八幡一郎

◆古代文化　第40巻第9号　1988年9月　B5判　54頁
古式陶質土器に関する若干の考察(下)……………宋桂鉉・安在晧

◆ヒストリア　第120号　大阪歴史学会　1988年9月　A5判　115頁
横穴墓の造墓技術………花田勝広

◆橿原考古学研究所論集　第八　橿原考古学研究所　1988年10月　A5判　667頁
法隆寺五重塔秘宝奉拝調査日記
……………………福山敏男
高槻市郡家今城遺跡における瀬戸内技法とその評価……松藤和人
奈良県出土の押型文土器の様相
……………………松田真一
銅鐸鋳造に関する疑問…久野邦雄
東日本弥生土器絵図・記号総論
……………………橋本裕行
前方後円墳築造企画と技法の伝承性…………………………宮川　徏
前方後円墳における築造企画の展開(その六)……………上田宏範
初期群集墳論再考………伊藤雅文
古墳群にみる従属的埋葬
……………………山田良三
埴輪文化の特質とその意義
……………………坂　靖
埴輪祭祀論序説…………伊達宗泰
古墳時代における武器・武具保有形態の変遷……………藤田和尊
古墳時代の鉄鏃について
……………………杉山秀宏
馬王堆一号漢墓帛画への新視点
……………………勝部明夫

◆橿原考古学研究所論集　第九　1988年10月　A5判　639頁
考古学の資料としての伝承物と伝承空間について………嶋田　暁
日本出土初期馬具の系譜
……………………千賀　久
古墳時代の渡来人………関川尚功
六世紀前半期における巨大古墳の動向……………………田中英夫
大和の横穴式石室の概観と二，三の問題…………………河上邦彦
市尾墓山古墳の再検討…宮原晋一
北葛城地域における小形横穴石室について………………伊藤勇輔
須恵器にみる特殊なタタキ
……………………泉　武
終末期群集墳の様相…服部伊久男
大和宇陀地域における古墳の終末
……………………楠元哲夫
磚槨墳研究その後………泉森　皎
阿武山古墳の金糸を巡って
……………………樋口隆康
土師器・長頸壺に関する一考察
……………………清水真一
伝承板蓋宮跡の発掘と飛鳥の諸宮
……………………小澤　毅
飛鳥地域の苑池…………亀田　博
大和における飛鳥・奈良時代の寺院の分布について…前園実知雄
前方後円墳と平城京の三山
……………………森　浩一
奈良時代「杣」について
……………………今尾文昭
奈良時代以前の埴輪・土器・瓦などに記された文字……岡崎晋明
古代宮室発展段階の初歩的研究
………………秋山日出雄

◆橿原考古学研究所論集　第十　1988年10月　A5判　616頁
王朝文学の火……………石部正志
宇陀榛原の古代牧について
……………………小泉俊夫
奈良女子大学蔵瓦経片の復元と考察…………………………網干善教
奈良県の中世墓………佐々木好直
焼きムラの観察より見た瓦器窯の推定……………………中井一夫
中世城郭における縄張図をめぐる諸問題………………北垣總一郎
卑弥呼雑考……………波多野忠雅
飛鳥のチマタ……………和田　萃
神武天皇の称号磐余彦の由来について……………………直木孝次郎
河内国丹南郡狭山郷日置庄の鋳物師と鉄の鍋……………田中久夫
高句麗文物に関する編年的一考察
……………………東　潮
古代日本列島からの輸出品と東アジアの交易……………菅谷文則
漢三国六朝紀年鏡の再検討
……………………玉城一枝
古代学者アドルフ・ミハエリス
……………………角田文衛
遺跡と啓蒙………………足利健亮
河内・国府遺跡人骨……池田次郎
吉備型特殊器台・壺の動き
……………………奥田　尚
遺跡から出土する植物性炭化物
………………嶋倉巳三郎
化学分析による埋蔵遺物の材質および変質の鑑定………安田博幸
陶磁器・ガラス・土器等の化学的研究の一考察…………室賀照子
筒形銅器の金属学的研究
………………久野雄一郎
弥生・古墳時代住居の屋内区分施設…………………………石野博信

◆考古学研究　第35巻第2号　1988年9月　考古学研究会　A5判　124頁
旧石器時代における地域差と時期区分……………………小野　昭
縄文時代の時期区分と発展の段階
……………………鈴木公雄
弥生時代の地域区分と時期区分
……………………藤田憲司
国分台遺跡における石器製作の技術構造(下)……………絹川一徳
古墳出現前後の土器様相
……………………溝口孝司

◆遺跡　第31号　1988年9月　遺跡発行会　B5判　148頁
愛媛県島嶼部の考古学
………………名本二六雄
芸予諸島の先土器時代資料
……………………十亀幸雄
由利漁港遺跡出土の石器について
……………………能田筆和
中島諸島の弥生遺跡……正岡睦夫
愛媛県芸予諸島における高地性遺跡…………………………豊田正伸
愛媛県における島嶼部の古墳
……………………正岡睦夫
大島八幡神社所蔵の古鏡について
………………名本二六雄
愛媛県下の土器製塩について
……………………常盤　茂

考古学界ニュース

編集部編

九州地方

鉄製の釣針など　串間市西方の唐人町遺跡で宮崎県教育委員会による第二次発掘調査が行なわれ，古墳時代から中世までの遺物が出土した。調査は昭和63年10月から始められたもので，縄文時代後期の突帯文土器や古墳時代の高杯，中世の白磁・青磁の破片など数千点にのぼる遺物が発見された。このほか，鉄鏃や鉄製釣針，土錘などのほか鉄滓も出土した。釣針は長さ7cmと大型のもので，古墳時代～中世の遺物が混在する包含層中から出土した。漁撈具の発見から，昔は海が迫っていたことが考えられ，また唐人町という地名と輸入陶磁器との関係が注目されている。

縄文時代の集落跡　大分県北部の安心院盆地東部の津房川右岸の段丘上に立地する飯田二反田遺跡（宇佐郡安心院町飯田字二反田）で県内でも有数の縄文時代後期の集落が発見された。調査は大分県教育委員会が実施し，現在も継続中で，これまでに縄文後期の住居跡5軒が検出されたが，3軒以上の検出は県内初。このうち1号住居跡は一辺6mの隅丸方形で中央部に石組炉をもち，柱穴も8本確認された。出土遺物のうち，土器は大部分が北部九州から西瀬戸内一帯に分布している鐘ヶ崎式土器でそのほか小池原上層式土器，北久根山式土器も出土している。また北久根山式土器と共伴して注口土器が出土しているのも注目される。石器では打製・磨製石斧，石皿，磨石，石匙，石錘，石鏃などが出土している。

瀬戸内型の筒形器台　佐賀県三養基郡中原町教育委員会が調査を進めている同町の原古賀三本谷遺跡で弥生時代後期の筒形器台と後漢時代の舶載鏡片などが発見された。筒形器台は高さ35cm，直径14.5cmで，口縁部と脚部が欠けている。胴部に竹管文とヘラで刻んだ沈線が上下にあり，その間にV字形の文様が施され，上下に4個ずつの透し孔がある。これは瀬戸内地方に特徴的な文様で，同地方との交流がうかがえる。また舶載鏡片は復元直径13～14cmほどとみられるもので，外縁に二重の鋸歯文，それに「而」の文字が確認でき，方格規矩鏡とみられる。同遺跡は弥生前期から平安期にかけての複合遺跡で，集落の周りを溝が囲んでおり，筒形器台は調査区中央南側の溝から，鏡片は西側の二重の環濠間の土壙からみつかった。ほかに鐸型土製品，多量の土器や石器も出土した。

長大な環濠をめぐらす大集落　佐賀県神埼郡の神埼，三田川両町にまたがる吉野ヶ里（よしのがり）遺跡で佐賀県教育委員会による発掘調査が行なわれ，大規模な環濠集落や径40mもある紀元前1世紀の墳丘墓などが発見された。長さ1kmにも及ぶ濠は幅約6.5m，深さ約3mで，この内側に100戸以上の竪穴住居跡や墓地，物見櫓などが配置され，住居の一部は内濠で囲まれていた。また濠の内外に並ぶ2,000余基のカメ棺墓は弥生時代中期から後期にまたがるもので，300体以上の人骨が出土した。しかも一部は首を切断されて頭骨がなかったり，骨に切り傷が残っていたりして倭国大乱を思わせるような状況だった。さらに遺跡の中央部付近からは紀元前1世紀の墳丘墓もみつかった。直径40m，高さは1.5～2mでほぼ円形。この墳丘墓中央部からみつかったカメ棺のうちの1基には朱が塗られており，中からこれまで3例しか出土例がない有柄細形銅剣や長さ7cmもある管玉多数が発見された。

中国地方

弥生中期の勾玉鋳型　山口県豊浦郡菊川町の下七見遺跡でガラスの勾玉鋳型が発見された。この鋳型は集落内にある一辺1.5m，深さ30cmの隅丸方形の土壙の中から弥生時代中期初頭とみられる土器の破片と一緒にみつかった。大きさは6.5×4.4cm，厚さ2.5cmで周辺の一部が欠損している。この鋳型で作られた勾玉は長さ4.1cmと推定され，この頃のものとしては大型で，とくに頭部にあたる部分が極めて大きいのが特徴。材質はまだ不明だが土製か風化した礫を使った石型のいずれか。ガラス素材を型に入れ，直接火の中に入れて使った可能性も考えられる。これまでみつかっている3遺跡5例のガラス勾玉の鋳型はいずれも弥生時代後期に属するもの。周辺に水田と墓地の遺構を伴う下七見遺跡は弥生前期を中心に中期，後期まで続く大型の集落で，集落の需要量を越える大量の石器の未製品がみつかっていることから工房村の性格をもつものとみられる。さらに近くの華山頂上からは弥生中期の銅矛も出土していることから，青銅器鋳型発見の可能性もある。

鬼ノ城から平瓦　総社市奥坂の鬼城山8合目から9合目にかけて石塁，土塁からなる城塁が全長約2.8kmにわたって鉢巻き状にめぐる古代山城跡・鬼ノ城で，礎石建物群の基壇内からこれまで採集例のない平瓦が発見された。瓦は縄目叩きの平瓦で，厚さ1.7～2cmくらい。損傷が激しいが裏面には粗い布目の痕がわずかに残っている。昭和53年の発掘調査で出土した須恵器，土師器片などから鬼ノ城は7世紀中葉から8世紀後半の間に築城されたものと推定されているが，今回の瓦は土器片と同時代のもので，建物群の屋根にふかれていたものと考えられている。

四国地方

「久米評」の文字入土器　松山市教育委員会が松山市南久米町の市道拡幅工事に伴って行なっていた緊急調査で須恵器片10数点が発見され，その中に「久米評」の3文字が刻まれていることがわかった。現場は来住舌状台地の西端部で，文字は中型甕の肩部に当たる破片（6.5×7cm）に鋭利なヘラを使って線刻されていた。「評」は郡と改められた大宝律令以前の表記だが，来住台地一帯では白鳳期の来住廃寺跡（国指定史跡），脇殿・館的遺構を有する久米高畑遺跡，さらに倉庫的遺構などが発見されており，郡衙跡の存在が推定されていたが，今回はそれを裏づけるものとして注目されている。

近畿地方

「皇后宮」の木簡　兵庫県出石郡出石町教育委員会が発掘調査を進めている同町の袴狭（はかざ）遺跡で「皇后宮」と記銘のあるものなど6点の木簡や，人形・斎串など数千点にのぼる大量の祭祀具がみつかった。現場は但馬一宮の出石神社の北約1kmの田んぼの中で，同遺跡では先に「延暦十六年」(797)の木簡が出土している。「皇后宮」と記された木簡は長さ58.5cm，幅6.9cm。「出石□□」で始まり，「□前マ」「六人マ」「額田マ」「日下マ」「兵官」とあり，六人部，額田部，日下部の3氏族名が読みとれる。また最後には「此皇后宮税急奉上」とあり，都に住む皇后が出石郡の氏族から税を徴収していたことを示しているなど，8世紀後半から9世紀初頭のころの時代の変化が読みとれる木簡として注目されている。

弥生前期の環濠集落　神戸市兵庫区大開通4の旧大開小学校跡地に位置する大開遺跡で神戸市教育委員会による発掘調査が行なわれ弥生時代前期前半の環濠集落跡が発見された。濠は東西2カ所から幅1.5～2m，深さ約1mで長さ計40mにわたって確認され，また内部から3棟の竪穴住居跡と貯蔵ピットがみつかったことから，南北50m，東西30mの濠で囲まれた環濠集落であることが確認された。さらに濠や住居跡から出土した土器は木葉文土器十数点とともに突帯文土器数点が含まれており，縄文と弥生をつなぐ貴重な例と言える。濠の外側でも1軒分の竪穴式住居跡がみつかったほか石器も多数出土している。

弥生後期の円形周溝墓4基　伊丹市口酒井字穴森の口酒井遺跡で伊丹市教育委員会による発掘調査が行なわれ，弥生時代後期の円形周溝墓4基，方形周溝墓2基，壺棺墓5基が発見され，昭和55年に発見した1基を含めて計5基の円形周溝墓がみつかったことになる。今回みつかった円形周溝墓は直径4.2～12mで，幅0.4～1.5mの溝がめぐり，この中から壺形土器のミニチュアなどが出土した。方形周溝墓は一辺5.5mで，溝幅60～70cm。もう一方の方形周溝墓は東西12m，南北15m，溝幅0.5～1.8m。この墓域の南約30mの場所からは59年に弥生後期の竪穴住居跡3軒がみつかっているため，この集落に住んだ人々の墓とみられる。さらに口酒井遺跡から南東約400mの尼崎市田能遺跡との関連も注目される。

栗塚古墳は応神陵の陪塚　羽曳野市誉田6丁目にある方墳・栗塚古墳がその西側に位置する応神陵古墳の陪塚である可能性が高くなった。これは羽曳野市教育委員会の調査で明らかになったことで，栗塚古墳周濠から出土した多量の埴輪や外堤に残存していた埴輪列に使われていた埴輪が直径50cm前後と大型のもので調整などが応神陵古墳の埴輪と似ていることや古墳主軸が応神陵古墳外堤ラインに平行していることなどからわかったものである。また，古墳の規模や構造も明らかになり，一辺43mで周濠斜面には葺石が施されていた。

須恵器の選別場　陶邑の中心部に位置する堺市豊田の豊田遺跡で大阪府教育委員会による発掘調査が行なわれ，掘立柱建物3棟と溝1条，土壙3基が発見された。時期は古墳時代中期から後期初頭に限定でき，この時期は陶邑窯跡群の最盛期に当たる。建物は最大でも3.78×5.25mとあまり大きくないが，どの建物の柱穴からも須恵器片が出土した。土壙は直径約3m，深さ20～40cmでほぼ円形。5世紀末から6世紀前半の須恵器が多数出土したが，ひずみのあるものや他の製品とくっついているものばかりで，不良品として一括投棄されたものらしい。また建物は土器の選別場か不良品置場と推定される。製品の生産，出荷に関してきびしく品質管理が行なわれていたことがうかがえる。

金剛峯寺から緑釉の蔵骨器　和歌山県伊都郡高野町の高野山真言宗総本山・金剛峯寺境内にある真然（しんぜん）堂の解体修理に伴って和歌山県文化財センターが建物の基壇部を発掘したところ，下層の木炭の詰った墓壙の中から鉄板と陶器の蔵骨器が出土した。蔵骨器はふっくらとした球状の緑釉四足壺で，高さは蓋を含め20.7cm，口縁部径8.7cm。蓋には宝相華文，4区分された胴部には各各草文が線刻されている。8世紀後半の愛知県猿投窯の作と推定され，中には御骨も残っていた。真然堂は寛永17年（1640）の建立だ

■考古学界ニュース■

が，それまでは僧正の墓所であることから蔵骨器の主は空海の甥の高野山第２世真然僧正(804～891)で，891 年に埋葬されたものと推定された。真然僧正は空海が入定した翌年の承和３年(836)に32歳の若さで高野山を継ぎ，以後56年にわたって伽藍の造営に尽くした。

藤ノ木古墳の開棺調査終了　奈良県立橿原考古学研究所が進めていた奈良県生駒郡斑鳩町大字法隆寺字藤ノ木の藤ノ木古墳（６世紀後半）の開棺調査は昭和63年12月28日，３カ月ぶりにすべて終了した。石棺は未盗掘であり，多彩な遺物がそのままの位置で残り，また棺内に水がたまっていたことから繊維製品や大刀の鞘などの有機物がよく保存されていたなど，６世紀の葬送儀礼を知る上に多くの成果があった。棺内からは人骨２体分のほか，冠，履，半筒形銅製品，大帯，大刀，魚佩，金環，首飾り，足玉，鏡などが出土，とくにガラス小玉は玉簾状飾り製品や大刀の鞘に散りばめたものも含めると１万点を越えた。さらに最後になって取り上げられた鏡４面のうち，径 22cm という大きな鏡は「画文帯環状乳神獣鏡」であることがわかった。

平城京からはかりのおもり　奈良市教育委員会が発掘を実施した同市西九条町５丁目の工場敷地(平城京左京九条一坊二坪七坪の坪境小路）の井戸の底から奈良時代後半から平安時代初めにかけてのはかりのおもりとみられる壺型銅製品が発見された。高さ4.8cm，最大径 4.6cm，重さ 329.1ｇ で，この重量は当時の重さの単位・斤両制の約８両（0.5斤）にあたることから天びんばかりに使われた分銅と推定される。上端に直径約3mmの穴が穿いており紐を通していたらしい。成分は約80％の銅にヒ素などが混じっており，奈良時代後半の貨幣などに似ていることから国産品とみられる。福井県一乗谷朝倉氏遺跡などから中世，近世の類似品がみつかっているが，古代では極めて珍しい。

長岡京造営期の木簡　京都市南区東土川町の市水道局排水施設建設予定地を発掘調査していた京都市埋蔵文化財研究所は運河状の川跡から，長岡京（784～794年）の造営に際し，建築資材などの物資や人が諸国から送り込まれていたことを示す木簡約 200 点が出土したことを明らかにした。現場は長岡京の左京一条三坊六町と十一町の推定地で，木簡は北から南東へ流れる幅15ｍ以上の川跡の西肩部から一括して発見された。削り屑を含めると 3,000 点を越えるがうち約 200 点について調査が行なわれた結果，資材関係では「進上榑十六村　附使川原万呂進上如件以解」（表）「四月廿二日板茂千依」（裏）や「御薪」「□石七斗四升四合」，また「着到石川家持」「着到□□□万呂　舩国守」など，そのほとんどは下級役人とみられる50名ほどの人名があった。しかし「酒人内親王所」（桓武天皇の妹）や「授田使　大和長官神王」（神＜みわ＞王は桓武天皇の従弟）など皇族の名前も認められた。また役所関係では「兵衛府」や「督曹司」「近衛府」「中務省」などの木簡があり，付近に物資の集積場と，実務を担当する官庁の出先機関があったことが推定される。なお木簡が投棄された時期は延暦５～６年(786～787)ごろと考えられる。

「あわれその森」から掘立柱建物　三重県教育委員会が調査を進めている上野市市部の森脇遺跡で，奈良時代の掘立柱建物16棟，大小４基の井戸などが検出された。掘立柱建物のうち，最も大きい１棟は古来から数多く歌に詠まれてきた「あわれその森」の直下で検出された。その他のうち４棟は倉庫と考えられ，２棟は並んで検出された。さらにこれらの柱穴の多くには柱が残っていた。井戸の１基は横板組みで13段検出され，中から十数個の完形土器(薬壺，甕など)や木製の桶，斎串などが発見された。その他，「大井」「田中」など墨書のある蓋や杯，円面硯，木製糸巻，さらに弥生時代の旧河道から木製の砧，平鍬と丸鍬の未製品などが出土した。

──────中部地方

縄文中～後期の高床式建物　小矢部市の小矢部川と子撫川にはさまれた標高25～40ｍの丘陵上にある桜町遺跡では小矢部市教育委員会によって昭和55年から発掘調査が行なわれているが，先ごろ縄文時代中期末～後期初頭の高床式建物の貫き穴木柱や加工用斧の柄，三本丸太橋などのほか土器，獣・魚骨など多くの遺物が出土した。とくに木柱は直径22cm，長さ2.95ｍ，重さ約 100kg あり，先端から約１ｍ の部分に 20×18cm の貫き穴があり，その下方に桟(えつり)とよばれる 15×10cm のえぐりがあった。この結果，縄文集落にも高床式建物が存在する可能性が高まったわけで，石川県真脇やチカモリ遺跡などのいわゆる日本海巨木文化の見直しが必要となってきた。また３本の丸太でできた橋には動かないように杭も打ってあり朱漆が塗られた縄文土器の鉢，漆塗りの木製容器(片口)，ヒョウタンなどの遺物とともに縄文社会の解明に新しい多くの情報をもたらしている。

「日下」「玉井郷長」の墨書　工業団地の予定地となっている山梨県東八代郡一宮町坪井の大原遺跡では一宮町教育委員会による発掘調査が続けられているが，先ごろ

「日下」と「玉井郷長」と墨書された土師器片が発見された。「日下」の墨書土器は住居跡付近から5点まとまって出土したもので，皇室私有の名代・子代の部の1つといわれる甲斐国の日下部を指すものとみられる。また「玉井郷」は『和名抄』に表われる甲斐国山梨郡の10の郷の1つで，位置についてはこれまで諸説があったが，これで坪井付近説が強まった。この郷名の墨書土器片には，ほかに「梨」もしくは「薬」などいくつかの文字もみられた。このほか「宅」や「工」などや2字以上の墨書が多い。また皇朝十二銭の1つ「万年通宝」「隆平永宝」各1枚，鉈尾・巡方や浄瓶・風字硯などが発見され，役所と関連が深い遺跡であることがわかった。

関東地方

竪穴式小石室から直刀　栃木県下都賀郡壬生町教育委員会が調査を進めている町内羽生田の下坪遺跡で古墳時代後期の竪穴式小石室が3基発見され，うち1基から長さ110cmの鉄製直刀と長さ11cmの刀子が1振ずつ出土した。併行する形で行なわれた栃木県文化振興事業団の調査区域からも2基の竪穴式小石室が発見されているがこれら石室の側壁は河原石を並べただけで深さも約30cmと浅いのが特徴。直刀や刀子が出土した小石室は縦2.2m，幅1.2m，深さ30cmで，内径は縦1.9m，幅30cmと狭く，10個ほどの天井石の間は白色粘土で目張りされていた。他の4基に比べて造りがしっかりしており，とくに力のあった人物が埋葬されていたと考えられる。

東北地方

縄文早期の土壙4基　縄文時代中期や平安時代の竪穴住居跡がみつかった上平遺跡群の1つ，猪去館遺跡（盛岡市猪去）で縄文時代早期の土壙が4基発見された。土壙は大きいもので長径約1.8m，短径約1.6m，深さ約40cmの楕円形で，中から条痕文・沈線文・隆起線文・絡条体圧痕文・刺突文などが施された土器片が350点余り出土した。自然な状態で土が埋まっているところから貯蔵用ピットだったとみられる。このほか，平安時代の遺物として須恵器，土師器，鉄製紡錘車，締め金具などが発見された。

北海道地方

縄文後期の大規模な環状列石　渡島支庁亀田郡戸井町教育委員会が発掘調査を進めている町内浜町の浜町A遺跡で，縄文時代後期の大規模な環状列石や甕棺2基などが発見された。現場は標高8mから20mの海岸段丘上に分布しており，国道273号線の改良工事に伴い調査が続けられていた。環状列石は立石を伴う2×3mのもののほか，1mほどの小単位のブロックが，全体でおよそ30基あまり確認される。これを構成する礫は，幅20cm×長さ70cm，30×3〜40cm，10×20cmなどである。これらが幅約8〜10mで最大直径約36mのドーナツ状に配置すると見られる。甕棺のうち1基は珍しい二重構造の合口で，高さ計68cm，直径約40cm。環状列石の内側から発見された。またもう1基は単式甕棺で倒立して検出された。高さ約50cm，直径約35cm。いずれも人骨や副葬品は発見されなかった。

学界・その他

「中国　唐・長安の文物」展　兵庫県立歴史博物館（姫路市本町68）で3月18日より7月30日まで開かれている。同展は遣唐使をはじめとする唐との日中交流に関係の深い文物約100件が展示されるもので，主な遺物は長安・大明宮や青龍寺出土の瓦磚，華清池発掘品，昭陵副葬品，永泰公主墓の壁画などのほか，秦始皇帝兵馬俑が特別出品される。

日本考古学協会第55回総会開催　日本考古学協会（江上波夫会長）は5月27日（土），28日（日）の両日，東京都多摩市のパルテノン多摩，サンピア多摩を会場に第55回総会を開催する（京王・小田急線各多摩センター駅徒歩5分）。第1日（27日）は総会と講演会（関川尚功「藤ノ木古墳の調査」，石野博信「藤ノ木古墳とその時代」），第2日（28日）は19件の研究発表会と図書交換会が行なわれる。

小林知生氏（元南山大学教授）　1月6日，肺炎のため東京都文京区の都立駒込病院で死去された。78歳。氏は明治43年生まれ。東京帝国大学文学部卒業。東京帝国大学文学部助手，中国北京輔仁大学，山梨大学をへて南山大学教授。著書・論文に『半島と太洋の遺跡』（沈黙の世界史10）『現代美術の四万年』（訳）「ホワイト・レディ」（びぞん39〜43）などがある。

小林行雄氏（京都大学名誉教授）　2月2日，結腸がんのため，京都市左京区の吉川病院で死去された。77歳。氏は明治44年，神戸市生まれ。神戸高等工業学校建築科卒。独学で考古学を学び，昭和10年京都大学助手。49年同大学教授。29年には日本学士院恩賜賞を受けた。弥生および古墳時代の研究に大きな業績をあげ，とくに古墳出土の三角縁神獣鏡の研究による大和政権分与説で邪馬台国畿内説を主張。主な著書には『日本考古学概説』『古墳の話』『古墳時代の研究』『古代の技術』『古墳文化論考』『弥生式土器聚成図録』（共編）『図解考古学辞典』（共編）などがある。

第28号予告

1989年7月25日発売
総 112 頁　1,860 円

特集　古墳には何が葬られたか

編集室より

◆今号で「季刊考古学」は27号となりますが，これまでにはじめての季刊考古学別冊を平成元年3月5日付で刊行いたしました。すでにご承知の方々が多いかと存じますが，藤ノ木古墳の特集でございます。幸い大変な好評でほっとしておりますし，本社のほうは目下在庫切れの状態，これからご購読下さいます方々には，是非とも書店でのお求めをおすすめいたします。この藤ノ木古墳からも銅製品が発掘され注目されています。銅の出現によって文化の形態が大きく変わったことは否めません。日本文化推進の核となった青銅器の展開がこの一冊で！というのが狙いです。（芳賀）

◆荒神谷における銅剣の大量発見からもう5年近くたつが，あの驚きと感動が藤ノ木をへていままさに吉野ケ里に移った感すらある。本号の青銅器の特集は原料や生産の問題から，分布と変遷，さらには弥生文化の解明へと進んでいく。吉野ケ里からは青銅器の鋳造遺構もみつかっており，興味深い特集企画となった。

◆本号より林謙作先生の執筆になる「縄紋時代史」がはじまる。12回くらいの連載になる予定で，桜町などこれまでの常識をくつがえすような調査が進んでいるおりからもどうぞご期待いただきたい。（宮島）

本号の編集協力者――西谷　正（九州大学教授）
1938年大阪府生まれ，京都大学大学院修士課程修了。『韓国考古通信』『韓国考古学概論』『韓国美術史』『考古学からみた古代日本と朝鮮』などの著・訳・編がある。

本号の表紙

簸川平野上空から南方の荒神谷遺跡・斐伊川を見る

島根県の穀倉地帯である簸川平野も弥生時代にはこのあたりまで宍道湖だった。荒神谷遺跡はその先の低丘陵地帯の谷奥にある。青銅器類は長方形と長楕円形のふたつの穴に，いずれも鰭や刃を垂直にした状態で並べて埋められていた。荒神谷遺跡の背後，写真中央に高く聳える山は，『出雲国風土記』出雲郡の神名火山に比定される仏経山で，これを大きく迂回して流れる川がヤマタノオロチ神話で有名な斐伊川である。この斐伊川沿いに大型の四隅突出型墳丘墓を含む西谷丘陵遺跡，いわゆる西谷墳墓群や，景初三年銘三角縁神獣鏡の出土した神原神社古墳などがある。（写真は斐川町役場および島根県教育委員会提供）（足立克己）

▶本誌直接購読のご案内◀

『季刊考古学は』一般書店の店頭で販売しております。なるべくお近くの書店で予約購読なさることをおすすめしますが，とくに手に入りにくいときには当社へ直接お申し込み下さい。その場合，1年分の代金（4冊，送料は当社負担）を郵便振替（東京3-1685）または現金書留にて，住所，氏名および『季刊考古学』第何号より第何号までと明記の上当社営業部までご送金下さい。

季刊 考古学　第27号　1989年5月1日発行
ARCHAEOLOGY QUARTERLY
定価 1,860 円
（本体 1,806 円）
編集人　芳賀章内
発行人　長坂一雄
印刷所　新日本印刷株式会社
発行所　雄山閣出版株式会社
〒102　東京都千代田区富士見 2-6-9
電話　03-262-3231　振替　東京 3-1685
（1988年1月より1年半の間は次の住所です。〒162　東京都新宿区白銀町20）
ISBN 4-639-00851-1　printed in Japan

季刊 考古学　オンデマンド版　第27号　1989年5月1日　初版発行
ARCHAEOROGY　QUARTERLY　2018年6月10日　オンデマンド版発行
定価（本体2,400円＋税）

編集人　芳賀章内
発行人　宮田哲男
印刷所　石川特殊特急製本株式会社
発行所　株式会社　雄山閣　http://www.yuzankaku.co.jp
〒102-0071　東京都千代田区富士見2-6-9
電話 03-3262-3231　FAX 03-3262-6938　振替　00130-5-1685

　ISBN 978-4-639-13027-7　Printed in Japan

初期バックナンバー、待望の復刻!!

季刊 考古学 OD　創刊号～第 50 号〈第一期〉

全 50 冊セット定価（本体 120,000 円＋税）　セット ISBN：978-4-639-10532-9

各巻分売可　各巻定価（本体 2,400 円＋税）

号　数	刊行年	特集名	編　者	ISBN（978-4-639-）
創刊号	1982 年 10 月	縄文人は何を食べたか	渡辺 誠	13001-7
第 2 号	1983 年 1 月	神々と仏を考古学する	坂詰 秀一	13002-4
第 3 号	1983 年 4 月	古墳の謎を解剖する	大塚 初重	13003-1
第 4 号	1983 年 7 月	日本旧石器人の生活と技術	加藤 晋平	13004-8
第 5 号	1983 年 10 月	装身の考古学	町田 章・春成秀爾	13005-5
第 6 号	1984 年 1 月	邪馬台国を考古学する	西谷 正	13006-2
第 7 号	1984 年 4 月	縄文人のムラとくらし	林 謙作	13007-9
第 8 号	1984 年 7 月	古代日本の鉄を科学する	佐々木 稔	13008-6
第 9 号	1984 年 10 月	墳墓の形態とその思想	坂詰 秀一	13009-3
第 10 号	1985 年 1 月	古墳の編年を総括する	石野 博信	13010-9
第 11 号	1985 年 4 月	動物の骨が語る世界	金子 浩昌	13011-6
第 12 号	1985 年 7 月	縄文時代のものと文化の交流	戸沢 充則	13012-3
第 13 号	1985 年 10 月	江戸時代を掘る	加藤 晋平・古泉 弘	13013-0
第 14 号	1986 年 1 月	弥生人は何を食べたか	甲元 真之	13014-7
第 15 号	1986 年 4 月	日本海をめぐる環境と考古学	安田 喜憲	13015-4
第 16 号	1986 年 7 月	古墳時代の社会と変革	岩崎 卓也	13016-1
第 17 号	1986 年 10 月	縄文土器の編年	小林 達雄	13017-8
第 18 号	1987 年 1 月	考古学と出土文字	坂詰 秀一	13018-5
第 19 号	1987 年 4 月	弥生土器は語る	工楽 善通	13019-2
第 20 号	1987 年 7 月	埴輪をめぐる古墳社会	水野 正好	13020-8
第 21 号	1987 年 10 月	縄文文化の地域性	林 謙作	13021-5
第 22 号	1988 年 1 月	古代の都城―飛鳥から平安京まで	町田 章	13022-2
第 23 号	1988 年 4 月	縄文と弥生を比較する	乙益 重隆	13023-9
第 24 号	1988 年 7 月	土器からよむ古墳社会	中村 浩・望月幹夫	13024-6
第 25 号	1988 年 10 月	縄文・弥生の漁撈文化	渡辺 誠	13025-3
第 26 号	1989 年 1 月	戦国考古学のイメージ	坂詰 秀一	13026-0
第 27 号	1989 年 4 月	青銅器と弥生社会	西谷 正	13027-7
第 28 号	1989 年 7 月	古墳には何が副葬されたか	泉森 皎	13028-4
第 29 号	1989 年 10 月	旧石器時代の東アジアと日本	加藤 晋平	13029-1
第 30 号	1990 年 1 月	縄文土偶の世界	小林 達雄	13030-7
第 31 号	1990 年 4 月	環濠集落とクニのおこり	原口 正三	13031-4
第 32 号	1990 年 7 月	古代の住居―縄文から古墳へ	宮本 長二郎・工楽 善通	13032-1
第 33 号	1990 年 10 月	古墳時代の日本と中国・朝鮮	岩崎 卓也・中山 清隆	13033-8
第 34 号	1991 年 1 月	古代仏教の考古学	坂詰 秀一・森 郁夫	13034-5
第 35 号	1991 年 4 月	石器と人類の歴史	戸沢 充則	13035-2
第 36 号	1991 年 7 月	古代の豪族居館	小笠原 好彦・阿部 義平	13036-9
第 37 号	1991 年 10 月	稲作農耕と弥生文化	工楽 善通	13037-6
第 38 号	1992 年 1 月	アジアのなかの縄文文化	西谷 正・木村 幾多郎	13038-3
第 39 号	1992 年 4 月	中世を考古学する	坂詰 秀一	13039-0
第 40 号	1992 年 7 月	古墳の形の謎を解く	石野 博信	13040-6
第 41 号	1992 年 10 月	貝塚が語る縄文文化	岡村 道雄	13041-3
第 42 号	1993 年 1 月	須恵器の編年とその時代	中村 浩	13042-0
第 43 号	1993 年 4 月	鏡の語る古代史	高倉 洋彰・車崎 正彦	13043-7
第 44 号	1993 年 7 月	縄文時代の家と集落	小林 達雄	13044-4
第 45 号	1993 年 10 月	横穴式石室の世界	河上 邦彦	13045-1
第 46 号	1994 年 1 月	古代の道と考古学	木下 良・坂詰 秀一	13046-8
第 47 号	1994 年 4 月	先史時代の木工文化	工楽 善通・黒崎 直	13047-5
第 48 号	1994 年 7 月	縄文社会と土器	小林 達雄	13048-2
第 49 号	1994 年 10 月	平安京跡発掘	江谷 寛・坂詰 秀一	13049-9
第 50 号	1995 年 1 月	縄文時代の新展開	渡辺 誠	13050-5

※「季刊 考古学 OD」は初版を底本とし、広告頁のみを除いてその他は原本そのままに復刻しております。初版との内容の差違はございません。

「季刊 考古学　OD」は全国の一般書店にて販売しております。なるべくお近くの書店でご注文なさることをおすすめしますが、とくに手に入りにくいときには当社へ直接お申込みください。